ちくま新書

古代史講義【宮都篇】

佐藤 信 編
Sato Makoto

1480

古代史講義 宮都篇【目次】

凡例

＊各講末の「さらに詳しく知るための参考文献」に掲載されている文献については、本文中では（著者名　発表年）という形で略記した。
＊表記については原則として新字体を用い、引用史料の旧仮名遣いはそのままとする。

はじめに

佐藤　信

めざましく研究が進展しつつある日本古代史の最新の研究成果と研究動向を、わかりやすく読者に提供するという趣旨で、『古代史講義――邪馬台国から平安時代まで』、『古代史講義【戦乱篇】』に続けて、この度は『古代史講義【宮都《きゅうと》篇】』を送りだすこととなった。

古代史が展開する中枢の場として、古代の宮都が歴史的に果たした役割は大きい。歴史事象の時代とその時代背景を大きく特徴づけるのが、歴史の場としてのそれぞれの宮都であるといえよう。そうした日本古代の宮室・都城については、それぞれの発掘調査による成果が次々と積み上げられてきており、その実像の考古学的な解明が大いに前進してきている。その調査成果は、古代史像にも大きな影響を及ぼしてくるのであり、宮都のあり方の変容を通して、古代史の実像や評価・背景が見直されることもしばしばある。本書では、こうした発掘調査による古代宮都の実像解明の新知見をふまえて、各時代を特徴づけるそれぞれの宮都の姿から、古代史像が通観できるようにつとめた。

大王の代替わりごとに大王宮が移転した時代には、王位を継承した新大王の皇子宮が新たに大王宮となった。七世紀に入って飛鳥に大王宮が集中するようになると、飛鳥の地に国家的施設が集中し、また大王宮と国家的大寺院がセットで営まれるようになる。そして中国の都城にならって藤原京（六九四〜七一〇）が営まれると、天皇の住む内裏《だいり》や政庁が位置する宮の周りに条坊制をもつ京が置かれ、天皇の膝下《ひざもと》に王族・貴族・官人が集住することとなった。同時に、代々の天皇が都する宮都となり、また礎石建ち・瓦葺きの大陸風の宮殿建物が営まれるようになった。その後、奈良の都平城京（七一〇〜七八四）への遷都により、伝統的な有力中央豪族の地盤の地を離れて、貴族たちの律令官人化が進んだ。八世紀半ばには聖武天皇が遷都をくり返した時期もあった。桓武天皇の時代には、長岡京（七八四〜七九四）・平安京（七九四〜）への遷都が行われ、平安新王朝の確立とともに、千年の都平安京が確立して、宮都が固定化した。

こうした古代宮都の変遷が歴史的にどういう意味をもったのかに焦点をしぼり、発掘調査や研究の最近の成果を分かりやすく通観することを、本書ではめざした。また、宮都とは別に都市としての様相が知られる大宰府・多賀城・平泉なども、テーマに加えた。「かつてはこう見られていたが、近年ではこのような見方が専門研究者の共通了解となっている」というような点に注目しながら、どこからでも読み進めていただければ幸いである。

第1講

飛鳥の宮々——大王宮から飛鳥宮へ

鶴見泰寿

歴代天皇の宮

『日本書紀』や『古事記』によると、古代の日本では天皇が即位すると宮を新造するのが慣例となっており（歴代遷宮《れきだいせんぐう》）、奈良盆地南部を中心に数多くの宮が営まれた。さらに天皇は「某宮治天下」「某宮御宇」としてその宮名を冠して呼び分けるのが一般的であった。天皇が統治した時代を表現する時にも、例えば雄略《ゆうりやく》天皇（ワカタケル大王）の時代は「獲加《わか》多支鹵《たける》大王寺在斯鬼《しき》宮時」（稲荷山古墳出土鉄剣銘）、天武《てんむ》天皇の時代は「飛鳥《あすか》浄《きよみ》御原《はら》宮治天下天皇御朝」（小野毛人《おののえみし》墓誌銘）などと表現され、大王・天皇の宮名が重視されていることがわかる。

六世紀代までの天皇の宮は磯城《しき》・磐余《いわれ》と呼ばれる奈良盆地東南部の地域に多く営まれたが、特定の場所に置かれた訳ではないらしく、宮の実態についても不明な点が多い。奈良

天皇	日本書紀	古事記	推定所在地
崇神天皇	磯城瑞籬宮	師木水垣宮	桜井市
垂仁天皇	纏向珠城宮	師木玉垣宮	桜井市
景行天皇	纏向日代宮	纏向日代宮	桜井市
成務天皇	—	志賀高穴穂宮	大津市穴太
仲哀天皇	穴門豊浦宮 橿日宮	穴門豊浦宮 筑紫訶志比宮	下関市長府 福岡市東区
神功皇后	磐余稚桜宮	—	桜井市
応神天皇	明宮	軽島明宮	橿原市大軽町
仁徳天皇	難波高津宮	難波高津宮	大阪市中央区
履中天皇	磐余稚桜宮	伊波礼若桜宮	桜井市
反正天皇	丹比柴籬宮	多治比柴垣宮	松原市
允恭天皇	—	遠飛鳥宮	明日香村
安康天皇	石上穴穂宮	石上穴穂宮	天理市
雄略天皇	泊瀬朝倉宮	長谷朝倉宮	桜井市脇本
清寧天皇	磐余甕栗宮	伊波礼甕栗宮	桜井市
顕宗天皇	近飛鳥八釣宮	近飛鳥宮	羽曳野市
仁賢天皇	石上広高宮	石上広高宮	天理市
武烈天皇	泊瀬列城宮	長谷列木宮	桜井市
継体天皇	山背筒城宮 磐余玉穂宮	— 伊波礼玉穂宮	京都府京田辺市 桜井市
安閑天皇	勾金橋宮	勾金箸宮	橿原市曲川町・金橋町
宣化天皇	檜隈廬入野宮	檜坰廬入野宮	明日香村檜前
欽明天皇	磯城嶋金刺宮	師木島大宮	桜井市
敏達天皇	訳語田幸玉宮	他田宮	桜井市
用明天皇	磐余池辺双槻宮	池辺宮	桜井市
崇峻天皇	倉椅柴垣宮	倉椅柴垣宮	桜井市倉橋
推古天皇	豊浦宮 小墾田宮	— 小治田宮	明日香村豊浦 明日香村雷

天皇宮一覧（崇神天皇〜推古天皇）

県桜井市脇本に所在する脇本遺跡では、一九八四年〜一九八八年の発掘調査で五世紀後半から七世紀にかけての大型掘立柱建物群がみつかり、雄略天皇の泊瀬《はつせ》朝倉宮の候補地として有力視されている（桜井市教育委員会『奈良県桜井市　脇本遺跡の調査』二〇一九年十月）。しかしそれ以外の天皇の宮については具体的な手掛かりがないのが実状である。

五九三年に推古《すいこ》天皇が豊浦《とゆら》宮に即位し、さらに小墾田《おはりだ》宮を造営して以降、七世紀には「飛鳥」と呼ばれる限られた地域に天皇の宮が集中して置かれるようになる（「飛鳥」は明日香村岡から明日香村飛鳥にかけての飛鳥川右岸の地域とみられる）。飛鳥には、飛鳥岡本《おかもと》宮・飛鳥板《いた》蓋《ぶき》宮・後《のちの》飛鳥岡本宮・飛鳥浄御《きよみ》原《はら》宮の複数の宮々があったことが『日本書紀』から知られ、これらの宮を総称して飛鳥宮と呼んでいる。特に天武天皇の飛鳥浄御原宮については殿舎名が詳しく記されている（一部は編纂時の修飾の可能性もある）。

これらの宮々の遺跡は「飛鳥宮跡」として国史跡に指定されている。飛鳥宮跡は奈良県高市《たかいち》郡明日香村岡に所在し、これまで六十年にわたって奈良県立橿原《かしはら》考古学研究所や奈良文化財研究所、明日香村などの調査機関によって発掘が実施されている。従来は天皇の代替わりごとに宮が遷されたと考えられていたが、飛鳥宮跡の調査成果により七世紀の天皇のうち舒明《じよめい》・皇極《こうぎよく》・斉明《さいめい》・天武・持統《じとう》五代の三つの宮が同じ場所に重複して造営されたことが明らかとなった。宮の遺構はⅠ期、Ⅱ期、Ⅲ期に区分され、Ⅲ期はさらにA、Bの二時期に細分される（奈良県立橿原考古学研究所『飛鳥京跡』一、二、Ⅲ～Ⅵ）。代替わりごとに宮の場所を遷すという従来の考え方は再検討を迫られることとなり、飛鳥宮においては同一の場所に宮が造営され続けたことが明らかになった。

†豊浦宮

推古天皇は五九三年（推古元）に豊浦宮で即位した。豊浦は飛鳥川を挟んで飛鳥の北西に位置し、蘇《そ》我稲目《がのいなめ》の向原《むくはら》の家があった場所である（『日本書紀』欽明十三年十月）。推古天皇の即位は崇峻《すしゅん》天皇暗殺を受けて急遽行われたものである。推古天皇が蘇我稲目の孫にあたることから（欽明《きんめい》天皇と堅塩媛《きたしひめ》との間に生まれた）、宮の所在地は蘇我氏との血縁関係により定められたのであろう。豊浦宮は約十一年間にわたって使用された。その間、『日本書紀』には記載がないが六〇〇年（推古八）に隋《ずい》へ使者を派遣している（『隋書倭国伝』）。この遣隋《けんずい》使《し》の結果がこれ以降天皇の宮が発展していく契機の一つとなっているのかもしれない。

豊浦寺（向原寺《こうげんじ》）境内の発掘調査では、下層から豊浦寺創建以前の高床式掘立柱建物や石敷き・砂利敷きがみつかっており、出土した土器の年代観とあわせて豊浦宮跡の一部と推定されている（奈良国立文化財研究所『飛鳥・藤原宮発掘調査概報一六』）。豊浦宮跡の範囲や建物配置などの全体像はまだ明らかになっていない。

†小墾田宮

推古天皇は六〇三年（推古十一）十月、新たに小墾田宮《おはりだ》（小治田宮）を造営して遷った。その直後には冠位十二階や憲法十七条の制定、朝礼の改正などが行われているので、六〇七年（推古十五）に遣隋使を派遣する前に新宮の造営や諸制度の整備を一斉に行ったようである。小墾田宮の内部については、六〇八年（推古十六）の隋使裴世清《はいせいせい》来日や六一〇年（推古十八）の新羅《しらぎ》・任那《みまな》使来朝時の儀式の様子を『日本書紀』が詳細に記述している。それによると小墾田宮の施設は、南門を入ると庭があり、脇には大臣《おおおみ》の座がある庁があり、その奥に大門があった。おそらくその内側に天皇の御する大殿があったのであろう（岸俊男『日本古代宮都の研究』岩波書店、一九八八）。小墾田宮は天皇の御所としての役割以外に、大夫《まえつきみ》の参集、蕃客《ばんきやく》の来朝などの場として幅広い機能を持つようになった。小墾田宮はその後も維持されたらしく、六五五年（斉明元）十月、斉明天皇は小墾田宮に瓦葺きの宮殿を築こうとしたが中止している。

小墾田宮の所在地に比定されているのが明日香村雷《いかづち》に所在する雷丘《いかづちのおか》東方《とうほう》遺跡である。雷丘東方遺跡の調査では、七世紀前半代の堀割、七世紀後半代の建物群、八世紀後半〜九世紀中頃の礎石建物・築地塀《ついじべい》などの遺構がみつかっており、最も新しい遺構群は南北二百メートル以上の範囲に広がることも確認されている（奈良国立文化財研究所『飛鳥・藤原宮発掘調査概報二四』）。井戸跡からは「小治田宮」と記された八世紀末の墨書土器が出土し、この辺りが、七六〇年（天平宝字四）八月に淳仁《じゆんにん》天皇が行幸《ぎようこう》した小治田宮に比定される。淳仁天皇は播磨《はりま》国の糒《ほしいい》一千斛《こく》、備前《びぜん》国五百斛、備中《びつちゆう》国五百斛、讃岐《さぬき》国一千斛を小治田宮に蓄えさせたことが『続日本紀』にみえ、さらに諸国の当年の調庸を納めさせているので、それ相応の大規模な倉庫群が存在したと想定される。恵美押勝《えみのおしかつ》の乱を経て次に即位した称《しよう》徳《とく》天皇も七六五年（天平神護元）十月の行幸時に小治田宮に滞在している。恐らく推古天皇の小墾田宮も近くにあるのであろう。

†飛鳥岡本宮と百済大宮

舒明天皇は六二九年（舒明元）に即位すると飛鳥岡の傍らに岡本宮を営んだ（『日本書紀』）。飛鳥宮跡のⅠ期遺構がこれに該当するとみられる。Ⅰ期遺構は正方位を取らず北で西に約二十度傾いており、他の時期の遺構とは区別しやすい。六三六年（舒明八）六月、岡本宮は火災に遭ったといい、実際にⅠ期遺構では掘立柱の柱抜き取り穴に焼土が多量に入る火災の痕跡がみつかっている。

その後、舒明天皇は一時的に田中《たなか》宮（橿原市田中町）に宮を遷すが飛鳥に戻ることはなく、六三九年（舒明十一）七月、百済《くだら》の地に百済大宮・百済大寺を造営する。『日本書紀』には「西の民は宮を造り、東の民は寺を作る」とあり、広範囲から徴発された人々が造営にあたったことがわかる。舒明天皇の百済大寺は吉備池《きびいけ》廃寺（桜井市吉備）が該当するとみて間違いなく（奈良文化財研究所『吉備池廃寺発掘調査報告書』）、百済大宮も近辺に所在したと推定できる。宮が営まれた「百済川の側」は、現在の米川《よねかわ》のほとりと推測される（具体的な場所はわからないが、川沿いの微高地上であろう）。なお、舒明天皇が宮を飛鳥から百済へ遷した理由を蘇我氏との確執によるものとする見方があるが、『日本書紀』には舒明天皇と蘇我氏の対立を示す記事はないので、別の事情を考えた方がよいかもしれない。

†飛鳥板蓋宮

次に皇極天皇が即位すると、六四二年（皇極元）九月に「是《こ》の月に起して十二月より以来《このかた》を限りて、宮室を営《つく》らむと欲《おも》ふ。国国に殿屋材を取らしむべし。然《しか》も東は遠江《とおとうみ》を限り、西は安芸《あき》を限りて、宮造る丁《よほろ》を発《おこ》せ」という詔が出され、全国から材木を調達するとともに遠江から安芸までの丁を徴発して宮を造営した。これが飛鳥板蓋宮《いたぶき》である。既に大化改新《たいかのかいしん》以前に地域ごとに労働者を動員する体制が整っていたらしい。飛鳥板蓋宮は乙巳《いっし》の変の舞台として有名であり、六四五年（皇極四）六月の記事には「十二通門」「大極殿《だいごくでん》」などがみえるが、八世紀の知識による潤色であろう。

飛鳥宮跡Ⅱ期遺構に該当するのがこの飛鳥板蓋宮であり、以前の遺跡の指定名称は「史跡伝飛鳥板蓋宮跡」となっていた。Ⅲ期遺構に覆われているためⅡ期遺構の詳細は明らかでないが、東西南北を意識した正方位をとる二重の方形区画がみつかっている。区画の規模は外側で東西約二百メートル、南北二百三十メートル以上、内側で東西約百三十メートル、南北百三十五メートル以上と広く、次に造られたⅢ期遺構の内郭と比較しても遜色ない。

六四五年十二月に都が難波《なにわ》へ遷された以後も飛鳥板蓋宮はそのまま維持されたらしい。六五三年（白雉《はくち》四）、中大兄《なかのおおえ》皇子が皇祖母尊《すめみおやのみこと》（皇極天皇）、間人《はしひと》皇后、皇弟（大海人《おおあま》皇子）らとともに飛鳥へ戻り、孝徳《こうとく》天皇が崩じると、皇極天皇は飛鳥板蓋宮で再び即位して斉明天皇となった。しかしその年の冬に飛鳥板蓋宮は火災に遭い、一時的に飛鳥川原《かわら》宮に遷ることとなる。

†後飛鳥岡本宮

六五六年（斉明二）、新たに造営した宮が完成すると、斉明天皇は飛鳥川原宮から遷って後飛鳥岡本宮と名付けた。これは舒明天皇の飛鳥岡本宮と同じ場所に造営されたため、区別して「後」飛鳥岡本宮としたものである。『日本書紀』には宮殿内部の具体的な様子に関する記述はないが、後述するように天武朝以降も宮が利用されているので、天武紀から内容を知ることができる。また斉明紀によると宮そのもの以外にも様々な施設が周囲に設けられたことがわかる。香具山《かぐやま》の西から石上山《いそのかみ》（天理市石上か）まで運河を掘って船で石を運び、宮の東丘に石垣を築いた。時の人はこの運河を「狂心《たぶれごころ》の渠《みぞ》」と呼んだという。

後飛鳥岡本宮に該当するのが飛鳥宮跡Ⅲ―A期遺構で、飛鳥板蓋宮と考えられるⅡ期遺構とは一部が重複している。Ⅲ期遺構は「内郭《ないかく》」と呼ばれる東西百五十二〜百五十八メートル、南北百九十七メートルの掘立柱列による区画内に建物群が設置されたもので、南面中央には正門となる五×二間の門が開く。内郭は天皇の御在所《ございしょ》となる区画で、柱列によって南区画と北区画に二分される。両地区の内郭中軸線上では正殿となる大型建物が確認されている。内郭内部は石敷き舗装が施されている。内郭南区画は砂利敷き、内郭北区画は人頭大の石敷き舗装であり、両者の格式の違いを表している。

内郭南区画の中央には七×四間の正殿となる大型四面廂《しめんびさし》掘立柱建物があり、石敷き通路が北区画へ延びる。建物正面や側面の舗装には階段の痕跡がないので、建物への出入りは基本的に北面から行われた可能性が高い。一方、内郭北区画には同プランの二つの正殿が南北に並ぶことが判明した。正殿は八×四間で東西両端に小規模な建物が付属する。柱列

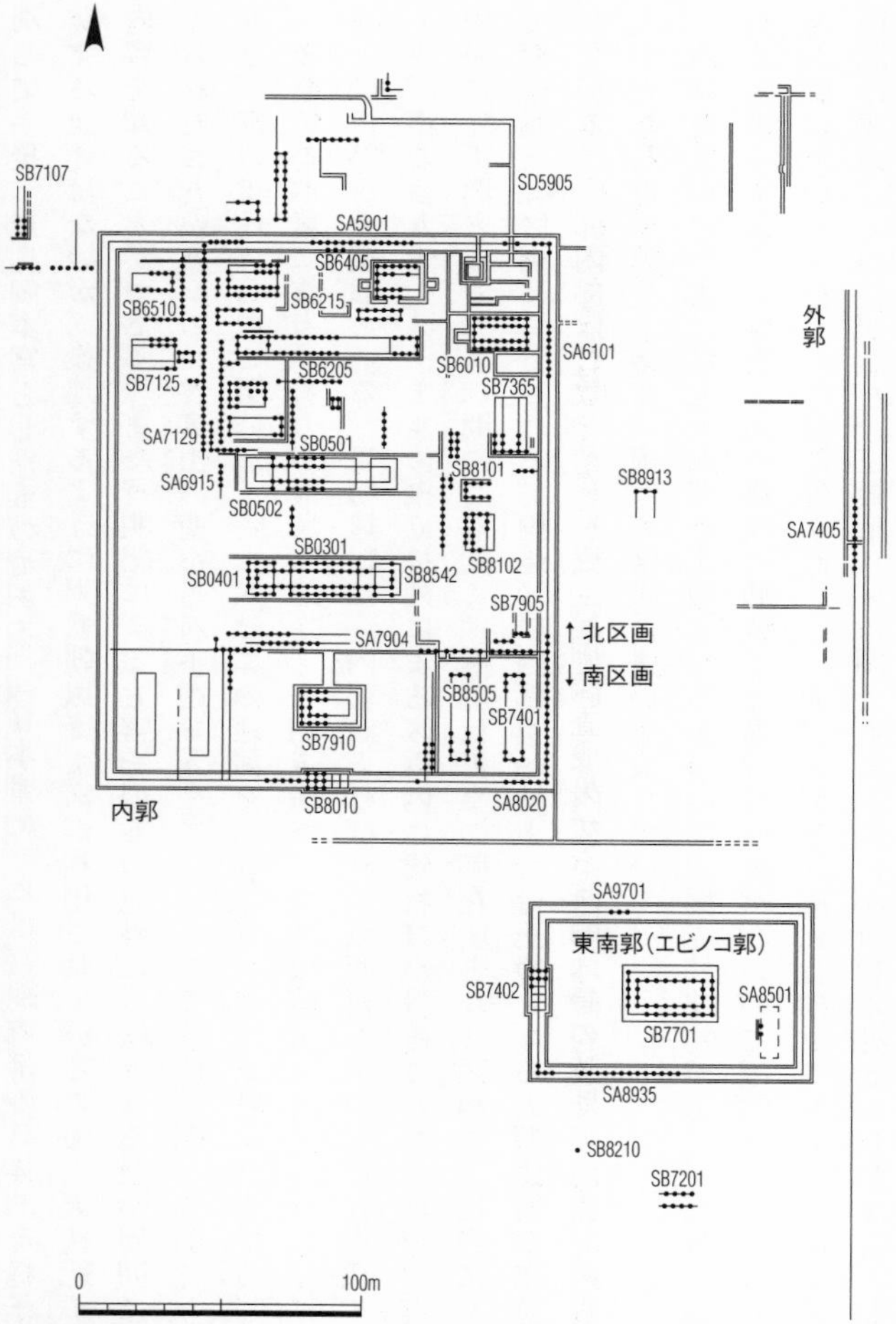
SB7107
SD5905
SA5901
SB6405
SB6215
SB6510
外郭
SA6101
SB6010
SB7365
SB7125
SB6205
SA7129
SB0501
SB8101
SA6915
SB8913
SB0502
SA7405
SB0301
SB8102
SB0401
SB8542
SB7905
SA7904
↑北区画
↓南区画
SB8505
SB7401
SB7910
内郭
SB8010
SA8020
SA9701
東南郭(エビノコ郭)
SB7402
SA8501
SB7701
SA8935
SB8210
SB7201
0
100m

飛鳥宮跡の遺構 (Ⅲ-B 期)

はすべて揃っているので、東西に長い一つの建物の両端を通路状の部分で区切ったと表現する方がよいかもしれない。建物上部構造は残っていないが、柱の配置から考えて切妻《きりづま》屋根の建物と考えられる。内郭北区画に大型建物が南北に二棟並ぶことは調査時には想定されていなかったが、実は平城《へいじょう》宮内裏でも大型建物が南北に二棟並ぶ殿舎配置が確認されている。後飛鳥岡本宮における内裏建物の配置が平城宮にも継承されているとみてよい。

飛鳥宮跡の東にある酒船石《さかふないし》遺跡では砂岩切石積みの石垣を丘陵の周囲に巡らせた遺構がみつかり「宮の東丘の石垣」に該当する。飛鳥東垣内《ひがしがいと》遺跡・飛鳥宮ノ下《みやのした》遺跡では幅約十メートルの大溝がみつかっており「狂心の渠」とみられる。この溝跡は現在も水路として残っており、北に向かって流れて香具山の西を通過して、横大路《よこおおじ》付近で米川に合流している。飛鳥京跡苑池は南北約二百三十メートル、東西百メートル以上の大規模な庭園遺構である。『日本書紀』にこの庭園はみえないが、発掘調査成果から斉明天皇の時期の造営とみられる（奈良県立橿原考古学研究所『史跡・名勝飛鳥京跡苑池（1）』）。

中大兄皇子（天智天皇）の称制《しょうせい》時代（六六二年（天智元）～六六八年（天智七））の飛鳥宮について『日本書紀』は何も記さないが、飛鳥京跡苑池からは丙寅《へいいん》年（六六六年、天智五）の年紀が記載された木簡が出土しているので、六六七年（天智六）の近江《おうみ》遷都直前までは苑池や隣接する飛鳥宮を継承して使用していたと考えられる。

†飛鳥浄御原宮

大海人皇子《おおあまのみこ》（天武天皇）は六七二年に壬申《じんしん》の乱で勝利すると、嶋宮《しま》を経て岡本宮に入り、翌年二月に壇場を設けて即位した。宮号は後に「飛鳥浄御原宮」と名付けられることとなるが、実際には後飛鳥岡本宮《のちのあすかおかもと》をほぼそのまま利用したことが発掘調査の成果から判明している。『日本書紀』の天武・持統紀には大極殿・大安殿・外安殿・内安殿・向小殿・南門・朝庭・東庭・御窟院・朝堂など多様な施設名がみえる。これらの多くは後飛鳥岡本宮から継承されたものであろう。

天武朝になって新たに内郭東南に造営されたのが東南郭《とうなんかく》（エビノコ郭）である。東南郭は南北約五十五メートル、東西約九十四メートルに復原され、掘立柱塀によって囲まれて西に門が開く施設であることがわかっている。東南郭内部は砂利敷き舗装が施され、中央に九×五間の大型四面廂掘立柱建物（正面の三カ所には階段が設置される）が建つ。東南郭がⅢ期遺構内郭（後飛鳥岡本宮）の南方に位置するため、これを岡本宮の南に天武天皇が造営した新しい宮にあてる見解がある。東南郭正殿（エビノコ大殿）は飛鳥宮跡の中でも最大規模の建物であり、これを天武紀にみえる「大極殿《だいごくでん》」にあてるのが通説となっている（小澤二〇〇三・林部二〇〇一など）。

しかし天武朝に大極殿は本当に存在したのかというと、『日本書紀』の潤色の可能性もあり疑問点が残る。大極殿は飛鳥浄御原宮の次の藤原《ふじわら》宮で成立したとするのが一般的で、藤原宮大極殿が平城宮、恭仁《くに》宮へも移築され大極殿として使用された事実からも裏付けられる。一方、東南郭正殿は日本古来の伝統的な掘立柱建物であり、中国大陸風の思想に基づく藤原宮以降の大極殿（礎石《そせき》建ち、瓦葺き）とは造りがまったく異なる。

さらに、東南郭には西門があるものの、正殿の前面となる南には門がなく掘立柱塀によって遮られているので、天皇が出御する建物とは考え難い。藤原宮や平城宮でも大極殿において南門（大極殿院閤門《こうもん》）は天皇と臣下の結節点として重要な施設であり（小澤二〇一八）、この点においても東南郭は大極殿院とは異なる。

東南郭はむしろ「朝堂《ちょうどう》」と考える方が合理的ではないだろうか。朝堂はもともと大夫らが伺候する場として始まり、太政官制が行われるようになると太政大臣や左右大臣の座が置かれ、朝庭に参集する諸司が大臣に報告をしたり判断を仰いだりするために出入りする施設となった。東南郭正殿に複数の階段が設置されているのは、こうした利用状況を反映しているとみてよい。六八三年（天武十二）二月には大津《おおつ》皇子が朝政に参画し、六九〇年（持統四）七月には高市《たけち》皇子が太政大臣、丹比真人嶋《たじひのまひとしま》が右大臣に任命されるなど、天武朝後半以降、律令官制が整えられていった。これらを契機に東南郭が朝堂として整備された可能性が高い（鶴見二〇一五）。六九〇年には朝堂での礼法を定めた詔が出されており、朝堂が飛鳥浄御原宮に実際に存在したことは明らかである。

†飛鳥宮から藤原宮へ

天武天皇が後飛鳥岡本宮をそのまま利用した理由の一つは、新たに都城を造営する意図があったためである。六七六年（天武五）に「新城《にいき》」を造営しようとしたことが『日本書紀』にみえ、範囲内の田畠は耕作を放棄して荒れたが結局は都を造らなかったとある。造営が一時中断された理由について『日本書紀』は何も語らないが、六八一年（天武十）頃までの諸政策をみると、公出挙《くすいこ》の制度や官人出身の制度、位階昇進の制度、氏姓《しせい》制度の整備、関所の設置や国境の確定、律令の編纂などを矢継ぎ早に実施している。こうした施策を都城造営よりも優先させたのであろう。

『日本書紀』には六八二年（天武十一）に「新城」の造営を再開し、六八四年（天武十三）には「宮室の地を定めたまふ」とある。そしてこれ以降、『日本書紀』は飛鳥宮を「旧宮」と表記するようになる。「新城」に対して飛鳥宮を「旧宮」と認識したのであろう。天武天皇が在位中に新城を完成させる計画だったことは、六八六年（朱鳥元）七月の天皇不予《ふよ》まで飛鳥宮の宮号が定められず、この時に至り改元とともに「飛鳥浄御原宮」と定めたことからもわかる。しかし天武天皇の在位中に新城は完成せず、持統天皇が即位して造営事業を継続して、六九四年（持統八）十二月にようやく藤原宮として完成し遷都した。

飛鳥宮が藤原宮以降の後世の宮に影響を及ぼしていることは疑いない。例えば、他とは隔絶した規模を持つ藤原宮朝堂院東第一堂は飛鳥宮跡東南郭正殿を継承したものである可能性が高く、平城宮内裏の中央に南北二棟の大型正殿があるのも飛鳥宮跡内郭北区画の南北二棟の正殿のあり方を継承したものとみられる。飛鳥宮は七世紀史の研究において重要な要素の一つであり、宮都研究の起点でもある。

さらに詳しく知るための参考文献

奈良県立橿原考古学研究所『飛鳥京跡』一、二、Ⅲ〜Ⅵ（一九七一〜二〇一四）……奈良県が一九六〇年から実施している飛鳥宮跡の発掘調査報告書。

小澤毅『日本古代宮都構造の研究』（青木書店、二〇〇三）……飛鳥宮跡の宮殿遺構を整理し、『日本書紀』にみえる飛鳥宮との対応を検討したもの。

小澤毅『古代宮都と関連遺跡の研究』（吉川弘文館、二〇一八）……飛鳥宮だけでなく七〜八世紀の都城・寺院を扱ったもので、各遺跡の考古学的特質、歴史的意義について明解に論じる。

鶴見泰寿『古代国家形成の舞台　飛鳥宮（シリーズ「遺跡を学ぶ」）』（新泉社、二〇一五）……文献史学と考古学の両方の立場から飛鳥宮跡について豊富な図版とともに解説したもの。

林部均『古代宮都形成過程の研究』（青木書店、二〇〇一）……飛鳥宮跡から出土する土器によって遺構の年代を決定し、『日本書紀』にみえる飛鳥宮との対応を検討したもの。

明日香村『続明日香村史』（二〇〇六）……明日香村発足五十周年を記念して刊行された村史。飛鳥の遺跡、歴史、文学、地理、美術について詳細な解説と論考を収録する。

第2講

難波宮――改新政権の宮と天平の都

磐下　徹

†難波宮はどこなのか

通天閣と大阪城。大阪のランドマークの双璧である。このうちの大阪城天守閣の最上階から南を見下ろすと、阪神高速東大阪線の向こうに、ビルやマンションに囲まれた公園を見出せる。飛鳥時代から奈良時代にかけて営まれた王宮である「難波宮《なにわのみや》」の故地を保存した難波宮跡公園《なにわのみやあと》である。飛鳥時代、この難波宮は乙巳《いつし》の変後の大化改新《たいかのかいしん》の舞台となり、奈良時代には短期間ではあるが都も置かれた。そのような難波宮の遺跡が、大阪市中央区法円坂《ほうえんざか》のこの地に眠っていることが判明するまでには、ちょっとした「物語」がある。

戦後の高度経済成長が始まろうとしていた頃、かつて陸軍第四師団の施設があった法円坂の地では、住宅団地の建設が進んでいた。その工事現場をしばしば訪れ、熱心に古瓦を捜し歩く人物がいた。大阪市立大学を定年退官したばかりの歴史学者、山根徳太郎《やまねとくたろう》である。

第一次世界大戦直後の一九一九年、当時大阪市の職員として大阪市民博物館の開設準備に従事していた山根は、二枚の古瓦と出会う。それは一九一三年に法円坂の陸軍施設の建設現場から出土し、陸軍技師の置塩章《おしおあきら》が手元に保管していた蓮華文《れんげもん》と重圏文《じゆうけんもん》の軒丸瓦であった。この時山根は「一目でゾッとするほどうれしかった」という（山根徳太郎『難波の宮』学生社、二〇〇二）。置塩からこれこそが法円坂に難波宮があったことを示す物証だと説明された山根は、そこに難波宮の遺構が眠っていると確信する。それからおよそ三十年。かつての確信を証明すべく、彼は工事現場を訪ね歩いていたのである。そして一九五三年十一月四日、ついに出土した鴟尾《しび》の破片に遭遇する。これを機に山根は、翌年から鴟尾の出土地点の近隣で発掘調査を開始するのである。

それまでは、『日本書紀』などにみえる「難波長柄豊碕《なにわながらのとよさき》」という記載から、この難波宮は大阪市北区の「長柄」や「豊崎」の地に所在したとするのが一般的で、上町台地《うえまちだいち》北端の法円坂だとする山根の説には懐疑的な意見が強かった。また、発掘調査に着手したものの、なかなか決定的な成果をあげられずにいたことから、彼らが調査しているのは「山根の宮」だ、「難破した宮」だ、と揶揄《やゆ》されるようになる。さらには資金不足にも陥った。しかし山根はかつての教え子や大阪の財界関係者らから寄付を集め、時には借金をしてまで資金を工面し、粘り強く調査を続けていく。その結果、一九五七〜六〇年にかけて、のちに奈良時代の難波宮の内裏《だいり》回廊《かいろう》であることが判明する遺構などが検出され、そして六一年には、ついに奈良時代の大極殿《だいごくでんき》基壇《だん》の発見に漕ぎつける。こうして難波宮が上町台地に所在していたことがゆるぎない事実として確定したのである（以上、積山二〇一四）。

これを契機に難波宮をめぐるもう一つの「物語」も展開する。市民を中心とした史跡保存運動である。史跡としての難波宮を守るため、時には訴訟も起こしながら、多くの人々がその保存に尽力してきた。現在、難波宮跡公園の北側を走る高速道路は、一部が高架化されていない。これも保存運動の結果、地下の遺構を守るためにとられた措置である（直《なお》木《き》孝次郎《こうじろう》『直木孝次郎　古代を語る11　難波宮の歴史と保存』吉川弘文館、二〇〇九）。

法円坂の地に静かにたたずむ難波宮跡公園は、語りつくせないほどの「物語」とともにある。ではこの難波宮跡はどのような遺跡なのか。具体的にみていくことにしよう。

†上下二層の遺構

山根徳太郎の始めた調査によって難波宮の具体相が明らかになると、ほぼ同じ場所に二つの遺構が重なっている、つまり同じ場所で一度立て替えられていることが分かった。下層の遺構ほど古いので、下層を前期難波宮、上層を後期難波宮と呼ぶ。以下、それぞれの概要をみていこう。

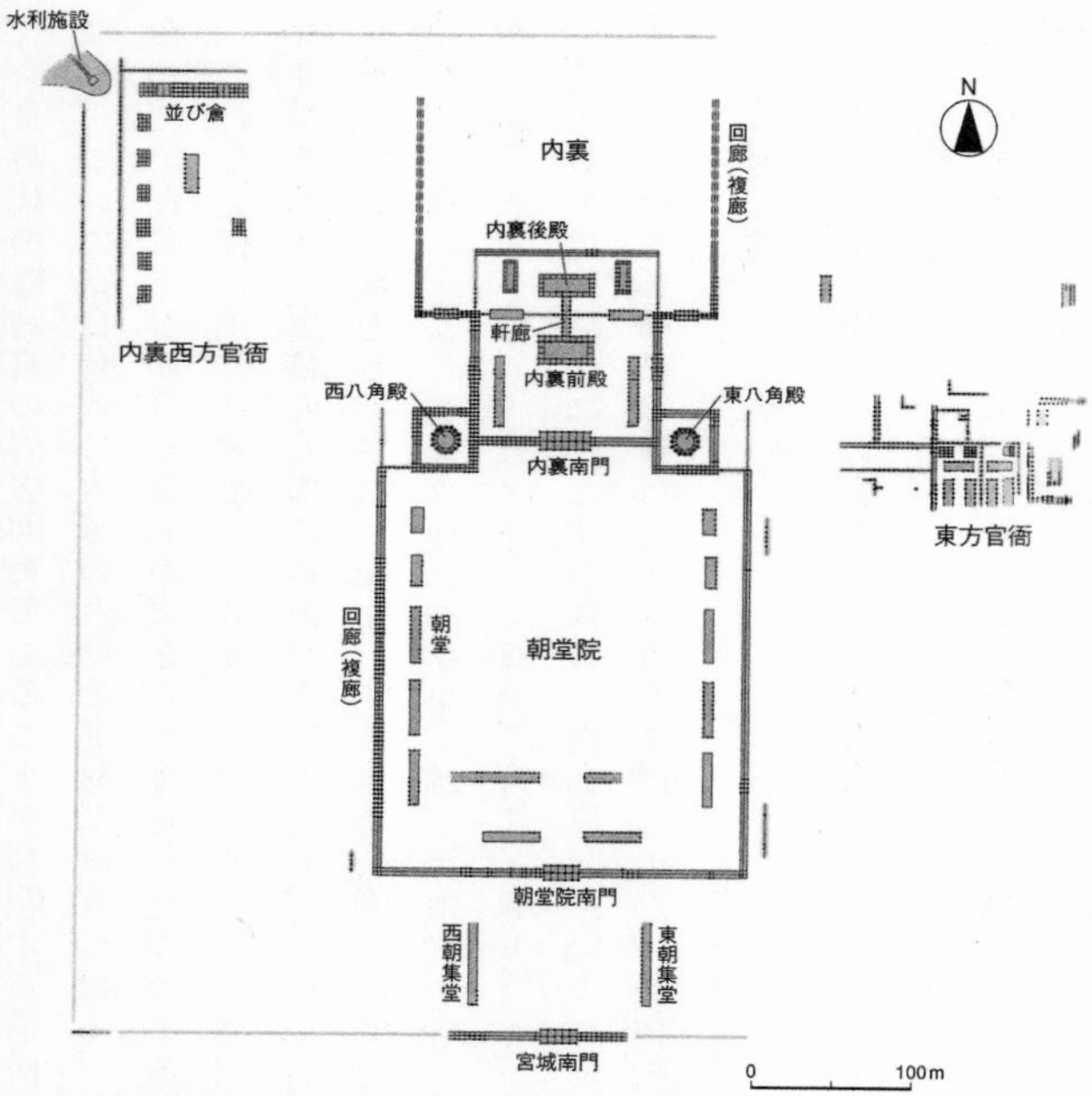

図1　前期難波宮復原図（積山洋 2014、P. 33 図 19）

まず前期難波宮だが(図1)、遺構の中枢は「内裏」「朝堂院《ちょうどういん》」と呼ばれる区画で構成される(難波宮の建物の正確な名称は伝わらないので、難波宮の発掘調査報告書である『難波宮址《きゅうし》の研究』に準拠する)。北に天皇の居住空間である内裏が置かれ、その突出した南端部に内裏前殿《ぜんでん》が配置される。この建物はのちの大極殿に相当する(積山洋《せきやまひろし》『古代の都城と東アジア』清文堂、二〇一三)。その南には内裏南門が開き、南門の東西には八角殿《はっかくでん》が配される。内裏南門の南方に広がる空間が朝堂院で、朝庭《ちょうてい》を取り囲んで十四もしくは十六堂の朝堂《ちょうどう》がU字型に建ち並ぶ。朝堂の数が確定しないのは、朝堂院南方の東西隅に朝堂を一つずつ配置しうる空間があるものの調査が及ばず、建物の有無が判然としないからである。

朝堂院の南の朝堂院南門を出ると東西に朝集堂《ちょうしゅうどう》が並び、その南が宮城南門、いわゆる朱《す》雀《ざく》門である。こうした内裏・朝堂院域の東西には役人たちが執務する官衙《かんが》（曹司《ぞうし》）域も置かれた。東方には、倉庫をともなう同一規格の官衙的施設が並列する東方官衙、北西には倉庫を主体とする内裏西方官衙などが確認されている。前期の建物はすべて掘立柱建物で、屋根は板葺だったと考えられる。

前期難波宮の遺構で注目されるのは、十四〜十六の朝堂が建ち並ぶ朝堂院であろう。それまでの飛鳥の王宮とは隔絶した規模・規格性を備え、その様式は藤原宮《ふじわらきゅう》に受け継がれて平安宮に至る。その意味で前期難波宮は、古代の宮都を考える上で極めて重要な存在といえる。

次に後期難波宮の遺構を確認しよう（図2）。前期と同様に北方に内裏、その南に大極殿を中心とした大極殿院《だいごくでんいん》が置かれる。前期では内裏空間の延長に内裏前殿（大極殿に相当）が設けられていたのに対し、後期では内裏と大極殿院・朝堂院が明確に区画されている点が

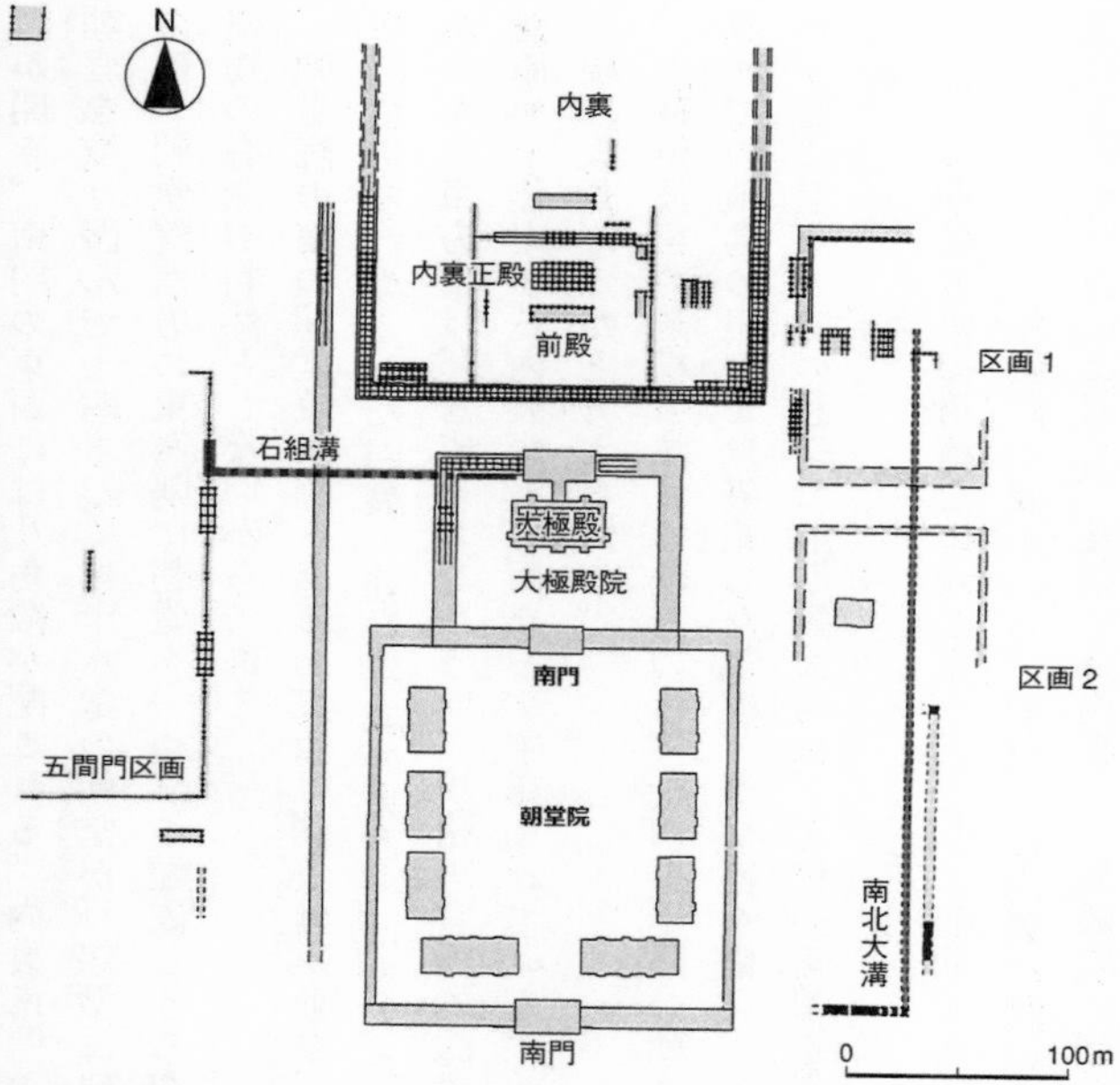

図２　後期難波宮復元図（積山洋 2014、P. 67 図 40 を一部改変）

大きく異なる。大極殿院の南門から先には八堂の朝堂を擁する朝堂院が広がる。朝堂院南方の遺構は不明な部分が多く、後期の朝集殿院や宮城南門についてはよく分かっていない。これら後期の建物は、内裏以外は礎《そ》石《せき》建物で、屋根には瓦が葺かれていた（内裏は掘立柱建物）。一九一九年に山根が出会った蓮華文・重圏文の軒丸瓦は、後期の建物に葺かれていたものだったのである。官衙としては、内裏・朝堂院東方の、築地《ついじ》塀《べい》で囲まれた南北に並ぶ区画が注目される(図2の区画1・2)。ここからは建物の基壇や瓦、石敷きなどが確認され、格式の高い、例えば太政官《だいじょうかん》のような重要官庁が置かれていたと考えられる。なお、山根が一九五三年に遭遇した鴟尾片はここで出土した(区画2)。内裏・朝堂院西方には五間門区画《ごけんもんくかく》と呼ばれる遺構も確認されるが、その性格は未解明である。

のちに述べるように、後期難波宮は奈良時代に聖武《しょうむ》天皇が造営し、七四四年(天平十六)には遷都されている。前期と比べると八角殿がなくなり、朝堂の数も減少しているが、都として機能しうる実務的な構成になっている。

以上のように難波宮の上下二層の遺構は、ともに規模や格式が他に抜きんでており、その画期性や重要性を看取できる。では、なぜこのような王宮が法円坂の地に置かれたのだろうか。少し時代をさかのぼって考えてみたい。

†難波宮前史

難波宮の所在する法円坂は上町《うえまち》台地の北端に位置する。上町台地とは、北は大阪城から南は住吉大社付近まで、約十二キロにわたって大阪平野を南北に貫く台地である。古代の上町台地周辺の地形は現在と大きく異なり、西は「難波乃海《なにわのうみ》」(大阪湾)が迫り、東には大和《やまと》川などが注ぎ込む「河内湖《かわちこ》」(「草香江《くさかえ》」)が広がっていた。つまり上町台地は、東西を湖と海に挟まれた半島だったのである（日下雅義『地形からみた歴史』講談社学術文庫、二〇一二）。そして台地の北端には「難波堀江《なにわのほりえ》」が東西に開削されて「難波津《なにわづ》」が置かれ、瀬戸内海と内陸部を水上交通でつないでいた。さらに台地上には「磯歯津路《しはつみち》」や「大津道」「丹比道《たじひみち》」、そして「難波大道《なにわたいどう》」などの直線的な道路も敷設され、飛鳥地域と結ばれていた。このように上町台地北端部は、水上・陸上交通の要衝だったのである（図3）。

こうした上町台地の北端の古層を示すのが、前期難波宮の遺構よりもさらに下層に発見される「難波宮下層遺跡」である（南秀雄「難波宮下層遺跡をめぐる諸問題」『難波宮と都城制』吉川弘文館、二〇一四）。その代表が古墳時代の五世紀の遺跡である法円坂倉庫群であろう。現在のNHK大阪放送局・大阪歴史博物館の敷地で発見されたこの遺跡は、十六棟からなる巨大な掘立柱の高床倉庫群で、十メートル×九メートルの同一規格の倉庫が東西二列に分かれて正方位に並んでいる。その規模は古墳時代を通じて最大級であり、一豪族のものではなく、ヤマト政権が直轄する倉庫群と考えられる。巨大な倉庫群の存在は、この地が物資の集積地だったことをうかがわせ、実際に倉庫群のすぐ北は難波堀江が通り、難波津が置かれていた。周辺の遺跡からは渡来人の存在を示す韓式土器《かんしきどき》の出土も確認され、上町台地北端の地は、西日本のみならず朝鮮半島や中国からの物資も集積された場所だったのだろう。文献史料（『日本書紀』）に目を転じても、難波津周辺には七世紀以前から外交使節

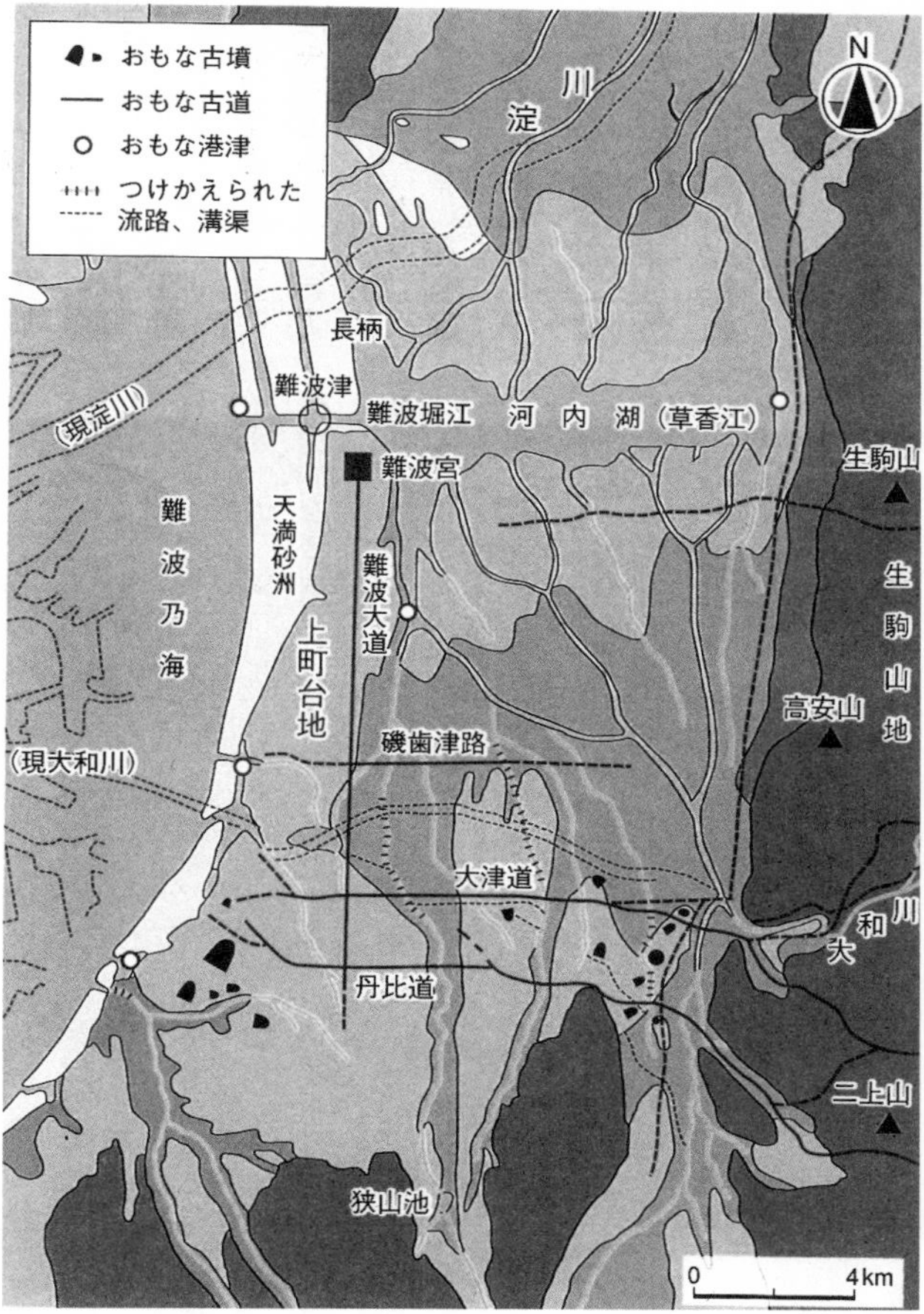

図3　古代の上町台地（積山洋 2014、P. 19 図 10）

を迎接する「難波館《なにわのむろつみ》」「三韓館《みつのからひとのむろつみ》」や「難波大郡《なにわのおおごおり》」、ヤマト政権の支配・経済の拠点である「難波屯倉《なにわのみやけ》」が置かれていたことが確認でき、寺院が建てられ、「難波大道」などの交通路も整備されていたことが知られる。

このように、上町台地北端は流通や支配の拠点であり、外交の最前線であり、仏教などの最新文化の受容拠点でもあった。こうした地に難波宮は造営されているのである。それは決して偶然ではなく、歴史的な必然だったといえるだろう。

†前期難波宮は孝徳朝か天武朝か

話を難波宮に戻そう。『日本書紀』によれば、天武《てんむ》天皇の六八六年（朱鳥元）正月に「大《おお》蔵省《くらのつかさ》」（あるいは「阿斗連薬家《あとのむらじくすりのいえ》」）から出火し、「兵庫職《つわもののつかさ》」以外の「宮室」が焼失している。前期難波宮の内裏や朝堂院など中枢部の遺構からは焼け焦げた土等が検出されることから、前期の主要な建物はこの時焼失したと考えられる。では、この前期の建物はいつ造営されたのだろうか。これについては孝徳《こうとく》朝と天武朝の二説が長らく対立してきた。

『日本書紀』では、孝徳天皇の六四五年（大化元）十二月に「難波長柄豊碕」への遷都が宣言され、六五二年（白雉三）九月には「難波長柄豊碕宮」の造営が終わったとし、「其の宮殿の状《かたち》、論じ殫《つく》すべからず」とする。これらの記事によれば、前期難波宮は孝徳朝に造営されたことになる。一方、同じ『日本書紀』六八三年十二月条には「詔《みことのり》して曰はく、凡そ都城宮室は、一処に非ずして、必ず両《りょう》・参《さん》造らむ。故に先《ま》づ難波に都つくらむと欲す」とあり、時の天武天皇が難波に「都」を造営したと読める記事がある。奈良時代に編纂された『日本書紀』の文章は、編纂当時の知識による潤色《じゅんしょく》が確認され、特に孝徳朝の六四六年正月の「改新詔《かいしんのみことのり》」が大宝令《たいほうりょう》をもとに作文されたことはよく知られている。そうしたことから、孝徳朝の記事をそのまま信用することは躊躇され、『日本書紀』のなかでも信憑性が高いとされる天武朝の記事に拠るべきだとの見解が出されたのである。

先述のように、前期難波宮はその規模や内裏・朝堂院の規格性において、それまでの飛鳥の諸宮から大きく飛躍し、藤原宮以降に継承される古代宮都の原型ともいうべきものである。したがって、その造営が孝徳朝なのか天武朝なのかという問題は「大化改新」の評価に直結する、換言すれば七世紀後半の国家形成史と密にかかわる重大問題なのである。前期はいつ造営されたのか。この議論を大きく前進させたのが、難波宮跡出土木簡《もっかん》である。

一九九九年に大阪府警本部庁舎の建設にともない、前期難波宮の遺構北限の発掘調査を実施すると、そこから三十三点の木簡が出土し、その中に「戊申年《ぼしんねん》」と記された木簡が含まれていた。七世紀には、年号ではなく干支《かんし》を用いた年の表記法が一般的で、この方法では六十年に一度同じ漢字の組み合わせがあらわれる。しかし、木簡の出土状況や共伴《きょうはん》する土器の年代、さらには文字の書体などから、この「戊申年」は六四八年（大化四）と判断できる。これにより――なお慎重な意見も一部にはあるものの――、前期難波宮が七世紀中頃に造営されたことがほぼ確定した。つまり前期の遺構は孝徳朝の難波長柄豊碕宮だったのである。だとすれば、孝徳朝にそれまでにない規模と規格性を備えた王宮が出現していたことになる。このことは当該期に新たな政治・制度の確立が進められたことを強く想起させ、『日本書紀』の描く「大化改新」像の評価を大きく変えることになった。

なお天武朝の「難波に都つくらむと欲す」との方針については、宮のまわりの京域《きょういき》（条坊）の整備が進められた可能性があるものの、この詔の三年後に天武が亡くなっていることから実現には至らなかったのだろう。

†「中期難波宮」の時代

六八六年の火災後に同じ場所に再建されたのが後期難波宮である。『続日本紀《しょくにほんぎ》』では、聖武天皇の七二六年（神亀三）十月に藤原宇合《ふじわらのうまかい》が知造難波宮事《ちぞうなにわきゅうじ》に任命され、七三二年（天平四）三月に彼らは褒賞に与《あずか》っている。したがって、後期はおおむねこの間に造営されたと考えられる。出土する瓦の年代など、考古学的な知見もこれに齟齬《そご》しない。すると、前期の焼亡から後期の造営が始まるまで約四十年の空白が生じる。この間の難波宮はどうなっていたのだろうか。この時期を「中期難波宮」の時代と仮称し、その様相をさぐってみよう（以下、李陽浩「中期難波宮をめぐって」『ヒストリア』二五六、二〇一六）。

『日本書紀』『続日本紀』などの文献には、この時期に天皇が「難波宮」や「難波」に行幸した、あるいは「難波館」で新羅の外交使節を迎接したなどという記事が散見する。これらによれば、前期難波宮焼失後に「難波宮」が再建されているように解釈できる。しかし、発掘調査成果からは異なった様相がみえてくる。

難波宮の内裏や朝堂院の発掘調査によれば、前期の焼失後、後期の造営が始まるまでの間に建物の増改築を示す痕跡は見つからず、焼けた前期の柱の抜き取り作業はある段階で一斉に行われたと考えられる。一方、前期の東方官衙や内裏西方官衙の遺構には火災の痕跡がなく、これらをはじめいくつかの施設は存続していたようである。したがって考古学的な知見からは、「中期難波宮」の時代には内裏や朝堂院などの中枢部は部分的にも再建されず、周囲の諸施設のみ存続していたことになる。さらに注目すべきは、前期と後期の内裏・朝堂院の中軸線がほぼ一致し、しかも後期の建物は前期の建物配置を踏襲しつつもほとんど重ならず、前期の建物の内側にきれいに収まるように配置されていることである（図4）。つまり後期の建物の位置は、前期の建物に強く規制されているのである。

後期難波宮の朝堂院や内裏は、前期の朝堂院や内裏回廊のなかにほぼ収まっている。ま

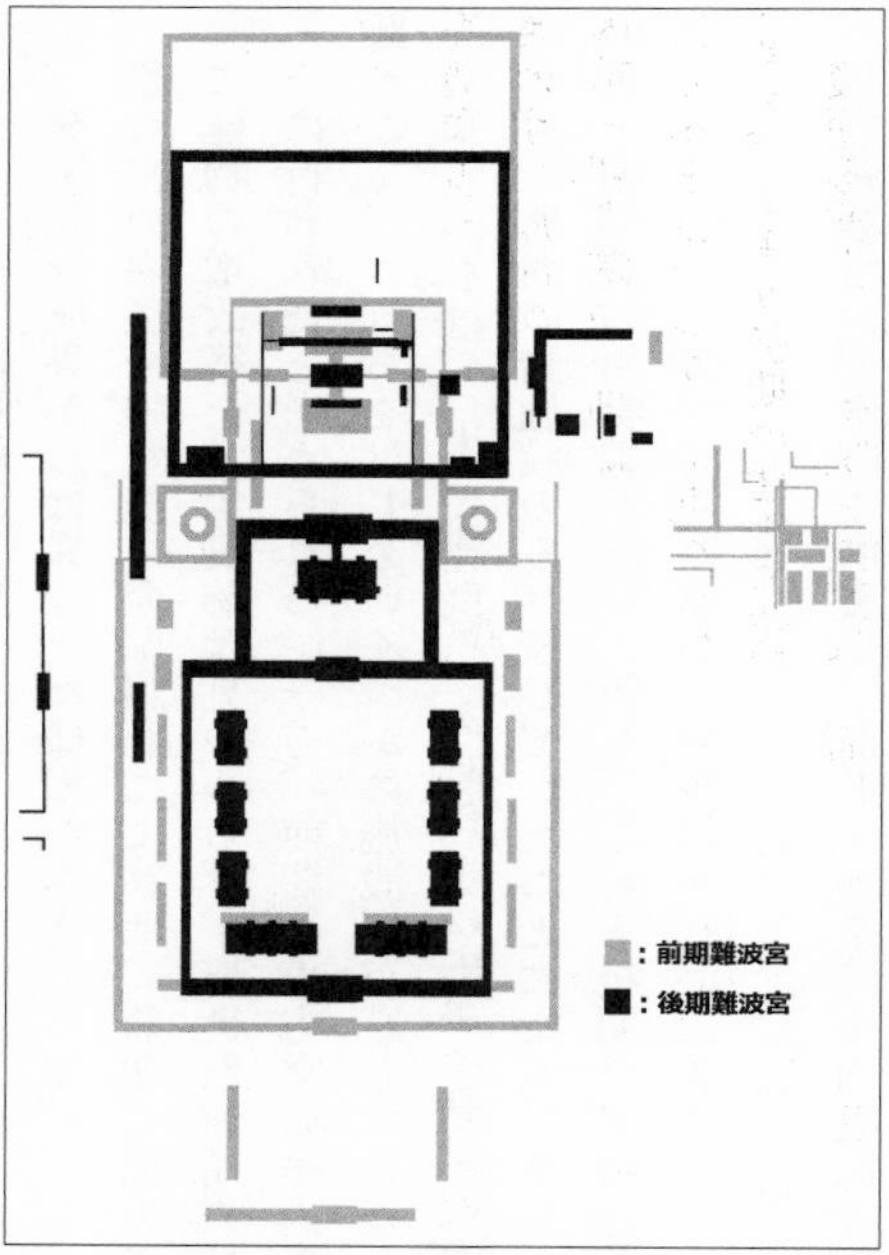

図４　前・後期の重なり（大阪歴史博物館提供）

た後期の大極殿院は、前期の東西八角殿院回廊間に配置されている。このように後期の中枢部の建物のほとんどが前期の建物の内側に見事に収まる。また前期と後期の建物が重なる場合も側柱《がわばしら》（建物の外枠）を共有するなど、前期の建物が後期の建物配置を規制することは明らかである。このことは、後期の造営時に前期の建物配置を示す何らかの目印があったことを示している。その目印とは何だったのだろうか。

難波宮跡出土瓦は、ほとんどが後期難波宮にともなうものである。ところが、前期の遺構から瓦が出土する事例がある。例えば、前期東八角殿の柱穴からは完形の重圏文軒丸《じゅうけんもんのきまる》瓦《がわら》が出土し、前期の内裏《だいり》南門の柱の抜き取り穴などからも瓦が出土している。こうした現象は、前期の掘立柱を抜き取る際、付近にあった後期の瓦が混入したと考えない限り説明がつかない。とすると、前期の柱は後期の造営の開始にともなって（後期のための瓦が用意されてから）抜き取られたことになる。しかも抜き取りは一斉に行われている。つまり前期の内裏や朝堂院の焼け残った柱は、後期の造営が始まるまでの約四十年間、そのまま保全されていたのである。そしてこう考えることで、前期と後期の建物の絶妙な位置関係も理解できる。後期の中枢部は、焼け残った前期の柱を目印に配置されていたのである。

以上をまとめると、かつて前期難波宮の内裏や朝堂院が置かれた地区には、黒く焼け焦げた柱が林立し、その周囲に火災から免れた施設が存続していたことになる。これが「中期難波宮」時代の上町台地北端の光景であり、文献にみえる「難波宮」の実態だったのである。天皇の行幸などに際しては、焼け残っていた諸施設が利用されたのだろう。やや奇異な光景ではあるが、現在の知見を総合するとこう考えることができる。火災の後、後期の造営が始まるまで約四十年間、焼け跡が手つかずのままとされたのは、上町台地北端のこの地こそが王宮の用地としてふさわしいという強い意識があったからだろう。のみならず、後期の建物配置が前期の規制を受けつつも踏襲されていることからは、前期の内裏・朝堂院のもつ強い規範性を読み取ることができる。ここからも、前期難波宮がその後の古代の宮都に与えた影響の大きさをうかがうことができるだろう。

†遷都と後期難波宮

七四〇年（天平十二）、大宰府《だざいふ》で藤原広嗣《ふじわらのひろつぐ》の乱が勃発する。広嗣は後期難波宮の造営を指揮した宇合の長男である。この鎮圧に見通しがついた同年十月、聖武天皇は東国行幸《ぎょうこう》へ出発する（以下『続日本紀』にもとづく）。伊勢神宮へ奉幣《ほうべい》し、曽祖父の天武天皇が壬申の乱でたどった経路をなぞりつつ、伊勢・美濃・近江を経て山背《やましろ》に入り、そのまま恭仁《くに》京に遷都した。これらは乱に動揺した聖武の「迷走」とされてきたが、近年では計画的な行動との見方が強い。

さらに七四二年に入ると聖武はしばしば紫香楽宮《しがらき》に赴き、七四三年にはそこで盧舎那仏《るしゃなぶつ》（大仏）建立の詔を発する。大仏の建立は紫香楽宮の整備・拡充も意味する。しかし、恭仁京と紫香楽宮、さらには大仏の造営の並立は現実的ではない。そこで聖武は恭仁京造営の停止を指示する。そして翌七四四年正月に突如として百官《ひやつかん》と市人《いちびと》に恭仁と難波のいずれを都とすべきかを問う。百官の意見は拮抗しつつも恭仁派が多数を占め、市人はほとんどが恭仁を望んだ。にもかかわらず聖武は難波宮に行幸する。そして駅鈴《えきれい》・内印《ないいん》・外印《げいん》・高御座《たかみくら》・大楯《おおたて》と、天皇大権を象徴する器物を次々に取り寄せ、二月二十六日、「難波宮」を

「皇都」とすることが宣言された。だがその場に聖武はいない。彼は大仏の建立が進む紫香楽宮に赴いていた。遷都を宣言したのは、元正太上天皇《げんしょうだいじょうてんのう》と左大臣の橘諸兄《たちばなのもろえ》であった。その後、七四五年正月には紫香楽宮を実質的な都とするも、五月に聖武は平城京に還都する。紫香楽では頓挫した大仏建立も、東大寺盧舎那仏として平城の地で実現するのである。

このように、後期難波宮は一年未満という短期間ではあったが「皇都」とされた。この間の状況については、紫香楽で大仏建立にのめり込む聖武と光明皇后や藤原氏、それに否定的な元正や橘諸兄らとの政治的対立を想定する見解など諸説ある。いずれにしても錯綜した状況のなかで遷都先に難波宮が選ばれたのは、そこがすでに都としての内実を備えていたからだろう。奈良時代になると、上町台地上には条坊地割に一致する道路遺構の発見例が増加することから、京域の整備も進んでいたことが分かる（積山二〇一四）。七世紀以来、王宮にふさわしい地として意識され、保全・整備されてきた難波宮は、奈良時代の流動的な政治情勢に対応して都の機能を引き受けることができるほど充実していたのである。

平城還都後も天皇の行幸が散見するなど、難波宮は重要な王宮として維持されていたが、桓武《かんむ》天皇の登場によりその歴史にピリオドが打たれる。平城京の歴代の天皇たちが天武天皇系であったのに対し、桓武とその父である光仁《こうにん》天皇は天智《てんじ》天皇の系譜に属する。さらに母親が渡来系氏族出身だったこともあり、桓武は自らの権威創出のため、「新王朝」の樹立者としての自覚を強く持つ。新たな「王朝」には新たな都がふさわしいと考えた彼は、七八四年（延暦三）に長岡京《ながおかきょう》へ遷都し、これにともない難波宮は廃止される。

長岡宮の発掘調査では後期難波宮の特徴である重圏文軒瓦が多く出土し、また長岡宮朝堂院は後期と同じ八堂形式をとっている。つまり後期の中枢部の建物は、解体されて長岡の地に運ばれ、新たな王宮に転用されたのである。反対意見も少なくないなか、迅速な遷都を期してとられた措置だろう。経費も節減できたはずである。そして七九三（延暦十二年）には「難波大宮」の停廃が明言され、王宮を失った「摂津職《せっつしき》」は「摂津国《せっつのくに》」に改称される（『類聚三代格《るいじゅうさんだいきゃく》』）。ここに孝徳朝以来の難波宮の歴史は幕を閉じたのである。

奈良時代に再建された後期難波宮は、その周囲に広がる京域とともに、いつでも都として機能しうる施設として整備・維持されていた。その意味では「都城宮室は、一処に非ず」として難波にも「都」を造ろうとした天武天皇の遺志を曽孫の聖武は意識していたのだろう。そして都に準じる内実を備えていたからこそ、八世紀の遷都を振り返った時、そこに難波宮の姿を見出せるのである。

†古代史研究と難波宮

山根徳太郎の情熱に端を発し、その姿が解明されてきた難波宮。その存在が古代史研究に与えた影響は決して小さくない。前期難波宮の遺構の解明は、七世紀史の研究に格段の深化をもたらした。近年では前期の遺構と七世紀木簡を駆使した新たな大化改新論も展開されている(吉川真司「律令体制の形成」『日本史講座1　東アジアにおける国家の形成』東京大学出版会、二〇〇四など)。また後期の遺構も、遷都を軸とした八世紀の政治史理解に大きく貢献するものである。今後も難波宮が新たな知見をもたらす可能性は大いにありうる。

法円坂にたたずむ難波宮跡公園は、いまなお新たな「物語」を生み出す可能性を秘めているのである。

さらに詳しく知るための参考文献

植木久『日本の遺跡37　難波宮跡――大阪に甦る古代の宮殿』(同成社、二〇〇九)……難波宮跡の発掘調査に従事してきた筆者による概説。図面類を多用しながら難波宮の建物について詳述する。

大阪歴史博物館編『大阪遺産　難波宮』(大阪歴史博物館、二〇一四)……難波宮発掘調査開始六十周年を記念して大阪歴史博物館で開催された特別展の図録。山根徳太郎の事績から難波宮の発掘調査の最前線まで関連する図版を豊富に掲載。

積山洋『東アジアに開かれた古代王宮・難波宮』(シリーズ「遺跡を学ぶ」)』(新泉社、二〇一四)……長く難波宮跡の調査・保存に従事している筆者による概説。東アジア的視点も交えつつ、豊富な図版や写真を用いてわかりやすく難波宮の具体相を解説。

中尾芳治・栄原永遠男編『難波宮と都城制』(吉川弘文館、二〇一四)……大阪を主なフィールドとする考古学・文献史学の研究者による難波宮についての専門論文集。現段階での難波宮研究の到達点。

難波宮研究会編『難波宮と大化改新』(和泉書院、二〇二〇刊行予定)……旧大阪市博物館協会と大阪市立大学の考古学・文献史学の研究者による共同研究の成果をまとめた論文集。

第3講

大津宮——滋賀の都の実像

古市　晃

†近江遷都

六六七年（天智六）三月、中大兄《なかのおおえ》皇子は飛鳥の都を離れ、近江《おうみ》遷都を決行する。大津《おおつ》宮である。『日本書紀』は、前年の冬、飛鳥の鼠が近江に移る予兆があったことを記す（天智五年是冬条）。『日本書紀』はさらに、遷都にあたってそれを願わず、反対する人びとが多かったことや、火災が多く発生したことなど、批判的な風潮が強かったことも記す（同六年三月己卯条）。『万葉集』には、近江に移る際の額田王《ぬかたのおおきみ》の歌が収められている。

三輪山《みわやま》を　然《しか》も隠すか　雲だにも　心あらなも　隠さふべしや
三輪山を　そんなにも隠すことか　せめて雲だけでも　この気持を察してほしい
隠してよいものか（巻一、一八番。ただし山上憶良《やまのうえのおくら》『類聚歌林《るいじゆうかりん》』は天智天皇作という異説を載

せる。訓《よ》み下し、現代語訳は新編日本古典文学全集による。以下同じ）

日々の暮らしの中で見慣れた三輪山が、奈良の山々の向こうに隠れ遠ざかってゆくことを惜しむ気持ちになぞらえて、近江遷都を批判する気持ちが込められているとされる。七世紀、飛鳥を含む奈良盆地南部から都が離れたことは、六四五年（大化元）から六五四（白雉五）、乙巳《いつし》の変後に難波《なにわ》への遷都があるだけで、それも六五三年には、中大兄皇子自身が孝徳天皇を置き去りにし、他の王族と共に飛鳥に帰還している。飛鳥時代の貴族たちにとって、近江は実際の距離はともかく、遠く離れた土地として認識されていた。

†大津宮の発掘調査

大津宮に移った中大兄皇子は、翌六六八年正月、大津宮で正式に即位する。天智天皇である（『日本書紀』同年正月戊子条。即位を同六年三月とする異本もある）。大津宮の時代はその後、六七一年に天智が病没し、六七二年、天智の子で後継者の大友皇子が、壬申の乱と呼ばれる叔父の大海人《おおあま》皇子（天武天皇）との対決に敗れ、自死するまでの五年間である。

乱後、都はふたたび飛鳥に戻り、大津宮の所在も長い年月の間に忘れられていった。江戸時代から明治にかけて、所在地をめぐって御所之内の字名《あざな》がある現大津市錦織《にしこおり》地区と、大極殿《だいごくでん》に通じると考えられた太鼓塚、荒れの内裏に通じると考えられた蟻之内の字名がある現滋賀里地区に求める二説があったが、一九七四年、滋賀県教育委員会によって錦織地区から内裏《だいり》南門の一部と考えられる掘立柱建物の遺構が発掘されるに及び、所在地をめぐる議論には決着がついた。大津宮は、東に琵琶湖、西に比良山系が迫り、南北に細長くのびる土地に置かれたことになる。古代の琵琶湖の汀線は現在よりもさらに内陸に入り込んでいたとみられ、宮を置くことのできる土地はかなり限られていたことが推定できる。大津宮の立地は、儀礼上の視覚効果よりも防御と交通を優先したものであった。

図1　発掘調査でみつかった内裏正殿（SB015。南から。林博通『大津京跡の研究』思文閣出版より）

錦織地区からはその後も門に取りつく回廊や塀、内裏正殿とみられる中心的な掘立柱建物の遺構が発掘されている。これらの遺構から、大津宮の中心的な建物群は国土座標の北に対して一度一九分三三秒西に傾いているとされるので（林博通『大津京跡の研究』思文閣出版、二〇〇一）、ほぼ正方位を志向すると考えられる。

この方位は、大津宮の周辺の開発にも影響を与えていた。大津宮北方約三キロメートルに位置する穴太廃寺《あのお》は、大津宮造営以前から金堂や塔をそなえた伽藍《がらん》をそなえていたが、これはこの地域の地形に沿って、真北に対して東に約三五度傾いた方位によって建てられていた。しかし大津宮造営とほぼ時期を同じくするとみられる再建時の伽藍は、ほぼ座標軸の北に沿った方位を採用したことが判明している。狭い土地に急いで作られたとはいえ、大津宮の造営は、一定の計画性をともなっていたことが明らかである。

大津宮の周辺からは、碁盤目状に区画された道路遺構はみつかっていないことから、役所や住民の居住区を計画的に配置するための条坊制は施行されていなかった可能性が高い。ただし宮の周辺地域に田地を区画する条里地割とは異なる、八〇間または四〇間で区画された特殊な地割が存在するとの見解が古くからある。地図上で確認できるこの区画の平均測定値は一七六・五メートルだが、これは発掘調査でみつかった推定内裏南門と正殿の心々距離、八八・九五メートルの約二倍であることから、これを大津宮にともなう特殊な区画とみる説も提出されている（小笠原好彦「大津京と穴太廃寺」『伊藤信雄先生追悼論文集刊行会『考古学古代史論攷』今野印刷、一九九〇）。ただこれは、今後の検討に待つ部分が多い。

大津宮跡は現在、その主要な範囲は近江大津宮錦織遺跡と命名され、史跡に指定されている。発掘調査の成果は、大津市歴史博物館でみることができる。

†大津宮の構造

大津宮に存在した施設について、文献史料は比較的多くの情報を提供してくれる。『日本書紀』には、内裏《だいり》、内裏仏殿、内裏西殿、西小殿、大殿、殿、宮門、漏刻《ろうこく》など、天皇の政務・居住空間にかかわる施設名がみえる。これらの内、大殿は、病床に臥した天智が大海人皇子を引見した際、大殿に引き入れたことがみえる（天武即位前紀）。この大殿は、正月に天智が臣下の賀正礼を受けたときに用いられた殿（天智一〇年正月庚子条）と同じ施設を指すであろうから、内裏の中心的な施設で、政務・儀礼のほか、天智の起居の場でもあったことがうかがえる。儀礼にかかわる施設として、宮門内で射礼《じゃらい》が行われたこと（同九年正月辛巳条）、端午《たんご》の節に際して西小殿で宴会が行われて田舞《たまい》が奏されたこと（同一〇年五月辛丑条）などがみえる。田舞は五穀豊穣の祈願にかかわるとされるが、一方でそれを舞うことで「君臣祖子の理」を教えることができるともされていた（『続日本紀《しょくにほんぎ》』天平一五年〈七四三〉五月癸卯条）。翌年に勃発する壬申の乱を知る私たちにとって、このときの舞がどのような状況に応じたものであったのか、興味深いところである。

役所にかかわる施設として、六七一年（天智一〇）に大蔵省の第三倉から出火したこと（同一〇年一一月丁巳条。大蔵は同八年一二月条にも火災にあったことがみえる）、同年に大炊寮《おおいりょう》の八

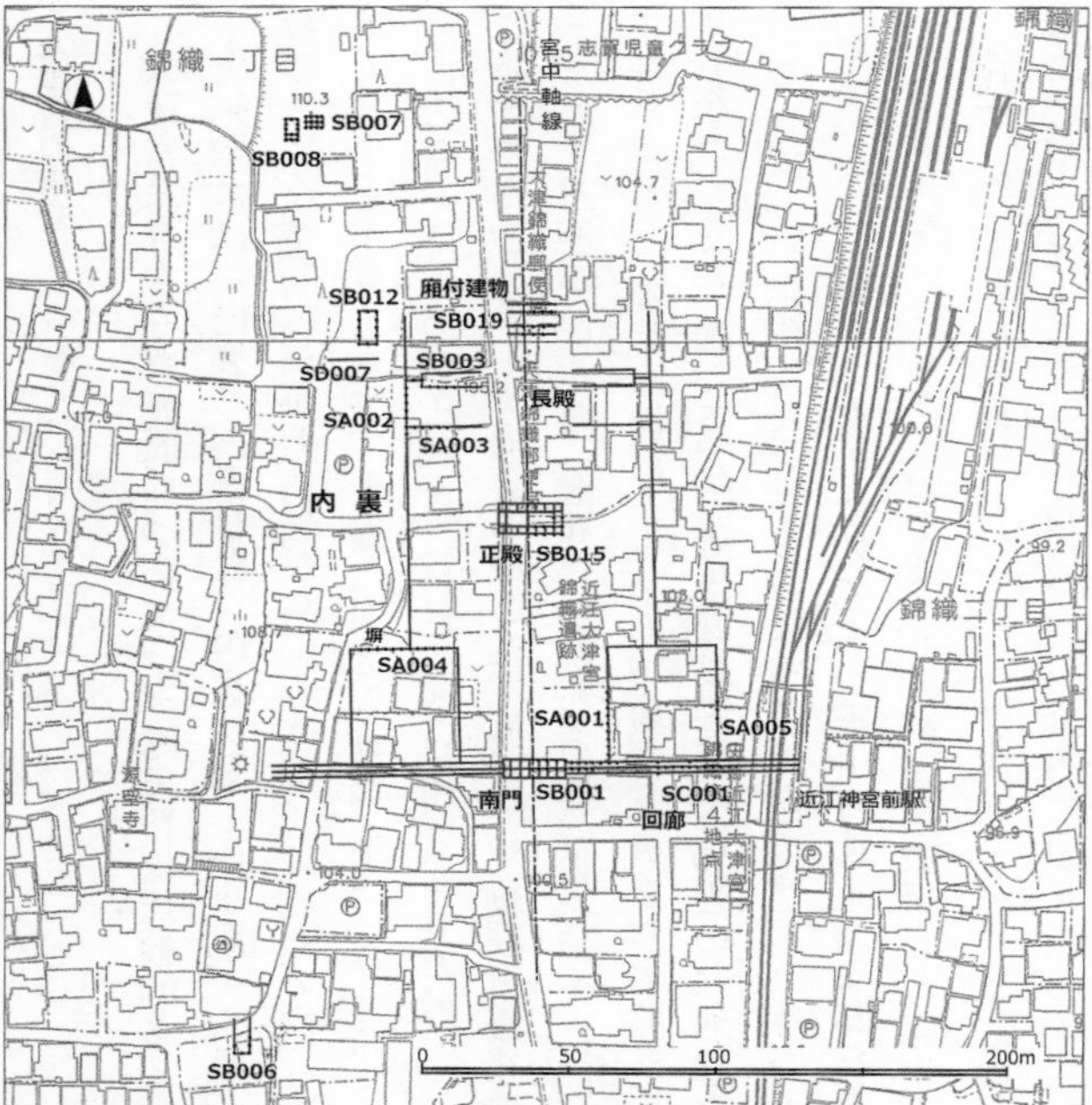

図２　大津宮中枢部の復元案（『企画展　大津の都と白鳳寺院（図録）』大津市歴史博物館より）

つの鼎《かなえ》が鳴動するなどの怪異が生じたことが記される。このほか、特徴的な施設としては、浜台（浜楼）がある。『日本書紀』は六六八年（天智七）、浜台の下に魚が押し寄せて水面を覆ったという怪異が生じたことを記す（同年七月条）。『藤氏《とうし》家《か》伝《でん》』上は、天智が群臣を召して浜楼で宴会を催した際、大海人皇子が長槍で床を刺し貫いたため、天智は激怒して皇子を殺害しようとしたが、中臣鎌足の取りなしによって免れたことを記す。琵琶湖畔に、その景観を楽しむための楼閣が建てられていたのであろう。

これらの施設が具体的にどのように配されていたのか、また発掘調査でみつかった遺構がどの施設にあたるのかなどは、まだ十分に明らかにされていない。大殿（殿）が内裏正殿とされる遺構にあたる可能性、宮門が内裏南門とされる遺構にあたる可能性は高いものの、そのほかについては不明といわざるを得ない。こうした状況にあって、これまでの調査事例を元に大津宮の空間構成を読み解こうとする試みがなされている。一つの案はこれまでにみつかった内裏南門の前面に朝堂を配する朝堂院の存在を想定し、孝徳天皇の前期難波宮（難波長柄豊碕宮《なにわのながらのとよさきのみや》）と共通する平面形を想定するものである（林前掲書）。ただ遺構の検出が限られていることから、前期難波宮との共通性はかならずしも十分に証明されているわけではない。むしろ伝承飛鳥板蓋宮《あすかのいたぶきのみや》の内郭との共通性を指摘する説も提出されており（林部均『古代宮都形成過程の研究』青木書店、二〇〇一）、見解は分かれている。いずれの立場を取るにせよ、現時点では十分な調査事例が蓄積されていないことが最大の問題点である。大津宮の所在地は住宅の密集地でもあり、発掘調査には大きな制約がともなっている。今後の調査の展開に期待したい。

†大津宮と仏教

文献史料にみえる大津宮の特徴として挙げられるのが、仏事にかかわる記事が豊富なことである。とりわけ六七一年に集中してみえる。この年の九月、天智は病に陥る。十月、内裏で百仏の開眼供養《かいげんくよう》が行われ、同じ月に、重態に陥った天智の下に召された大海人皇子が後継者の要請を固辞して出家を願い、内裏の仏殿の南で剃髪して沙門となっている(『日本書紀』天智十年十月庚辰条)。さらに、十一月には内裏の西殿の織仏の前に大友皇子と天智の重臣たちが集まり、次々に手に香炉をもって大友皇子への結束を誓った。そのとき臣下たちは、「もし天智の詔にそむくようなことがあれば、四天王や天神地祇の罰を受け、三十三天がこのことを証するであろう。子孫は絶え、家門は滅びるにちがいない」と述べたという(同、同年一一月丙辰条)。四天王以下、三十三天が仏教界を守護する存在であることはいうまでもない。

これらの記事によって、大津宮の内裏には仏殿と呼ばれる建物があったこと、内裏の西殿という建物には織物の仏像がかけられていたことがわかる。西殿が先にみた西小殿と同じ建物かどうかはわからないが、そこでは重臣たちが集められ、天智没後に予測される政治的危機にそなえた結束が行われているのだから、重要な建物と考えてよいだろう。

仏教は、大津宮に限らず、飛鳥時代の宮の構造に一定の影響を与えていた。七世紀初頭の推古天皇の小墾田宮《おはりだのみや》は、『日本書紀』に記されたその構造から、後世の律令制都城の原基形態をそなえた宮として評価されることが多い。しかしその門前に広がる南庭には、仏教世界の中心にそびえるとされる、須弥山《しゅみせん》をかたどった石像が置かれていた。内裏における仏教施設という点で注目されるのは、前期難波宮の事例である。七四七年（天平一九）の「大安寺伽藍縁起《だいあんじがらんえんぎ》 并《ならびに》 流記資財帳《るきしざいちょう》」にみえる袁智《おち》天皇（斉明天皇）発願の繡仏《しゅうぶつ》一帳が難波宮におさめられていたことが指摘されている。総高二丈二尺七寸（約六・八八メートル）、幅二丈二尺四寸（約六・七八メートル）に達するこの繡仏をおさめるためには、かなり規模の大きな建物が必要とされたであろう。繡仏と織仏の違いはあるが、大津宮の内裏西殿も相当に大きな建物であった可能性を考えておく必要があるだろう。

飛鳥時代には、仏教はたんに宗教というだけにとどまらず、君主と臣下の結束をうながす論理として独自の役割を果たしていた（古市晃『日本古代王権の支配論理』塙書房、二〇〇九）。大津宮にみえる仏教的要素も、そのこととの関連で理解できる。

†遷都の理由

近江遷都は多くの反対があったにもかかわらず、なぜ断行されたのであろうか。その原因はさまざまに考えられているが、直接の原因がこの時期の国際情勢の緊迫にあったことは確実であろう。遷都に先立つこと四年、六六三年（天智二）、倭は百済《くだら》復興をめざす余豊璋《よほうしょう》を支援して派兵するが、唐・新羅連合軍に白村江《はくそんこう》で大敗し、百済滅亡は決定的なものとなる。翌年五月には白村江の戦いを指揮した唐の武将、劉仁願《りゆうじんがん》が郭務悰《かくむそう》らを派遣してくる。『善隣国宝記《ぜんりんこくほうき》』が引用する「海外国記」によると、倭は彼らが唐の皇帝の親書を携えていない非公式の使節であることを理由に入京を拒んだが、翌年九月、ふたたび来航した郭務悰らは入京に成功し、朝廷は宴会を開いて公式に彼らを遇する（『日本書紀』天智四年九月壬辰条）。同じ年、今度は郭務悰らを送るため、倭から守君大石《もりのきみおおいし》を大使とする遣唐使が派遣される。白村江後の倭と唐の通交は頻繁であった。さらに、六六六年には唐による第三次の高句麗征討の命が下るが、この年には高句麗の使者が来航している。

朝鮮半島情勢の激動の中で、唐の脅威は倭の支配層に切実な課題として認識されていたはずである。郭務悰がはじめて来航した六六四年には、対馬、壱岐、筑紫に防人《さきもり》を置いて烽火を設置し、筑紫には水城《みずき》を築くことが定められた（『日本書紀』天智三年是歳条）。その翌年には百済の遺臣に長門の城、大野城、椽《きい》（基肄）城を築かせている（同、同四年八月条）。近江遷都の年には、対馬に金田城、讃岐に屋嶋城、大和と河内の境界に高安城が築かれている（同、同六年一一月是月条）。このほか、文献史料にはみえない鬼ノ城《きのじよう》（岡山県）をはじめ、北部九州から瀬戸内海沿岸地域、また近畿地方にかけてこの頃作られた山城が集中している。西日本を中心に、唐または新羅の攻撃にそなえた厳戒体制が取られていたわけである。近江遷都は、こうした状況の中で行われた。近江へは大和から山背《やましろ》を経てさらに山を越えなければ到達できず、琵琶湖の水運を利用すれば北陸、東海に抜けることも容易である。遷都が外敵からの防御という、緊急の課題に対応することを目的としたことは否定できない。大津の地が選ばれた理由としては、このほかに舒明天皇や斉明天皇が行幸した平浦《ひらのうら》宮《みや》があったこと、新たな開発の可能性としての可能性、東国への流通拠点の掌握など、さまざまな要因が挙げられている。

実は、飛鳥時代中頃から、近江と飛鳥の関係は強まっていた。琵琶湖南岸の大規模遺跡群、関津《せきのつい》遺跡《せき》からは、七世紀中頃に飛鳥から搬入された墨書土器がみつかっている。関津遺跡は奈良時代には東大寺造営の用材を切り出す拠点だった田上山作所《たなかみさんさくしょ》の関連施設だったとみられる。墨書土器の出土は、近江から大和への用材の搬出が飛鳥時代中頃に始まっていたことをうかがわせる。

六六五年（天智四）には、百済から難を逃れてきた人びとであろうか、男女四〇〇人が近江の神崎郡に配置され田地を支給されている（『日本書紀』同年二月是月条）。百済の人びとの持つ先進の技術が地域開発にあてられたのであろう。近江はもともと渡来人の多い土地でもあった。近江また大津と朝廷との結びつきは、遷都以前から確実に強まっていたことを考えておく必要がある。

†周辺地域との関係

大津宮の周囲に条坊制が施行された事例は確認できていない。また特殊な地割が施された可能性も指摘されるが、検討は不十分である。地割のような、周囲の景観から明確に区分できるような都市域が存在したかどうかは今後の検討課題であるが、大津宮の周囲にはほかと異なる都市的な要素がそれなりに存在したことも指摘できる。

一つめに、寺院の集中を挙げることができる。先にみた穴太廃寺のほか、宮の北方約八〇〇メートルには南滋賀廃寺《みなみしがはいじ》がある。現在の園城寺《おんじょうじ》（三井寺《みいでら》）からも飛鳥時代後半の瓦が出土しているほか、伽藍などは見つかっていないものの、川原寺の創建瓦と同笵の瓦が出土することで大津廃寺と称される寺院の存在が知られている。また大津宮の北西の山中、近江と山城を結ぶ志賀越《ごえ》また山中越と呼ばれる古道沿いには、崇福寺《すうふくじ》跡がある。崇福寺は『扶桑略記』には近江遷都翌年の六六八年に建立されたとされ、『続日本紀』には志我（志賀）山寺などと記される。一九二八年（昭和三）に発掘調査が行われ、川原寺創建瓦と同笵の瓦が出土したほか、金製、銀製、金銅製の三重の容器に瑠璃《るり》壺《つぼ》をおさめた舎利容器が出土するなどの成果を挙げ、大津宮のときに作られた崇福寺との評価が定まった。崇福寺が朝廷によって造立されたことは確実であるが、東西に塔と西金堂が並び、その奥に金堂が配される、いわゆる川原寺式伽藍配置をとる南滋賀廃寺もまた、大津宮の時代には重要な位置にあったと思われる。古代では平地の寺院と山林修行の場としての山寺を一対の関係で造立することが指摘されているが（上原真人「古代の平地寺院と山林寺院」『仏教芸術』二六五、二〇〇二）、南滋賀廃寺と崇福寺の関係も同様に捉え得る可能性が高い。川原寺は斉明天皇

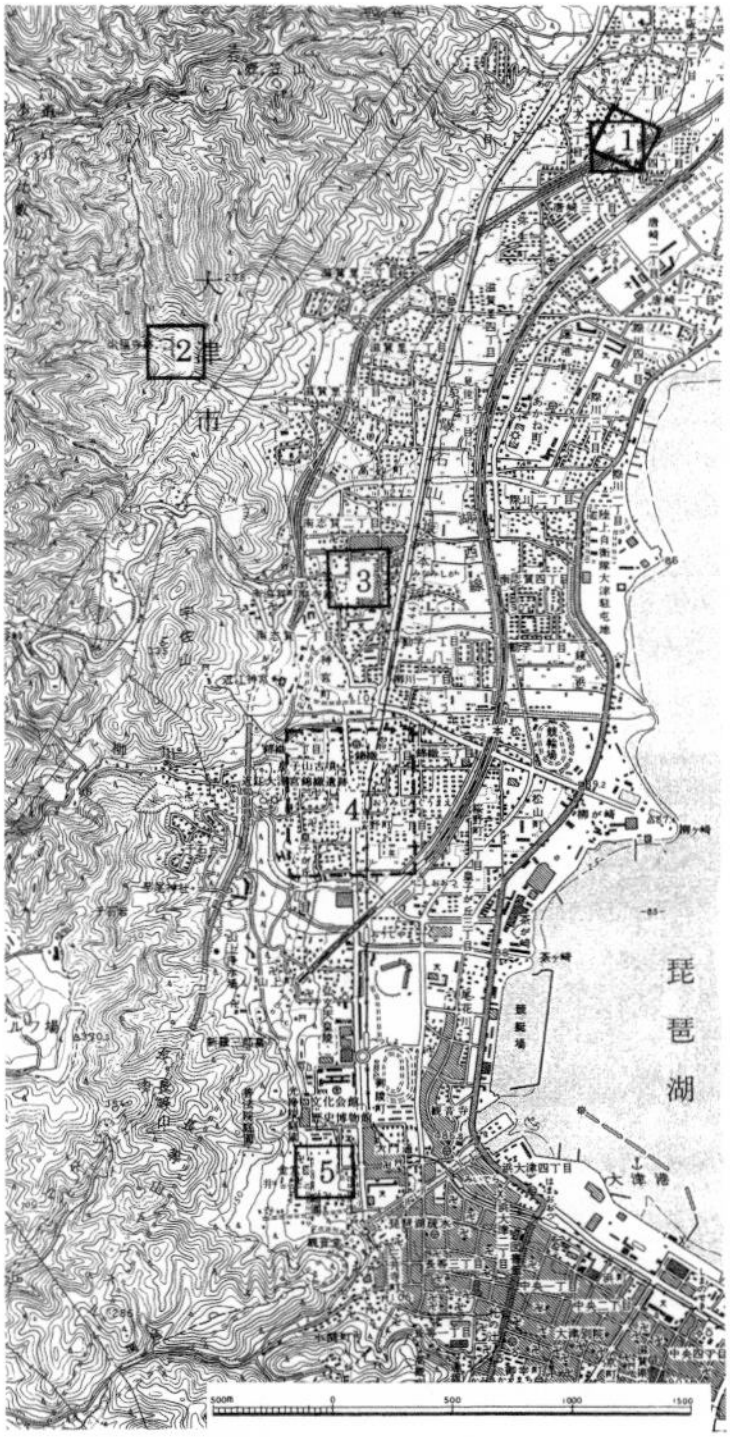

図３　大津宮と周辺の寺院。①穴太廃寺　②崇福寺跡　③南滋賀廃寺　④大津宮［宮城］　⑤園城寺前身寺院（林博通『大津京跡の研究』より）

図4　南滋賀廃寺出土の複弁蓮華文軒丸瓦（川原寺創建瓦と同笵。No. 26–10　IA型式『企画展　大津の都と白鳳寺院（図録）』大津市歴史博物館より）

亡き後、天智がその追善のために造立した寺院であり、その創建瓦と同笵の瓦が用いられるこれらの寺院の造営には、やはり天智の意志が働いていたとみられる。宮内における仏事、仏教施設と合わせ考えるならば、大津宮は飛鳥や難波と同様に、仏教によって守られる都として構想されていた可能性が高い。

二つめに、大津宮と不可分の関係を持ちつつこの時代に開発された地域として、山背の山階《やましな》（山科）を挙げることができる。山階と大津宮は山を隔てて直線距離で約六キロメートル離れているが、山階は宇治を経由して近江と大和を結ぶ交通の要衝という特殊な位置づけにあった。この地には天智の重臣、中臣鎌足の居宅、山階陶原家《やましなのすえはらのいえ》が設けられたほか（『帝王編年記』斉明三年条）、興福寺の前身寺院である山階寺もあった。山階寺にあたる寺院として大宅《おおやけ》廃寺（京都市山科区大宅）をあてる説もあるが、なお検討を有する。このほか、鎌足の子、藤原不比等を養育したとされるなど（『尊卑《そんぴ》分脈《ぶんみゃく》』藤氏大祖伝）、鎌足と関係の深い田辺史大隅《たなべのふひとおおすみ》の居宅も山階に置かれたとする説がある（吉川真司「近江京・平安京と山科」上原真人編『皇太后の山寺——山科安祥寺の創建と古代山林寺院』

柳原出版、二〇〇七)。山階に有力な貴族の邸宅や関連する寺院が置かれたことの背景として、大津宮の存在を抜きにして考えるのはむずかしい。このほか、宮の南、粟津には粟津《あわづの》市《いち》があり、流通の結節点であったことがうかがえる。大津宮との関係は十分にはわからないが、このような施設の存在を前提として大津宮が機能していた可能性が高いのであろう。

†天智の造都構想

大津宮はしかし、天智が構想した都の最終的な形とはいえない。近江遷都の翌年の五月五日、端午節《たんご》にあたって、天智は蒲生野《がもうの》での遊猟《ゆうりょう》を行っている(『日本書紀』同年五月五日条)。その二年後、天智はふたたび蒲生郡を訪れ、匱迮野《ひさのの》の地をみている。匱迮野が宮の地としてふさわしいかどうかを明らかにするためであった(同、天智九年二月条)。匱迮野への遷都計画がどの程度に進んでいたのかは明らかではない。しかし匱迮野行幸の前年には百済遺民の佐平余自信《さへいよじしん》、佐平鬼室集斯《さへいきしつしゅうし》ら七百名あまりを蒲生郡に移住させており(同、天智八年是歳条)、これを匱迮野遷都の布石とみる説がある(林博通『幻の都 大津京を掘る』学生社、二〇〇五)。匱迮野の地は西国と東国を結ぶ交通の要衝である。後年、天武天皇が信濃遷都の構想を抱いていたことからすれば、天智の支配理念はかならずしも大津宮で実現されていたわけではなかったと考えた方がよいのかもしれない。

しかしその計画は天智の逝去、その後の壬申の乱による近江方の敗北によって潰えた。天武が都を飛鳥に戻したことにより、大津宮もまた廃絶に至る。『万葉集』には、近江の旧都を通過したときに柿本人麻呂が詠んだ歌をのせる（巻一、三〇番）。

楽浪《ささなみ》の　志賀の唐崎《からさき》　幸《さき》くあれど　大宮人の　船待ちかねつ

楽浪の　志賀の唐崎は　昔と変わらずにあるが　昔の大宮人の　船が来るのを待ちかねている

さらに詳しく知るための参考文献

仁藤敦史「「大津京」の再検討」（同『古代王権と都城』吉川弘文館、一九九八、初出一九八六）……文献史学の立場からの近江遷都、大津宮についての専論。遷都の要因、造営氏族、宮の構造について述べ、大津宮を都城制成立以前の過渡的な宮と位置づける。

林博通『幻の都　大津京を掘る』（学生社、二〇〇五）……ながく大津宮の発掘調査に携わってきた著者が、回想もまじえつつ大津宮とその周辺遺跡の調査成果をわかりやすく記す。

森公章『天智天皇』（吉川弘文館、二〇一六）……「人物叢書」の一冊として、天智天皇の生涯を近江遷都も含め、史料と先行研究を博捜して描く。

山尾幸久『古代の近江　史的探求』（サンライズ出版、二〇一六）……大津宮にとどまらず、豊かな歴史を持つ近江の古代を古墳時代から平安時代まで描く。特に継体天皇をめぐる諸問題の叙述は示唆に富む。

第4講

藤原京――中国式都城の受容

市 大樹

†広大な京域をもつ藤原京

京都駅から近鉄電車で南下すること約一時間、奈良県橿原《かしはら》市の大和八木《やまとやぎ》駅に到着する。駅を出て東側にみえる山が耳成山《みみなしやま》で、そこから南東の方角には香具山《かぐやま》が、南西の方角には畝傍山《うねびやま》が存在する。これら大和三山《やまとさんざん》に抱かれるようにして、今から千三百年以上も昔に、約九百メートル四方の藤原宮《ふじわらきゅう》が存在していた。そして、藤原宮の周囲には、碁盤目の方形街区（条坊《じょうぼう》）にもとづく藤原京域が広がっていた。

藤原京域に関する長らくの通説は、東は中《なか》ツ道《みち》、西は下《しも》ツ道《みち》、南は山田道《やまだみち》、北は横大路《よこおおじ》で囲まれた東西約二・一キロメートル、南北約三・二キロメートルとするものであった。この説では、藤原宮は京域の中央北寄りに位置していたことになる。こうした京域の北端に宮室《きゅうしつ》を置くタイプを「北闕型《ほっけつがた》」という。本書でも紹介される平城京や平安京などが典型

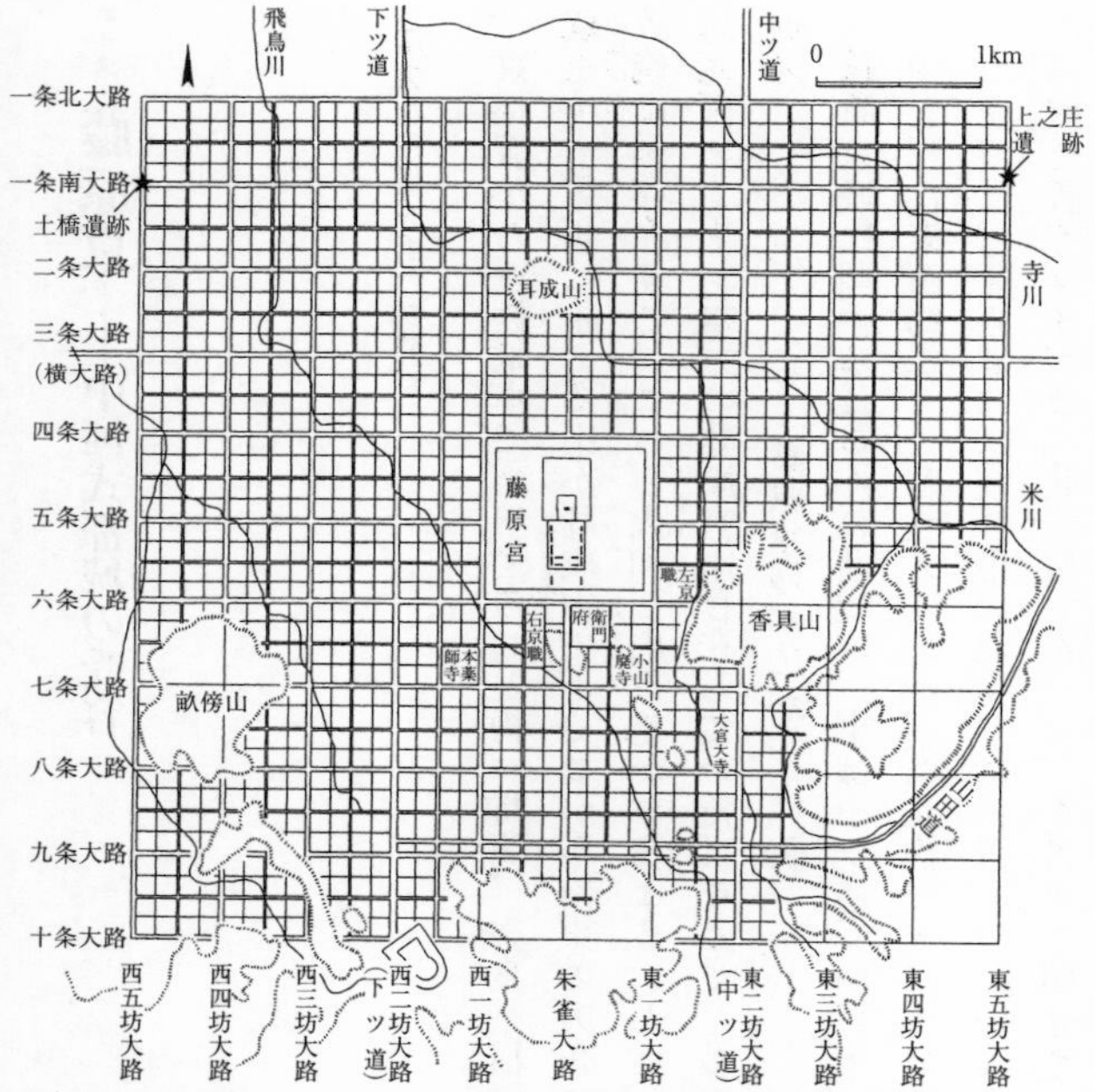

図1　藤原京域図（小澤2018より、一部改変）※一部の条坊は模式図

的な北闕型の都城であり、藤原京も同類と考えられていた。

ところが、一九七九年以降、想定京域の外側からも条坊道路が姿を現してきた。一九九六年には、土橋《つちはし》遺跡（橿原市）で東西道路と南北道路がT字に交わる交差点が発見され、ここが藤原京域の西端であることが判明した。同年には上之庄《かみのしょう》遺跡（奈良県桜井市）でも、藤原京域の東端とみられる南北道路がみつかった。こうして現在では、約五・三キロメートル四方の十条十坊の京域を想定する見方が最有力となっている。その場合、藤原宮は京域の中央に位置することになり、『周礼《しゅらい》』の影響が指摘されるにいたる（後述）。

発掘調査の進展によって、京域の広がり以外にも、多くの興味深い知見が得られている。以下、そのいくつかを紹介し、藤原京のモデルについても考えてみたい。

†長く続いた造営工事

藤原京は持統《じとう》・文武《もんむ》・元明《げんめい》三代の天皇の都である。六九四年（持統八）から七一〇年（和銅《わどう》三）まで、わずか十六年ほどの都にすぎなかった。しかし、その造営工事はすでに六七六年（天武《てんむ》五）に始まっていた。天武天皇による「新城《にいき》」の造営である。これは古い都城に対する「新しい都城」を意味し、のちの藤原京に直接つながるとみてよい。当時、天武天皇は飛鳥浄御原宮《あすかのきよみはらのみや》に居住しており、その北西に隣接する広大な土地に新たな都を造ろうとしたのである。

新城の造営工事は途中で中断されるが、六年後の六八二年に再開される。翌六八三年、天武は複数の「都城《みやこ》・宮室《おおみや》」を造営すると宣言した。その複都構想は、新城を主都とし、西国《さいごく》支配の要《かなめ》として難波《なにわ》を、東国《とうごく》支配の要として信濃をそれぞれ副都にする、というものであった。難波には孝徳朝《こうとくちょう》に造営された難波長柄豊碕宮《なにわのながらのとよさきのみや》（前期難波宮）がすでに存在していたが、信濃にはまったく新たな宮を造る計画であった。

藤原宮跡を発掘調査すると、宮外と同様の条坊道路の側溝がみつかる。その多くは藤原宮の造営が進展する過程で埋められることから、「先行条坊」と呼ばれている。平城京などの場合、宮外のみに条坊道路が施工されたが、藤原京ではそうなっていない。また、藤原宮に先行する建物群も多く検出されている。藤原宮の場所が正式に決定されたのは六八四年のことで、新城の造営開始よりも遅れる。こうした事情によって、のちの藤原宮域にも条坊道路が敷設され、人々が居住するようになった、という見方が出てくる。

これに対して、六八四年の藤原宮地の選定は、天皇の臨席を仰いだ一種のセレモニーであり、それ以前から宮の場所は実質的に決まっていた、という反論も出されている。藤原宮は大和三山に囲まれ、当時の幹線道路であった横大路・下ツ道・中ツ道から等距離になるように置かれ、飛鳥川《あすかがわ》の流路も避けた立地となっている。これらの点は事前に周到に計画された結果とみるのが自然だという。筆者もこちらの説に妥当性を感じる。藤原宮の造営予定地にまで条坊道路の側溝を掘ったのは、この一帯は低湿地のため水処理を施す（雨水・地下水は側溝に水が集まる）必要があったこと、造営工事のための基準線を明示する狙いがあったことが関係しよう。先行する建物群についても、造営官司《かんし》の諸施設や労働者たちの宿所とみる余地がある。

六八四年から藤原宮の造営が始まると、物資運搬用の運河が掘削された。『万葉集』五十番歌の「藤原宮の役民《やくみん》が作る歌」には、近江国《おうみ》の田上山《たなかみやま》で伐採したヒノキを宇治川に流し、筏《いかだ》に組んで泉河《いずみがわ》（木津川）を遡らせて運んだ様子が詠まれている。その先、泉大津《いずみおおつ》（現、京都府木津川市）で陸揚げして平城山《ならやま》を越えると、筏を組み直して佐保《さほ》川・下ツ道東側溝・米川《よねかわ》などの水路をたどり、運河に入ったと推定されている。この運河跡からは建築部材、手斧削屑《ちょうなけずりくず》、各種の動物骨などが出土している。満三、四歳のオス馬の骨が目立ち、関節部分が変形したものや、人為的に割ったものもみられる。駄馬として酷使された挙げ句に殺処分され、肉・皮・脳などが取り出されたことを物語る。

ところが、六八六年（朱鳥《しゅちょう》元）に難波宮が焼失し、天武天皇も死去すると、複都構想は立ち消えになる。藤原宮・京の造営が再開されたのは四年後、六九〇年（持統四）に持統天皇が即位してからであった。『日本書紀』には「新益京《あらましのみやこ》」として登場する。「新益」は「新たに益《ま》す」の意で、飛鳥の都を拡大したもの、と認識されていたことを示す。六九一年には、主として官人《かんじん》を対象に宅地が班給された（後述）。また、造営に際して多くの古墳が破壊され、六九三年には掘り出された屍の埋葬命令が出されている。

そして、六九四年十二月六日、ついに藤原遷都の日を迎える。途中二度の中断期間をはさみ、六七六年（天武五）の新城造営開始から十八年もの歳月が経過していた。とはいっても、実は遷都時点で藤原宮・京は完成しておらず（後述）、さらに造営工事は継続する。

†藤原宮の姿

藤原宮は東西約九百二十八メートル、南北約九百七メートルの規模を誇る。四周は一本柱塀の大垣がめぐり、内濠《うちぼり》と外濠《そとぼり》をともなっていた。外濠と条坊道路側溝の間には広い空《くう》閑地《かんち》があり、宮の独立性を演出していた。大垣は各面に三つずつ門が開き、宮城十二門《きゅうじょうじゅうにもん》と呼ぶ。その門号《もんごう》には、王宮の警備などに従事してきた氏族の名称が採用された。

内部に目を向けよう。中央北寄りには、天皇の居住・政務空間である内裏《だいり》地区がある。正殿域を囲んだ内郭《ないかく》と、内郭および大極殿院《だいごくでんいん》を取り込んだ外郭《がいかく》からなる。内郭は近世の溜池と重なり、ほとんど発掘されていない。外郭の調査も限られているが、数度の建て替えがあったことがわかっている。外郭には天皇の日常生活を支える内廷官司も置かれた。

内裏地区の南側には、天皇の空間である大極殿院と、臣下の空間である朝堂院《ちょうどういん》が並ぶ。

大極殿院の中央にある大極殿は、巨大な東西棟建物である。藤原宮の大極殿は平城遷都の際に移築されたので、平城宮跡に復元された大極殿を思い浮かべてほしい。天皇即位・元日朝賀《がんじつちょうが》の儀式を挙行したり、外国使節が来朝したりした際などには、普段は内裏地区の

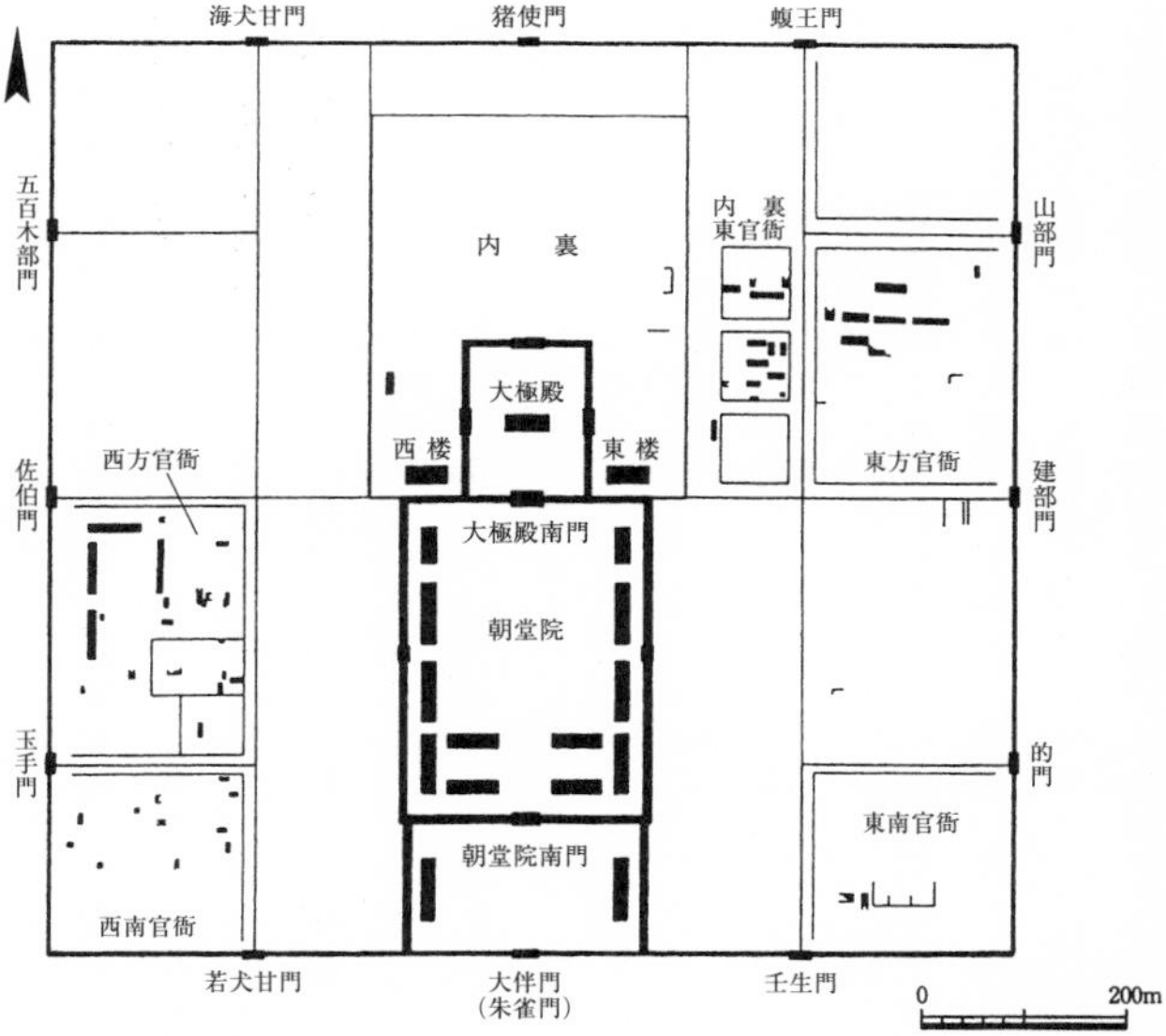

図２　藤原宮遺構図（小澤2018より、一部改変）

内郭にいる天皇が大極殿に出御《しゅつぎょ》した。このとき官人・外国使節は朝堂院の朝庭《ちょうてい》に列立《れつりつ》し、天皇とは空間を異にした。また、大極殿の周囲には回廊《かいろう》がめぐり、四面すべてに門が開く。このうち最も重要なのが内裏外郭の正門も兼ねる大極殿南門である。文字どおり藤原宮の中心（藤原京の中心でもある）に位置する巨大な門であった。元日朝賀などが終わった後の饗宴《きょうえん》の際などには、天皇は大極殿南門に出御し、朝堂院の朝堂に着座した官人・外国使節と空間を共にする。その両脇には楼閣建物もあった。

朝堂院は東西約二百三十六メートル、南北約三百二十一メートルの回廊で囲まれ、各面に門が開いた。その内部には、朝庭を取り囲むように、十二棟の巨大な朝堂が建ち並んだ。朝堂は官司ごとに座が定まっており、口頭《こうとう》による政務の場として機能し、饗宴の際の座としても使用された。朝堂で最も格式の高い建物が最北の二棟、つまり大臣のための東第一堂、親王《しんのう》のための西第一堂である。二面廂《にめんびさし》で木製の基壇外装をもつ第二堂以下と異なり、四面廂で凝灰岩壇正積《ぎょうかいがんだんじょうづみ》の基壇外装をもっていた。第二堂以下が床張《ゆかばり》の建物で、官人たちが席《むしろ》に座ったのに対し、第一堂は土間《どま》で、大臣・親王は倚子《いす》に座るという違いがあった。七〇四年（慶雲元）、五位以上の官人に榻《しじ》（牀《ゆか》とも。台状の腰掛け）が支給されるが、六位以下の官人は席のままであった。東第三・四堂の調査では、造営途中で梁行《はりゆき》を五間から四間に切り縮められたことが判明し、朝堂の格式をめぐって試行錯誤していたことを物語る。

そして、朝堂院の南方には朝集堂《ちょうしゅうどう》が東西に一棟ずつ並び、当初は掘立柱塀《ほったてばしらべい》が、のちに回廊が全体を囲った。

一方、藤原宮域の東西には官衙《かんが》地区が展開した。朝堂が口頭政務を中心としたのに対して、官衙ではより現業的・実務的な職務が遂行され、また止宿の場としても機能した。宮《く》内《ない》道路を基準に十三地区が想定されており、①内裏東官衙地区、②東方官衙地区、③西方官衙地区の様子が比較的よくわかっている。①は小区画に分けて小型建物が多数配置され、

②③は大規模な区画に長大な建物が少数配置されていた。

以上のうち、大極殿・朝堂院地区の建物と大垣・宮城門には瓦が葺《ふ》かれた。寺院では百年以上も前から瓦が葺かれていたが、王宮では藤原宮が初めてのことであった。これらの建物は、屋根に重い瓦がのることもあって、大垣を除いて礎石が巨大な柱を支えた。また、寺院と同じく、朱塗りの柱、白い漆喰《しっくい》で塗られた土壁、緑色の連子《れんじ》窓《まど》、金銅製の飾り金具などで彩られた。こうした瓦葺《かわらぶき》の礎石建物は、藤原宮が恒久的な王宮として造営されたことを示す。それまでの倭国では、大王《おおきみ》・天皇の代替わりごとに王宮が移動する「歴代遷宮《れきだいせんぐう》」の現象がみられたが、ひとまず終焉を迎えたのである。

ただし、巨大な大極殿・朝堂の造営は困難を極め、六九四年（持統八）の遷都時点には完成にいたらなかった。大極殿の初見は六九八年（文武《もんむ》二）正月一日の元日朝賀、朝堂の初見は七〇一年（大宝元）正月十六日の踏歌節会《とうかのせちえ》である。朝堂院の東面回廊の完成が七〇三年以降であったことが、木簡によって判明しているので、これらの初見時期を大きく遡ることはない。

一方、内裏地区や官衙地区では、伝統的な檜皮葺《ひわだぶき》の掘立柱建物が基本であった。内裏地区は天皇の身体と不可分の関係にあったこともあり、代替わりごとに改作されたようである。形を変えた歴代遷宮とみることもできよう。官衙地区も建て替えられているが（この点は後述する京内にある官衙も同様)、こちらは七〇一年の大宝令《たいほうりょう》の施行が大きな契機となったようである。大宝令では、浄御原令《きよみはらりょう》では曖昧であった官司間の序列を細かく定め、文書様式を大幅に整備するなど、大きな変化がもたらされたからである。

†藤原京の街並み

藤原宮の外側には、十条十坊となる、約五・三キロメートル四方の京域が設定されていた。ただし、その全域に条坊が施工されたわけではない。香具山の南東に広がる丘陵地帯や、既存の諸施設が密集する飛鳥の北端部などは除外された。先述したように、藤原京は飛鳥の都を拡大したもの、というのが為政者の認識であった。飛鳥を起点として、その北西の平地部に条坊を施工し、碁盤目状の新たな街区を生み出したのである。

藤原京内の条坊道路は、両側溝の心々《しんしんかん》間距離で測って、①四十五大尺《だいしやく》(約十六メートル)、②二十五大尺(約九メートル)、③二十大尺(約七メートル)の規格で敷設された。①は約五百三十メートル間隔で並ぶ大路《おおじ》に適用された。その中間には条間路《じようかんじ》・坊間路《ぼうかんじ》が、さらにその中間には小路《こうじ》が通され、順に②③が適用された。ただし、藤原宮の南面中門《ちゆうもん》(大伴門《おおともも ん》=朱雀門《すざくもん》)から南に延びる朱雀大路《すざくおおじ》は、七十大尺(約二十五メートル)の幅をもっている。これは他の条坊道路よりも幅広とはいえ、平城京の朱雀大路が三倍の二百十大尺であることを考えると、それほど隔絶しているわけではない。また、藤原京の朱雀大路は、飛鳥川よりも北側のみに敷設されていたようで、全長は五百メートルほどにすぎない。全長が約三・七キロメートルもある平城京の朱雀大路とは全然規模が違うのである。

さて、条坊道路で囲まれた約百三十三メートル四方の方形街区を「町《まち》」と呼ぶ。六九一年（持統五）に宅地を官人らに班給《はんきゅう》した際には、官職・官位・戸口《ここう》に応じて、右大臣の四町を筆頭に、二町、一町、半町、四分の一町と段階差を設けている。それまで官人は、自分の本拠地に居住し、必要に応じて宮に出仕したと考えられるが、今後は宮周辺の京内に遷り住み、ほぼ毎日出仕することが求められたのである。豪族から官僚への転換である。なお、平城京や平安京などでは、京内の所在地を表す場合、数詞を使って「〇〇条△△坊□□町（坪）」と表示されたが、藤原京では「軽坊《かるまち》」「林坊《はやしまち》」「小治町《おはりまち》」のような固有地名が使われていた。

†藤原京の施設

藤原京内には多くの寺院が建てられた。寺院は高層建築の塔がそびえ、遠くから目立ったこともあり、都のシンボルとなった。藤原京で最も格の高い寺院は大官大寺《だいかんだいじ》である。香具山の南方に六町にも及ぶ敷地を占め、大極殿とほぼ同規模の金堂・講堂や、推定高さが約百メートルある九重塔などが建設された。ただし、九重塔は建物こそ完成していたが、基壇外装は未工事のまま平城遷都の日を迎えた。中門および回廊にいたっては、足場がかかった状態のまま焼亡している。大官大寺に次ぐ薬師寺《やくしじ》についても、金堂・講堂・東塔などは完成していたが、西塔の建設は奈良時代に持ち越された。

藤原京内には市が二カ所にあった。西南部にある軽市《かるのいち》、東北部にある中市《なかのいち》である。軽市は下ツ道と山田道が交差する付近に置かれた。中市については、市の守護神で舟運《しゅううん》の安全を守る市杵島《いちきしま》神社の所在地から、横大路のすぐ北側にあったと推定される。『扶桑略記《ふそうりゃつき》』によれば、東西市が立てられたのは七〇三年（大宝三）のことである。これは後述する左《さ》・右京職《うきょうしき》の設置と同じく、七〇一年の大宝令施行にともなう措置と考えられる。軽市・中市ともにすでに存在していたが、当初は片方だけしか公認されていなかったのであろう。

藤原京内には官衙も置かれていたことが、木簡の出土によって明らかになった。まず、藤原宮のすぐ南には、宮城十二門の警備などにあたる衛門府《えもんふ》が四町の敷地で官衙を構えていた。衛門府には数多くの門部《かどべ》・衛士《えじ》が所属している。昼夜にわたる宮城警備に対処するためにも、宮近辺に宿所を確保するのが便利であり、こうした立地となったのであろう。藤原宮の東隣では、藤原京内の行政を掌る京職がやはり四町の敷地で官衙を構えていた。大宝令《たいほうりよう》施行を受けて藤原京が左京と右京に分割されると、当地は左京職の官衙として扱われるようになり、藤原宮のすぐ南に右京職の官衙が新たに設けられる。

†藤原京のモデル

藤原京のモデルとしては、次の『周礼《しゅらい》』考工記匠人営国条《こうこうきしょうじんえいこく》の影響が指摘されている。

匠人《しょうじん》、国を営《いとな》むこと、方《ほう》九里《り》、旁《かたがた》三門、国中は九経《けい》九緯《い》、経涂《けいと》は九軌《き》、左に祖《そ》、右に社《しゃ》、面《おもて》は朝《ちょう》、後は市《いち》、市・朝は一夫《ふ》なり。

［技術者が都城を造営する際には、一辺が九里の方形とする。各辺には三つずつ城門を設け、城内には縦九本、横九本の道路が通じるようにする。縦の道路は、車の轍《わだち》の九つ分の幅とする。都城の中央には宮室を置き、その東方に祖《そ》廟《びょう》（祖先の御霊を祀る施設）を、西方に社稷《しゃしょく》（土地神と五穀神を祀る施設）を、南方に朝庭（政務をとる空間）を、北方に市を設ける。市と朝庭は一夫の面積とする。］

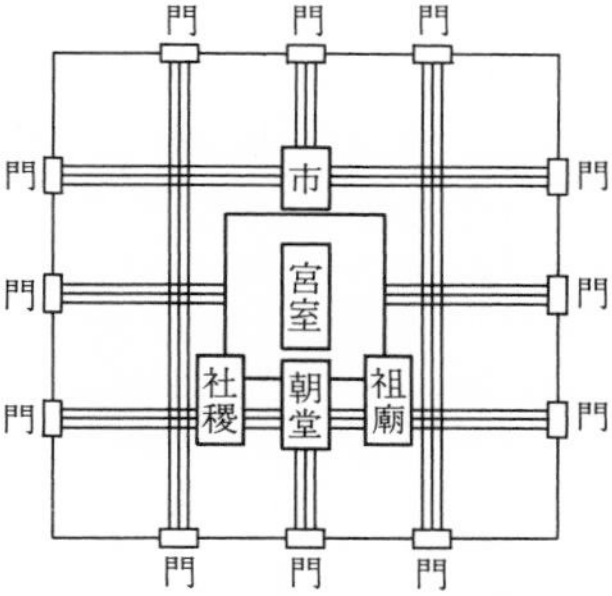

図3　周礼型都城概念図（岸 1993 より）

これについて、藤原宮・京に関する次の点が共通するとされる。①藤原京は正方形の京域をもつ。②藤原宮には各辺三つずつ宮城門が開く。③京極《きようごく》を除いて縦横九本ずつの大路が通る。④藤原京の中央に藤原宮が置かれる。⑤政治の場である大極殿・朝堂が、天皇居所である内裏の前面（南）に置かれる。⑥藤原宮の北方に市が存在する。

しかし、いくつか問題もある。②の各辺の三つの門について、『周礼』では都城の門が想定されており、宮室の門ではない。藤原京の四周には門は存在しない。平城京では南面中央に羅城門《らじようもん》があったが、藤原京の場合、朱雀大路が飛鳥川以南に延びないとすれば、羅城門はなかったと考えざるを得ない。③の九本の道路についても、七世紀後半の代表的な『周礼』の注釈書（唐《とう》の賈《か》公彦《こうげん》の『周礼疏《そ》』）によれば、男子・婦人・車が通る三道を備えた道路（涂《と》）を縦横三本ずつ通したものとのことである。つまり、京極を除く大路は三本ずつでよいことになる。⑥についても、中市の存在から間違いではないが、もうひとつの軽市は藤原宮の南方に位置する。さらに、藤原京には祖廟《そびよう》・社稷《しやしよく》が存在しない。

『周礼』から一定の影響を受けていることは間違いなかろうが、現実の都城も大いに参照されたはずである。そこで注目されるのが、中国南朝の建康城《けんこうじよう》や、朝鮮半島にあった新羅《しらぎ》の王京（慶州）である。建康城は「環状型の都市」で、開放的な都市空間の広がりと中軸線の不明確さに特徴があった。新羅の王京も、王宮である月城《げつじよう》を中心に四方に条坊が広が

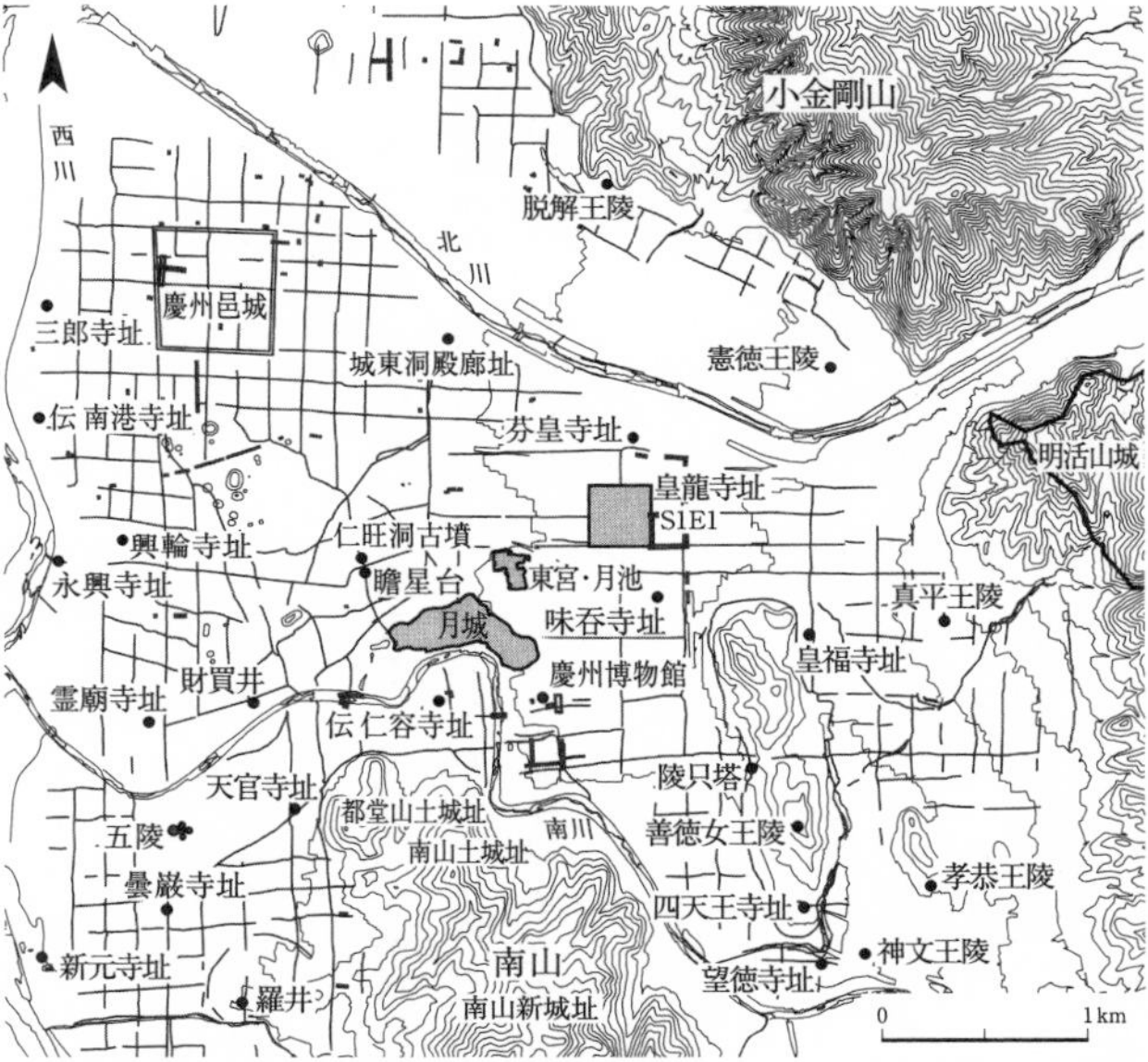

図４　慶州の王京区画と模式図（李炳鎬「百済・新羅からみた倭国の都城」『古代の都』岩波書店、2019より）

り、朱雀大路に相当する道も短く、道幅もさほどない。これらの点は藤原京にも共通する。倭国は朝鮮半島を介して中国文化を摂取してきた長い歴史がある。藤原京の造営にあたって、『周礼』も参考にしたであろうが、現実の都城としては新羅の王京が特に参照され、そのなかに中国都城のあるべき姿をみいだしたように思われる。

†画期としての七〇一年

七〇一年は盛大な元日朝賀で幕が開けた。『続日本紀《しょくにほんぎ》』

は次のように誇らしげに記す。

天皇、大極殿に御《おわ》しまして朝《ちょう》を受けたまう。其の儀、正門に烏形《うけい》の幢《はた》を樹《た》つ。左は日《にっ》像《しょう》・青竜《せいりゅう》・朱雀《すざく》の幡《はた》、右は月像《げつしょう》・玄武《げんぶ》・白虎《びゃっこ》の幡なり。蕃夷《ばんい》の使者、左右に陳列す。文物の儀、是《ここ》に備れり。

［文武天皇が大極殿に出御なさって、元日朝賀の儀を挙行なされた。その儀では、大極殿南門に烏形幢を立て、左側（東側）には日像・青竜・朱雀幡を、右側（西側）には月像・玄武・白虎幡を立てた。新羅使節も左右に並んだ。国家の威儀に関わる文物の制度が、ここにすべて整った。］

大極殿に出御した天皇に対して、朝庭に列立した官人・新羅使節らが拝礼をおこなった。二つの空間を大極殿南門が隔てており、お互い目視できなかったはずである。南門の南側には、『続日本紀』が記す七本の幢・幡が立てられ、さらにその南側にも複数の旗竿《はたざお》が並べられたことが判明している。この盛大な元日朝賀の儀を通じて、君臣関係を確認するとともに、蕃国に君臨する天皇のあるべき姿を示したのである。それを主導したのは、おそらく藤原不比等《ふじわらのふひと》であろう。

それから約三週間後の正月二十三日、三十数年ぶりとなる遣唐使が任命された。五月七日、遣唐執節使《けんとうしゆうせつし》の粟田真人《あわたのまひと》は節刀《せつとう》を授けられ、筑紫《つくし》へ向かった。天候に恵まれず渡海は翌年に延期されるが、新国号「日本」を唐に承認してもらう重要な役目を帯びていた（これは無事達成される）。それまで倭国は、渡来人の子孫や百済《くだら》からの亡命者の知識・技能をフル活用し、かつ、新羅との連年にわたる交渉を通じて、間接的な形で中国文化の摂取につとめてきた。ここに遣唐使を再開することによって、唐の文化を直輸入するようになる。

七〇一年三月二十一日には、対馬で金が産出された慶事にちなみ「大宝」年号が定められ、大宝令に規定された官職・位階・服制も実施された。大宝令の残りの規定についても、六月八日に施行される。大宝律令は唐の律令を全面的に継受したところに特徴がある。六九七年（文武元）の文武天皇の即位後まもなく、大宝令の編纂は始まったらしく、七〇〇年には完成していた。大宝律も七〇〇年に編纂が始まり、翌年八月には完成している。

くわえて、七〇一年には、文武天皇と藤原宮子《みやこ》（藤原不比等の娘）との間に首皇子《おびとのみこ》（のちの聖武天皇）が誕生している（同年にのちの光明皇后も誕生している）。

これらのことは事前にわかっており、着々と準備が進められていったのであろう。そして、盛大な元日朝賀を皮切りに、記念すべき七〇一年の諸政策が実行されていく。

大宝令の施行は、藤原京にとっても大きな意味をもっていた。前述したように、京内が左右に二分され、京職が左京職と右京職に分離する。これに関わって、官設の市も東市（中市）と西市（軽市）の二つとなった。これらは唐の長安城を念頭に置いた、南北中軸線を重視した都城のあり方を志向するものである。また、官衙の建物も大宝令の施行を契機に建て替えがなされている。

こうして日本古代国家の転換とともに、藤原京も新たな段階へ突入していった。

†藤原京の廃都

しかし、七〇四年に粟田真人が唐から帰国すると、風向きが一気に変わる。文武天皇への帰国報告から約四十日後、藤原京は未完成のまま造営工事を打ち切る決定がなされる。これは一体どうしたことなのか。

真人ら一行は、七〇三年に長安城の大明宮《たいめいきゅう》で挙行された元日朝賀に参加している。そこで、高さ約十五メートルの基壇の上にそびえ立つ含元殿《がんげんでん》に出御した武則天《ぶそくてん》（則天武后《そくてんぶこう》）を、下の前庭から仰ぎ見る体験をした。中華の理念を体現するためには、藤原宮・京では不十分であることを痛感し、その旨を報告したに違いない。藤原不比等をはじめとする為政者も、大宝令の編纂に際して、同時代の中国を直視し、唐長安城の要素を一部取り入れることにしたものの、小手先の改造では如何《いかん》ともしがたいと強く悟ったはずである。

そもそも藤原京は、飛鳥の都を拡大する形で造られた。この一帯の地形は飛鳥の標高が高く、そこから北西に向かって下がっており、汚水を含む排水が藤原宮内に入り込むという欠点を抱えていた。また、藤原宮のすぐ南には日高山がそびえ、その南には飛鳥川が迫っていた。こうした地形に制約され、朱雀大路も不十分なものにしかならない。結果として、国家の威容を示せないという弱点があった。

七〇六年（慶雲《けいうん》三）、新都造営に向けて、労働力を確保するための法令が出された。七〇七年、五位以上に「遷都の事」を議させた。七〇八年（和銅元）二月、前年に即位した元明天皇は、平城遷都詔《みことのり》を宣布する。これは隋《ずい》の文帝《ぶんてい》による大興城《たいこうじょう》（長安城の前身）の造営詔が下敷きになっている。これらの詔の趣旨は、既存の都城がありながらも、周辺の蕃国が朝貢《ちょうこう》するような新たな都城を造営する、というものである。大興城の詔を下敷きにしたのは、日本が隋唐の都城を理想と認めたことを意味する。この詔を経て、三月に造宮卿《ぞうぐうきょう》が任命され、九月に造平城京司《ぞうへいじょうきょうし》が設置され、平城遷都への動きが加速化する。

それまで倭国は、隋唐の優位性を感じつつも、朝鮮半島を介して隋唐以前の中国文化も摂取していた。隋唐の北闕《ほくけつ》型の都城を知りながら、藤原京ではあえて別タイプの都城を造るほどであった。これに対して、平城京では唐長安城の影響が色濃く認められる。北闕型の都城、道幅の広い朱雀大路、含元殿を模した大極殿、曲江池《きょくこうち》を模した京域東南部の越田《こしだの》池《いけ》が著名である。平城宮の大極殿は藤原宮から移築されたが、高さ約二メートルの塼積擁《せんづみよう》壁《へき》の上に基壇をともなって築かれている。元日朝賀などの際には、官人らが広大な前庭に列立し、大極殿に出御した天皇を仰ぎ見るようになっている。朱雀大路も南端の羅城門から朱雀門まで緩やかな登り勾配となっている。周辺の視界は徹底的に遮られており、朱雀門とその奥にある大極殿が目に飛び込む構造になっていた。これらは藤原宮・京では実現がほぼ不可能なものであり、平城遷都もやむを得なかったのである。

さらに詳しく知るための参考文献

岸俊男『日本古代宮都の研究』(岩波書店、一九八八)……かつて京都大学教授をつとめた日本古代史の大家の代表的著作の一つ。専門書のため通読することは容易ではないが、藤原京域の復原をおこなった第一章「緊急調査と藤原京の復原」(初出一九六九)だけは是非とも熟読してほしい。また、岸俊男『日本の古代宮都』(岩波書店、一九九三)は、日本古代都城の展開とその意義が平易にまとめられており、まずはこちらから入るのもよかろう。

木下正史『藤原京――よみがえる日本最初の都城』(中公新書、二〇〇三)……奈良国立文化財研究所(現、奈良文化財研究所)で長らく飛鳥・藤原地域の発掘調査に従事してきた著者の手になる一般書。発掘調査の成果にもとづきながら、藤原京の歴史的意義を解き明かす。日々、発掘調査成果は更新されており、全体像を把握するのは容易ではない。まずは本書で十分に学んでおくのがよいであろう。

小澤毅『古代宮都と関連遺跡の研究』(吉川弘文館、二〇一八)……橿原考古学研究所・奈良文化財研究究

所で長らく飛鳥・藤原地域の発掘調査に従事してきた著者の手になる。小澤毅『日本古代宮都構造の研究』（青木書店、二〇〇三）とあわせ、現在の最もスタンダードな理解が示されている。ともに専門書であるが、平明な文章によって論理明快な議論が展開されている。

佐川英治『中国古代都城の設計と思想――円丘祭祀の歴史的展開』（勉誠出版、二〇一六）……藤原京を東アジアの歴史のなかに位置づけようとするとき、是非手にとってほしい一冊。本講の藤原京のモデルに関する叙述は、本書に負うところが大きい。佐川英治「六朝建康城と日本藤原京」（黄暁芬・鶴間和幸編『東アジア古代都市のネットワークを探る――日・越・中の考古学最前線』汲古書院、二〇一八）も参照のこと。

市大樹『飛鳥の木簡――古代史の新たな解明』（中公新書、二〇一二）……飛鳥・藤原地域から出土した木簡を手がかりにしながら、日本古代国家の形成過程に迫る試み。藤原京跡から出土した木簡も多数紹介している。より専門的な知識を得たい方には、市大樹『飛鳥藤原木簡の研究』（塙書房、二〇一〇）も紹介しておく。

第5講　平城宮——古代王宮の実像

山本祥隆

†近鉄電車の車窓から

京都や大阪方面から近鉄奈良行きの電車に揺られ、大和西大寺《やまとさいだいじ》駅を過ぎるとすぐ、眼前に広大な草地が広がる。「古都奈良の文化財」の一部として世界遺産にも登録される、特別史跡平城宮《へいじょうきゅう》跡である。そして左右の車窓には、漆黒の瓦屋根と丹塗り柱が鮮やかな巨大建造物が姿を現す。右手が朱雀門《すざくもん》、左手が第一次大極殿《だいごくでん》である。それぞれ一九九八年（平成一〇）、二〇一〇年に復原され、今では奈良のシンボルの一つとなっている。

平城宮は、七一〇年（和銅三）から七八四年（延暦三）にかけて日本の都であった平城京の北端に位置し、八代七人の天皇がこの宮に住まった。正倉院宝物に象徴される煌びやかな文化と、長屋王《ながやおう》の変や藤原仲麻呂《ふじわらのなかまろ》の乱など相次ぐ陰惨な政争劇という、対極的なイメージを併せ持つ奈良時代史の主要な舞台の一つが、平城宮であった。

†平城宮鳥瞰

平城宮は、天皇の居所である内裏《だいり》などの宮殿や庭園、儀式や政務の場となる大極殿院や朝堂院《ちょうどういん》、二官八省をはじめとする多くの官司などから構成される。最初に、主として発掘調査の成果に拠りつつ、平城宮の平面プランや官衙配置などを確認しておこう。

平城宮は、約一km四方の敷地の東側に張出部を持つ特異な平面形状を呈する。また、七四〇〜七四五年（天平一二〜一七）の相次ぐ遷都を挟んで、前・後二時期に大別される（詳細は後述）。以下で述べる平城宮は前期、特に七三〇年代の姿を主とする。

築地大垣で囲まれた宮の四面には宮城門《きゅうじょうもん》が三つずつ設けられ、佐伯門《さえきもん》など、古来門の警護を担ったとされる氏族の名が冠される。南面中央の朱雀門のみは四神に基づく名称だが、木簡などには「大伴門《おおとももん》」の別名も確認される。ただし、北面の三門など未確認のものもある。朱雀門北方の地区は中央区、その東側（壬生門《みぶもん》北方）の地区は東区と通称される。

中央区には、南から朝堂院と第一次大極殿院が並ぶ（「院」は塀や回廊などで区画された空間のこと）。大極殿院北半には第一次大極殿が威容を誇り、院南門の東西には楼閣（重層の建物）も構えられる。国家の最重要儀式の場となる壮麗な空間である。四朝堂を有する朝堂院も儀場として用いられ、また賜宴の場としても機能したと考えられる。

復原された朱雀門。手前に近鉄電車の線路が走る（北西から、筆者撮影）

復原された第一次大極殿（南東から、筆者撮影）

東区は、南から朝集殿院《ちょうしゅうでんいん》、十二朝堂の朝堂院、内裏が並ぶ。朝堂院と内裏の間には掘立柱建物があり、『続日本紀』天平二年（七三〇）正月辛丑（一六日）条などにみえる大安殿《だいあんでん》に当たるとみられる。大安殿と東区朝堂院は、日常の朝政を行う場であったとされる。

東張出部の北半には儀式で供する酒の醸造などを掌る造酒司《つかさどぞうしゅし》が存し、南半には宮殿や饗宴施設としての性格が色濃い東院《とういん》が置かれた。東区朝堂院と東院の間は東方官衙《とうほうかんが》地区と通称され、実務的な官司が配されたとみられる。

西に目を転じると、西北隅付近には池が存する。その南のコの字型配置の建物がある区画は『続日本紀』天平一〇年七月癸酉（七日）条の西池宮《にしいけのみや》に比定されている。西端付近には、官馬の飼育などを掌る左右の馬寮《めりょう》が配された。

以上のような前期平城宮の姿は、奈良時代後半に大きく変化する。

まず、中央区の第一次大極殿は遷都に伴い七四〇年に恭仁宮《くにきゅう》に移築され、その後は山背《やましろ》（山城）国分寺の金堂として施入された。平城還都後、第一次大極殿院の跡地は西宮《にしみや》と呼ばれる宮殿に改造された。その北側に置かれた官司は、儀式に供する食事や官人の給食を掌る大膳職《だいぜんしき》とみるのが通説である。大極殿としての機能は、東区の大安殿の位置に新たに建てられた礎石建物（第二次大極殿）が担った。

東区南端には、それぞれ文官・武官の人事などを掌る式部省《しきぶしょう》と兵部省《ひょうぶしょう》が、まるで双子の

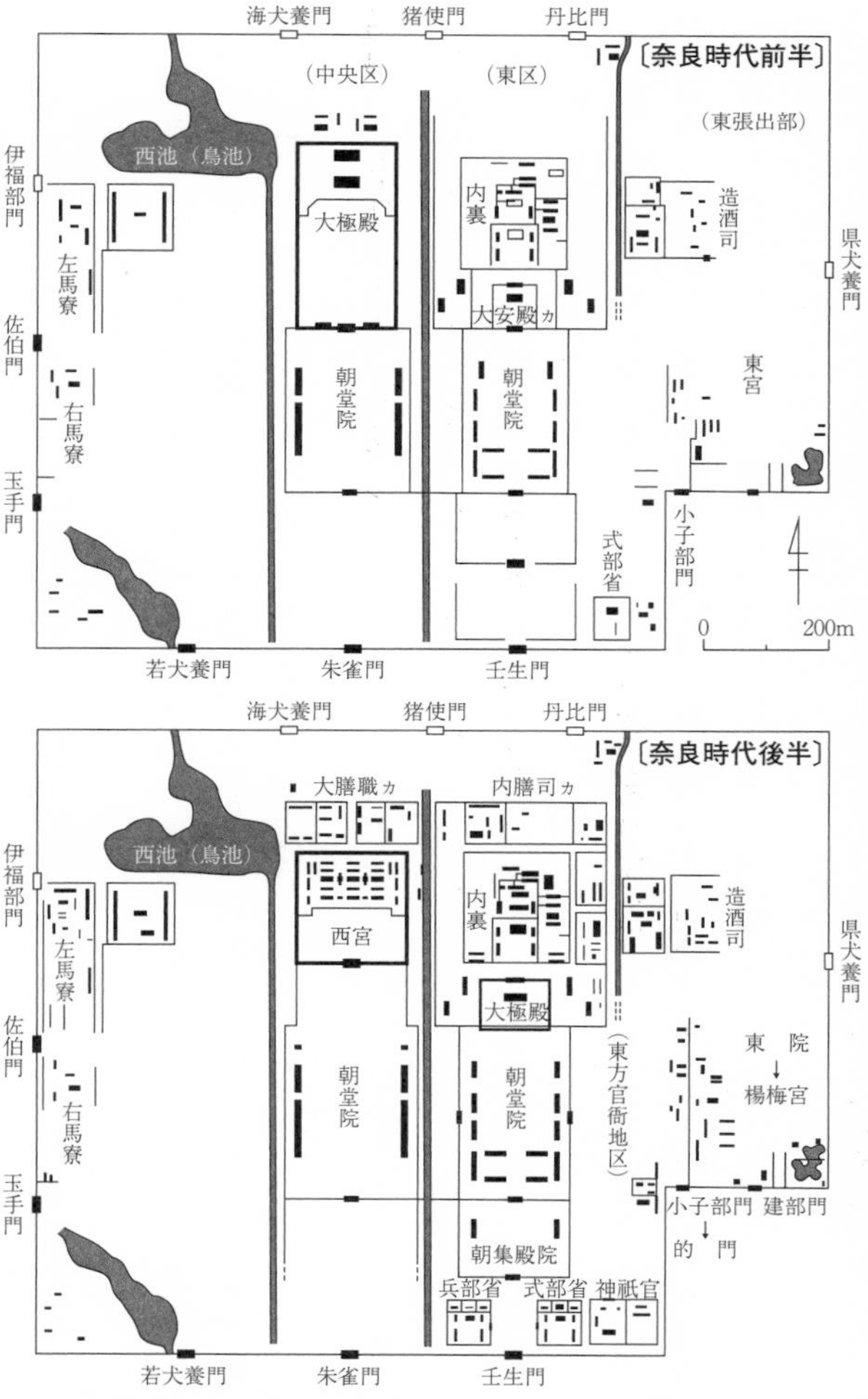

平城宮俯瞰図（舘野和己『古代都市平城京の世界』〈山川出版社日本史リブレット、2001〉より、一部改変）

ように並び立つようになる（ただし、この配置は前期中に成立していた可能性もある）。式部省の東には、諸国の神社を総管し神祇祭祀を掌る神祇官《じんぎかん》が置かれた。以上のような奈良時代後半の平城宮の官衙配置は、平安宮に継承された部分も多い。

平城宮は北から南に緩やかに下る平坦地に立地するが、尾根も存し、第一次大極殿（西宮）、内裏・第二次大極殿、東院など主要施設は尾根上の高燥な場所に配されている。また、尾根の間の低地には大溝が開削され、宮内の排水体系の機軸を担った。

†平城宮の特質①――特異な平面プラン

平城宮の重要な特質として、次の二点が挙げられる。第一は、東に張出部を持つ特異な平面プラン。第二は、大きくは前・後二時期に分かれ、またそれぞれの時期中も刻々と変貌し続ける、動的側面である。

左京の東側北半に東張出部（通称「外京《げきょう》」）を有する平城京に呼応するように、平城宮も、約一km四方の敷地の東側に東西約二五〇m・南北約七五〇mの東張出部を有していた。これは平城宮のみに認められる特徴で、奈良国立文化財研究所（当時）による一九六〇年代の発掘調査によって明らかになったものである。

では、東張出部はなぜ設けられたのだろうか。現在では以下のように考えられている。

平城宮には二つの中枢区画が存した。中国風の儀式空間（中央区）と日本風の日常政務の空間（東区）とを分離しつつ確保するためである。そのため、中枢区画が一つのみの藤原宮に比し、平城宮ではその分敷地が不足することになる。それを補うために東張出部が設けられた、というのである。

一方、宮の正門・朱雀門は平城京の中軸たる朱雀大路の北端に位置し、また宮の中軸上に位置せねばならない。そのため、東張出部の南側約二五〇m四方は敢えて切り欠き、正面側（＝南）から見れば中央に朱雀門が位置する景観を保持したのだろう。

右の通説に異論はないが、東張出部に東院《とういん》が存した事実も看過できない。敷地を補うためならそこには官司を配するのが自然であろうが、実際には東院が南半を占めたのである。

東院は、当初は首皇子《おびと》（後の聖武天皇）が住まう「東宮《とうぐう》」であった。七一〇年（和銅三）の遷都当時、首皇子は数え十歳、将来の帝位を約束された存在であった。その首皇子を、宮内ながらも中枢部からはやや離れ、平城京の街区とも接する東宮で養育する、それを東張出部設定の理由の一つと想定することも可能ではなかろうか。さらに、聖武天皇の娘である阿倍内親王（後の孝謙天皇）も、父帝の後継者として東院に起居したと想像される。直接の証拠は乏しいが、帝位継承の正統性を可視化する東院（東宮）と、そのための用地としての東張出部という積極的な評価も、あながち的外れではないように思う。

†平城宮の特質②——変わり続ける相貌

つづいて、変貌を重ねる平城宮の動態を垣間見よう。平城宮は、未完のまま遷都を敢行し、その後も造営に次ぐ造営により相貌を変え続けた、というのが実情なのである。最大の契機は、七四〇〜七四五年（天平一二〜一七）の恭仁京・難波宮《なにわのみや》・紫香楽宮《しがらきのみや》への相次ぐ遷都である。中央区の第一次大極殿は恭仁宮に移築され、跡地は西宮へと改造される。対して東区の大安殿は第二次大極殿に造り替えられ、実質的な中軸も中央区から東区へ移ったとされる。平城宮の構造は、大きくは前・後二時期に区分されると言える。

一方、子細に見れば他にも大小さまざまな変遷があった。例として、ここでは第一次大極殿院と東院を取り上げる。

第一次大極殿院は、復原された大極殿を中心に、後殿やそれらを取り囲む長大な築地回廊などから構成される。南面回廊の中央には正門たる南門が設けられ、その左右には、外側の柱列が巨大な掘立柱で内側の柱が礎石建ちという特異な構造を持つ東楼《ひがしろう》・西楼《にしろう》が構えられた。二〇一九年（令和元）現在、大極殿院南門の復原工事が進められており、いずれ東西楼や築地回廊の大部分も復原される予定である。

だが、右のような姿の大極殿院が、実はたった十年ほどしか存在しなかったものであることはあまり意識されていない。奈良文化財研究所が二〇〇二年（平成一四）に行った西楼付近の発掘調査では、大極殿院内庭部の整地土（土地を平坦に造成するため人工的に敷き込む土）から「和銅三年正月」の年紀を持つ荷札が出土した。平城遷都の七一〇年（和銅三）時点で大極殿院は未完成だったのみならず、いまだ地均《じなら》しの工程の最中だったのである。

ここで続日本紀に目を遣ると、七一五年（和銅八、霊亀元）正月元日に朝賀《ちょうが》（次節参照）の記事がみえ、これが第一次大極殿院の実質的な完成を示すようである。また東西楼は、掘立柱の据付掘方から出土した木簡の年紀より、天平初年（七三〇年頃）に増築されたものであることが判明している。さらに、前述のように七四〇年には大極殿そのものが移築されている。東西楼を備えた第一次大極殿院の姿は、ほぼ七三〇年代の十年間に限られるのである。換言すれば、第一次大極殿院に限っても

七一〇年　未完成（土地造成中）
七一五年　元日朝賀（事実上の落成御披露目）
七三〇年頃　東西楼増築
七四〇年　恭仁京遷都に伴い空閑地化
奈良時代後半　西宮へ改造

と、ダイナミックな変遷を遂げていたこととなる。ちなみに、東西楼の解体は掘立柱の抜

東院地区、奈良文化財研究所平城第 381 次調査の全景写真（北東から）。無数の柱穴が整然と並ぶ。奥に小さく見えるのが、朱雀門

取穴から出土した木簡の年紀より七五三年（天平勝宝五）前後と考えられ、西宮の完成はそれ以降とみるのが通説である。

東院では、掘立柱を主とする夥《おびただ》しい数の建物が、複雑に重なり合いながら検出される。重複状況から前後関係を判断し、遺物とも照合した結果、現在のところ東院の遺構は

1期：奈良時代前期
2期：七四五年（天平一七）の平城還都直後
3期：天平勝宝年間（七四九～七五七）頃
4期：天平宝字年間（七五七～七六五）頃

5期：天平神護・神護景雲年間（七六五〜七七〇）頃
6期：宝亀年間（七七〇〜七八〇）頃

の、六時期に区分されている。

ここで続日本紀を繙《ひもと》くと、東院に対しては「東宮」「東院」のほか「東常宮」「玉殿」「玉宮」「東内」「楊梅宮」など、多くの呼称がみえる。七六七年（神護景雲元）に造営された玉殿《ぎょくでん》は瑠璃瓦を葺き華麗な文様で装飾された施設とみられ、5期の遺構はこれと同時期のものとされる。その後、七七二年（宝亀三）には楊梅宮《ようばいきゅう》が完成したことが知られ、6期の遺構はこの時期に相当するとされる。改造を繰り返し、刻々と姿を変える東院の様相が、発掘調査と文献資料の双方から窺えるのである。

なお、前期が1期のみなのは、上層にある2期以降の遺構を保護するため調査が制約されるからである。未調査地も多く残る東院の時期区分は、今後の発掘の成果次第でさらに細分化する可能性もある。平城宮の姿は、かくも流動的なものだったのである。

†宮内儀式の具体相——元日朝賀の幢旗遺構

平城宮は、数多の官人が政務を行うのみならず、天皇の即位に伴う大嘗祭《だいじょうさい》など、国家的な儀式の場ともなった。そのような儀礼の一つとして、正月元日の朝賀を見てみよう。

朝賀は、毎年正月元日に天皇が皇太子以下の群臣から賀を受ける儀式である。その次第は、まず群臣が列立し（五位以上の官人は大極殿院内、六位以下の官人や外国使節は朝堂院内とされる）、天皇が大極殿に置かれた高御《たかみ》座《くら》に着御、祥瑞《しょうずい》や賀詞の奏上、および舞踏や拝賀などが行われる、というものである。

元日朝賀では、烏・日像・月像および四神《しじん》をモチーフにした七基の儀仗《ぎじょう》旗（宝幢《ほうどう》・四神旗。以下、「幢旗《どうき》」とする）を立て、場を荘厳した。平安時代の文献によると、大極殿前の中央に烏《う》像幢を配し、その東に日像《にっしょう》幢・朱雀《すざく》旗・青龍《せいりゅう》旗が、西に月像《げっしょう》幢・白虎《びゃっこ》旗・玄武《げんぶ》旗が一列に並び立てられる。高さは三丈（約九ｍ）にも達し、そのため主柱の左右に支柱二本を付設する特徴的な構造を有していた。

発掘調査でも、恭《く》仁宮《にきゅう》朝堂院南門の北（奈良時代中期）、平城宮第二次大極殿の前と西宮の前（同後期）、長岡宮《ながおかきゅう》大極殿の前（同末）で、幢旗遺構が確認されている。東西に長い据付掘方の中に抜取穴を三つ有する特異な柱穴が東西に七基並ぶことから、幢旗遺構と認定されるのである。

さらに二〇一六年度（平成二八）、奈良文化財研究所による藤原宮跡の発掘調査で、意外な場所で、思わぬ形状・配置の幢旗遺構が発見された。それは大極殿院南門の前面で、柱を一本のみ立てた可能性が高い方形の柱穴が、中軸上に一基、その北東および北西に三基

藤原宮における大宝元年の元日朝賀の復原（南から)。幢旗の配置が、平城遷都以降とは大きく異なる

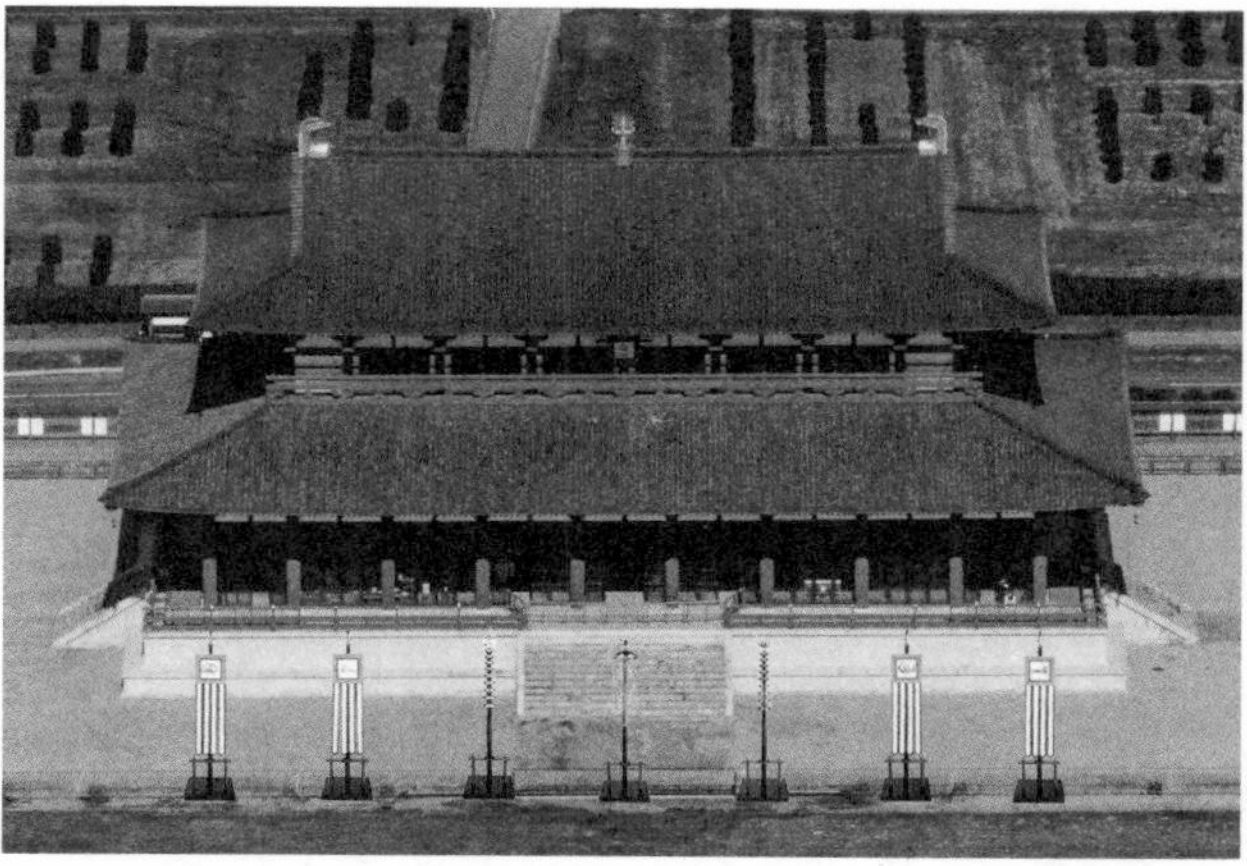

平城宮第一次大極殿院における元日朝賀の復元（南から)。第一次大極殿の復原建物の前面に、幢旗の復原品写真を合成

ずつが三角形状に配されるものであった。これは、続日本紀が誇らしげに「文物の儀、是に備われり」と記す七〇一年(大宝元)の元日朝賀で立てられた幢旗の遺構とみられる。

一方、奈良時代前半の様相は不明であったが、近年、大きな発見が公表された(大澤正吾「宮殿における幢幡(旗)遺構の展開」『条里制・古代都市研究』三四、二〇一八)。一九七〇年度の発掘調査図面を大澤氏が精査し直したところ、平城宮第一次大極殿の前面、塼積擁壁《せんづみようへき》の上に、三本柱式の柱穴七基が東西一列に並ぶ幢旗遺構が見出されたのである。これにより、後につながる三本柱式の形状や東西一列の配置が、奈良時代前半に成立したことが明らかになった。平城宮内で挙行された国家大礼の壮観がまざまざと眼前に蘇るようである。

†木簡――「地下の正倉院」の白眉

平城宮跡の発掘調査では、土器や瓦、木器、金属器といった多彩な遺物も豊富に出土する。例えば土器では、土師器《はじき》や須恵器《すえき》などに加え、時に舶来の唐三彩を模した奈良三彩なども見つかる。また、緑釉を施した瑠璃瓦は、東院玉殿の華麗な姿をも彷彿させる。さらに、称徳天皇が恵美押勝の乱後に造らせた木製小塔の百万塔《ひやくまんとう》は、未成品の出土により製作工房が宮内に所在したことが判明した。質量ともに優れた出土品から、平城宮跡は時に「地下の正倉院」とも称される。

中でも木簡（文字が記された木札や木片）は、「地下の正倉院」の白眉《はくび》とされる。平城宮跡での最初の出土以降、木簡は古代史研究に必須の史料としての地位を確立してゆくことになる。ここでは、平城宮跡の理解に木簡が果たす役割の一部を述べる。

宮内の官衙配置を考える際、木簡の存在は貴重である。例えば、平城宮跡最初の木簡の一つである通称「寺請《てらこう》木簡」（本頁写真右端）は某寺が小豆以下四種の食料を請求する内容を持ち、出土地を大膳職と推定する手掛かりとなった。また、東張出部北半に置かれた造酒司《みきのつかさ》は、埋め甕などの特異な遺構に加え、「造酒司符」と記された文書木簡（本頁写真右から四番目）や酒米・赤米の荷札の出土により、官司を特定できた。造酒司は、平安宮では宮内西部に置かれており、これを参照しては所在を想定できなかったものである。

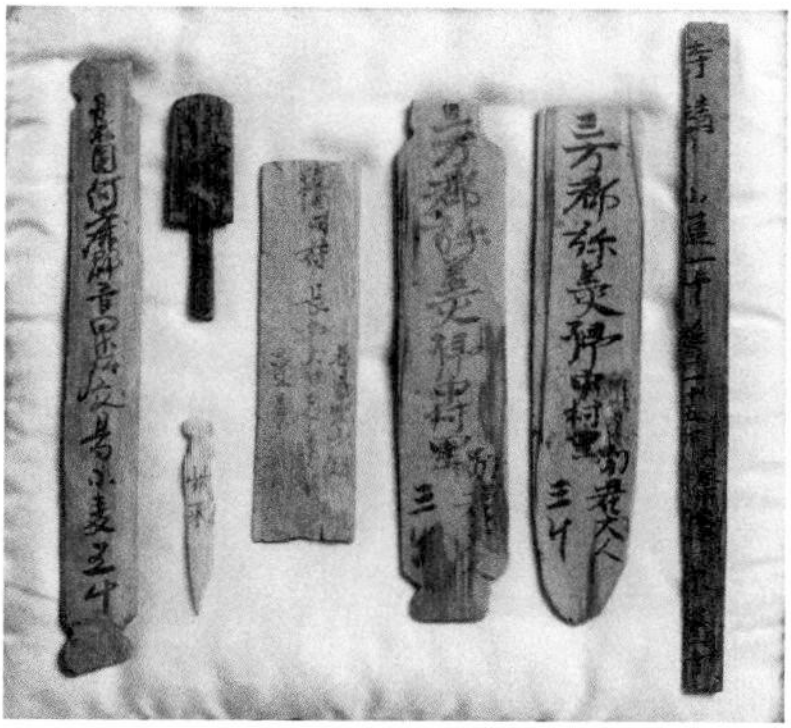

国宝に指定された平城宮跡出土木簡の一部（奈良文化財研究所所蔵）

発掘調査で遺構を検出しても、官司名や邸の住人を特定するのは難しい場合が多い。だが、木簡が出土すれば、遺構の理解が飛躍的に具体化することもある。その高い資料的価値が認められ、二〇一七年（平成二九）、平城宮跡出土木簡の一部は国宝に指定された。

平城宮内での木簡出土事例を、もう一つだけ紹介しよう。二〇〇八年度、奈良文化財研究所は東方官衙地区で検出した巨大なゴミ捨て土坑の掘り上げを行った。この土坑には夥しい数の木簡、とりわけ削屑《けずりくず》（記述の削除などのために木簡の表面から削り取られた鉋屑《かんなくず》状の木っ端。元の木簡の文字が残るため、木簡の一種とされる）が詰まっていることが判明したため、土ごと持ち帰り、屋内で慎重に洗浄しながら遺物を取り上げることとした（この作業は、本稿執筆中の二〇一九年〈令和元〉現在も続いている）。

この木簡群については、宝亀二・三年（七七一・七七二）の年紀をもつものが多く、衛府《えふ》（軍隊）に関わる官職や用語が頻出することが判明しており、宝亀三年二月の衛府の改編に伴うゴミを主体とすると理解されている。多くの中・下級官人が勤務する実務的な官司が所在したとされる東方官衙地区出土の削屑は、前節でみた元日朝賀とは対照をなす、宮内での日常業務を反映する資料群と言える。

この削屑の中には、時に珍しい人名が登場する。例えば一〇二頁上段、左端の削屑には「出部人吉《いずべのひとよし》」という人名が記されている。出部氏は続日本紀には一度しか登場せず（神亀二年〈七二五〉閏正月丁未〈二二日〉条の従八位上出部直佩刀《はかし》）、あるいは生部《みぶべ》（＝壬生部）の誤記かとも疑われてきた。だが、東方官衙大土坑《だいどこう》出土木簡には、これ以外にも複数の出部氏が認められ、その存在を裏付けたのである。

一〇二頁下段の右端の削屑には、「真慕人足《しんものひとたり》」の文字がみられる。真慕氏は百済《くだら》系の渡来人で、他には『日本書紀』欽明紀（六世紀中頃）に百済からの使者として登場するのみである。この削屑により、朝鮮半島にルーツを持つ渡来系氏族の末裔が、祖先のウジ名を保ちつつ、奈良時代も末に近い平城宮で勤務していたことが明らかになった。

史書に名を残す機会が限られる多くの中・下級官人が日々の業務に励む様も、平城宮の実像の重要な一面である。

†平城宮の終焉

桓武天皇は七八四年（延暦三）に長岡京へ、七九四年には平安京への遷都を断行した。だが、平城宮・京はそれにより一息に廃絶したのではない。徐々に性格を変じながらも、その後の数十年間、平城宮は宮として存りつづけた（舘野和己「平城宮その後」、大山喬平教授退官記念会編『日本国家の史的特質　古代・中世』思文閣出版、一九九七）。

七八四年一一月に遷都した長岡宮では、早くも翌年正月元日には大極殿での朝賀と内裏での賜宴が行われた。発掘調査により、これら主要施設が難波宮から移築されたことが判

東方官衙大土坑出土の削屑。左端の断片に「出部人吉」と記される（奈良文化財研究所所蔵）

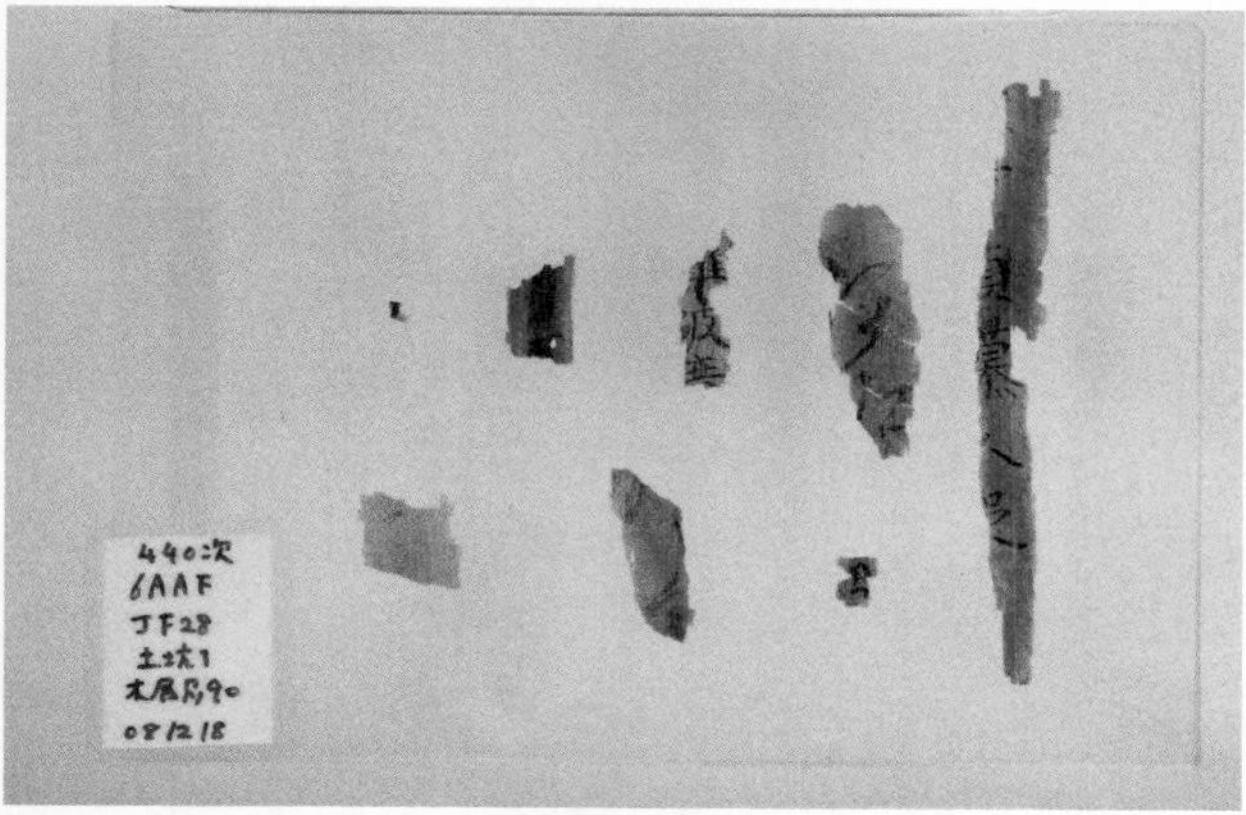

同じく東方官衙大土坑出土の削屑。右端の断片には「真慕人足」の文字が認められる（奈良文化財研究所所蔵）

明している。平城宮の建物が本格的に移築されるのは七八八年頃以降とされ、文献資料や発掘調査から、内裏や宮城門（朱雀門など宮外郭の門）が長岡宮に移されたことが知られる。特に宮城門の移築は宮の範囲を象徴的に示す施設の喪失を意味し、政治的な意味での平城宮の解体の終了と捉える見方もある。

だがその後、平城宮は再び歴史の舞台に返り咲く。

桓武天皇の長子で皇太子の安殿《あて》親王は、八〇六年（延暦二五、大同元）に父帝が崩御すると直ちに即位する。平城天皇である。しかし、天皇は病気を理由に八〇九年には弟の神野《かみの》親王（嵯峨天皇）に譲位し、生まれ故郷の平城宮に移り住む。当初、平城太上天皇は平城京内の故右大臣大中臣清麻呂《おおなかとみのきよまろ》の旧邸に居し、その間に宮殿ほかの造営を行ってから平城宮に入った。平城宮が一定の造作が必要な状態であったことが知られるが、一方で旧宮への還御という決断からは、最低限の施設は維持され存続していたことが窺われる。

その後、健康が回復すると、平城太上天皇は政治的実権の回復を望み、平城還都を企図する動きをみせる。クーデターともいうべき事態であったが、嵯峨天皇側の素早い対応により企てはあっけなく潰え、太上天皇は剃髪入道を余儀なくされる（『古代史講義【戦乱篇】』第11講、佐藤信「平城太上天皇の変」を参照）。

興味深いのは、この後も平城太上天皇が平城宮内に住まい続けたことである。さらに諸史料からは、この時期の平城宮で衛府による警護がある程度行われ、また宿直の参議《さんぎ》（朝政に参加し国政の審議などに当たる令外の官）も置かれていたことが知られる。太上天皇の宮として、平城宮は一定の官司機構を維持し続けたのである。

だが、八二四年（天長元）の平城太上天皇の崩御《ほうぎょ》を契機として、官司機構は徐々に撤退していったとみられる。その翌年には平城西宮を太上天皇の親王らの意に任せるとの勅が出され（『類聚符宣抄』天長二年十一月二十三日勅旨）、平城宮が国家的な管理から離れてゆく様を象徴する。八三五年（承和二）には平城太上天皇の第三子である高岳《たかおか》親王に平城旧宮の水陸地四〇町余りを賜うとの記録があり（『続日本後紀』同年正月壬子〈六日〉条）、田畑と化しゆく平城宮の姿が偲ばれる。八六四年（貞観六）には、平城京の道路が田畑となっていると語る記事もある（『日本三代実録』同年十一月七日庚寅条）。京とともに、平城宮もゆるやかに宮都としての役割を終えていったようである。

†今日もつづく発掘調査——平城宮の実像解明を目指して

平城宮跡は、一九五五年（昭和三〇）以降、奈良国立文化財研究所（現・奈良文化財研究所）が継続的に発掘調査を行っている。一方、これまでに調査された面積は全体の約四〇パーセントに過ぎない。平城宮の実像の全貌解明のためには、今後も発掘調査を継続してゆく必要があるだろう。

最後に、宮内の発掘調査のうち、直近の事例を一つだけ紹介したい。

本稿執筆の最中、東方官衙地区で大規模な基壇建物が複数検出されたとの報が飛び込んできた（奈良文化財研究所平城第六一五次調査現地説明会資料「平城宮東方官衙地区の発掘調査」二〇一九年〔令和元〕九月二九日）。特に東西二九m・南北一七mの東西棟建物は宮内でもトップクラスの大きさを誇り、北面・南面に三つずつ階段を備えることからも格式の高い官司の中心建物であったと推定され、太政官《だいじょうかん》（国政を審議し奏上・下命などを行う最高機関）関連の官司や中務省《なかつかさしょう》（詔勅の起草・伝達や臣下からの上表の伝達などを掌った官司）などが比定の有力候補に挙がるという。詳細は続報を待たねばならないが、東方官衙地区のイメージを新たにする成果であり、平城宮の構造に関する知見がまた一つ蓄積されたと言える。

東方官衙地区の発掘現場（南西から、筆者撮影）

今日もつづく発掘調査と、文献資料などを含めた総合的な検討により、古代王宮・平城宮の実像は、これからも鮮やかさを増し続けるだろう。

さらに詳しく知るための参考文献

吉川真司『天皇の歴史02　聖武天皇と仏都平城京』（講談社、二〇一一）／坂上康俊『シリーズ日本古代史④　平城京の時代』（岩波新書、二〇一一）……以上二書は、いずれも比較的近刊の通史シリーズの一冊。両書とも確かな筆致で平城京の時代を鮮やかに描き出し、それぞれ独自の視角や特色も備える。合わせて読めば、奈良時代史の基礎知識がバッチリ身につく。

奈良文化財研究所編『藤原から平城へ　平城遷都の謎を解く』（クバプロ、二〇一九）……二〇一八年に開催された奈良文化財研究所第一〇回東京講演会の記録。本文で取り上げた幢旗遺構の発見など、多彩な切り口から平城宮・京を読み解く。なお、つづく第一一回東京講演会の記録となる『奈良の都、平城宮の謎を探る』も近刊予定。

木簡学会編『木簡から古代がみえる』（岩波新書、二〇一〇）……本文ではあまり言及できなかった「地下の正倉院の白眉」木簡について、平城宮・京出土品に限らず、広く多角的に概説する。木簡の面白さや重要さ、木簡の世界の奥深い広がりを堪能できる。

直木幸次郎・鈴木重治編『世界遺産平城宮跡を考える――考古学・歴史学・地質学・環境論・交通論から』（ケイ・アイ・メディア、二〇〇二）……こちらは本文では全く触れられなかったが、平城宮跡の歴史は、開発の脅威との戦いの連続でもあった。近年持ち上がった平城宮跡地下トンネル開通案に断固として反対する篤志家たちの筆になる本書は、遺跡の保護と活用のための苦闘を生々しく語る。

第6講

平城京——奈良の都の特質

佐藤 信

†古代都市としての平城京

奈良の都平城京《へいじょうきょう》は、「あをによし寧楽《なら》の京師《みやこ》は咲く花の薫《にお》ふがごとく今盛《さか》りなり」(『万葉集』巻三、三二八「大宰少弐小野老朝臣《だざいのしょうにおののおゆのあそん》の歌一首」)と歌われた。この平城京の古代都市としての実像は、奈良文化財研究所ほかによる発掘調査の成果によって、大きく解明されてきた。八世紀の王宮・都市の姿が、精密で高度なレベルの発掘調査によりここまで明らかになったことは世界でも希有なことといえ、古都奈良の文化財が一九九八年に世界文化遺産に登録される一根拠ともなった。

かつて、西洋中世の都市を中心とした「都市」概念が歴史学で重視された時代には、日本古代の宮都《きゅうと》は厳密には「都市」とはいえない、とされたこともあった。しかし、考古学的な発掘調査によって都市としての平城京の姿が具体的に明らかになってきて、日本古代の都市についての考え方も、大きく変わってきた。その背景には、平城京における都市的な景観や都市生活の実像が見えるようになったことがある。「都市」を、西洋中世都市を理念型とする硬直した概念のみでとらえずに、地域・時代により多様な都市のあり方を認めて、様々な都市性・都史的要素から都市を柔軟にとらえ直す見方が為されるようになってきた。

平城京は、七八四年の長岡京への遷都以後五〇年ほどで京域《きょういき》の多くが水田化していることから、自立的な経済基盤や都市民をもたず、政治権力が上から設定した「王侯貴族の宿営地」的な存在とみられたこともあったが、巨大な消費と人口・富の集中があった平城京のような日本古代の都市を、アジア的・日本的な古代都市の一類型としてとらえるようになってきたのである。

†王権と平城京

『続日本紀《しょくにほんぎ》』七二四年（神亀《じんき》元）十一月甲子《かっし》条には、次のような記事がある。

上古《じょうこ》は淳朴《じゅんぼく》にして、冬は穴にすみ、夏は巣にすむ。後世の聖人、代えるに宮室を以ちてす。また京師《けいし》有りて、帝王居《きょ》と為す。万国の朝《ちょう》する所、是れ壮麗なるに非ざれば、何

平城京の1000分の1模型。右京から平城宮（奈良国立文化財研究所監修『よみがえる奈良――平城京』1978）

を以《も》ちてか徳を表さん。

律令国家にとっての宮都は、権力の荘厳としての性格をもち、周辺国、公民や辺境の民に対して王権の威厳を示す役割を果たす支配装置でもあった。かつて、巨大な大王陵の前方後円墳を営むことで大王位を継承した時代には、大王陵は「昼は人が造り、夜は神が造った」といわれたが、律令国家のもとでは、大王陵にかわって、大規模な宮都やそれと一体となる国家的大寺院の造営が重視されることになった。巨大な都は、神が造る京師と受けとめられ、

大君《おおきみ》は神にしませば赤駒《あかこま》のはらばふ田井《たい》を都《みやこ》となしつ（『万葉集』巻一九、四二六〇番）

とも歌われた。壮麗な宮都は、外交や国内向けの政務・儀礼の場となり皇位継承儀礼の場ともなった。宮都の荘厳は、天皇・国家の威厳を示す可視化された装置でもあった。

また、宮都造営のような大規模造営事業を実施することを通して、中央集権的な官僚制すなわち行政事務システム、労働力編成、手工業編成、物資の調達・分配システムなどが形成されていくことにもなった。

†儀礼空間としての平城京

宮都は、王権の儀礼の場としての性格をもち、宮都自身が儀礼的性格を特徴とした。藤原京時代の宮でのことであるが、『続日本紀』七〇一年（大宝元）元日条には、藤原宮大極殿に文武天皇が出御して官人たちから朝賀の拝礼を受けた儀式の様子を、

その儀、正門に烏形《うけい》の幢《はた》を樹《た》つ。左には日像《にっしょう》・青竜《せいりゅう》・朱雀《すざく》の幡《はた》、右は月像《げっしょう》・玄武《げんぶ》・白虎《びゃっこ》の幡なり。蕃夷《ばんい》の使者、左右に陳列す。文物の儀、是に備れり。

としている。宮における国際的な儀礼整備をさして「文物の儀が完備した」と誇っているのである。

平城宮では、藤原宮に続けて大規模な大極殿や朝堂などの宮殿建物に、瓦葺《かわらぶき》・礎石建物の技法が用いられ、第一次（中央区）・第二次（東区）の大極殿・朝堂院の儀礼空間が整備された。とくに第一次朝堂院などは、共食により官人の再生産を図る機能をもつ饗宴の場でもあった。平城京においても、幅七四メートルの規模をもつメインストリート朱雀大路などの条坊の大路や、各所に配置された巨大な伽藍《がらん》建物からなる大規模な官大寺の寺院景

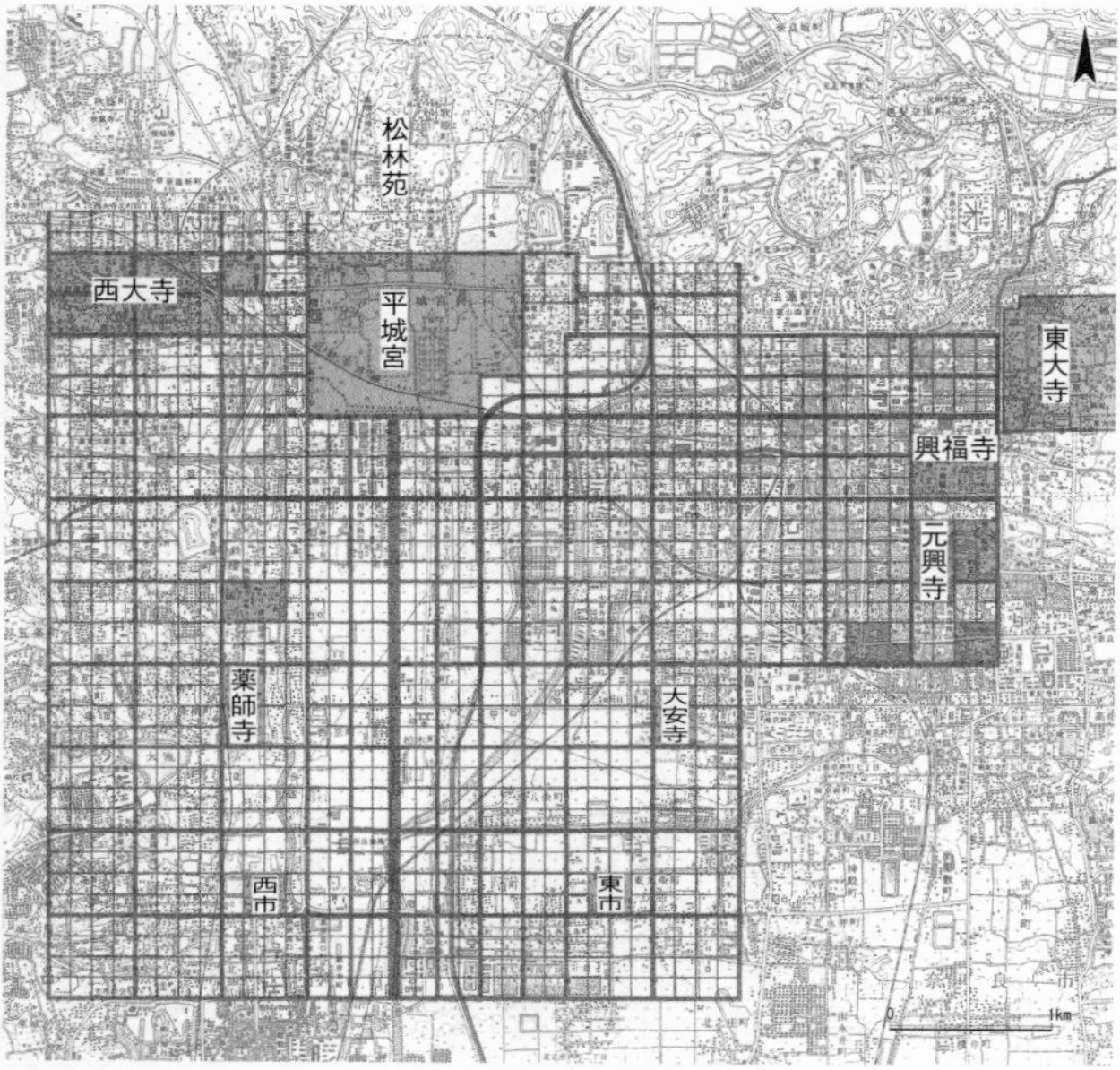

平城京図

観などは、視覚的にも都の荘厳を飾る施設であり、儀礼的な存在でもあった。

儀礼空間としての宮都を守るために、宮・京の境界で行われる祭祀儀礼もあった。宮都の祭り・儀礼ともいえる「四《し》角《かく》四境祭《しきようさい》」である。たとえば、『延喜《えんぎ》式《しき》』神祇《じんぎ》式《しき》（四時祭上）にみえる「蕃客送堺神祭」では、蕃客が入朝した時に「畿内の堺に迎え、祭りて送神を却《しりぞ》く。それ客徒ら、京城に至る比《ころ》、秡《はらえ》の麻を給い、除してすなわち入らしむ」と、京に入る際に祓えの境界祭祀を行っている。同じく『延喜式』の四時《しじ》祭の中には、宮城の四隅で祭る「鎮火祭」、京城の四隅で祭る「道饗祭《みちあえのまつり》」や「宮城四隅疫神祭（若《も》し祭るべくは、京城四隅此に准《なぞら》へよ）」といった宮・京の四隅で行われる境界祭祀がみられる。

また、平城京の正門ともいえる羅城門、朱雀大路やそのつきあたりに位置する平城宮の正門である朱雀門などは、祭祀など儀礼の場でもあった。たとえば羅城門は、七四七年（天平十九）六月に雨乞いの場となり（『続日本紀』同月己未《きび》条）、鑑真が来日して七五四年（天平勝宝六）二月に平城京まで至った時には、勅使が派遣されて羅城門外で「迎拝慰労」が行われた（『唐大和上東征伝』）。

朱雀門も、七一五年（霊亀《れいき》元）正月に元正天皇の皇太子首皇子（聖武天皇）が初めて礼服を着て拝朝した時に、「陸奥・出羽の蝦夷あわせて南島の奄美・夜久《やく》・度感《とかん》・信覚《しんかく》・球美《くみ》等、来朝して各方物《ほうもつ》を貢ぐ。其の儀、朱雀門の左右に、鼓吹《こすい》・騎兵を陣列す」（『続日本紀』同月朔条）という儀礼がみえる。また七三四年（天平六）二月には、聖武天皇が「朱雀門に御し、歌垣を覧ず。男女二百四十余人、五品已上の風流有る者、皆その中に交雑《ま》じり……都中の士女に縦《ほしいまま》に観さしむ。歓を極めて罷《や》む」（『続日本紀』同月朔条）と、朱雀門前で大規模な歌垣のイベントが行われている。

†平城京の階層的構成

平城京は、都市の構成自身に、まず階層性的な構造が刻印されていた。まず、都市民の構成は、天皇・皇族・貴族・官人（下級官人）から京民・上京者（地方からの衛士《えじ》・仕丁《しちょう》や畿内からの造営労働力）・奴婢《ぬひ》・僧尼に至るまでの多様な諸階層の人々からなった。それに応じて、京を構成する要素は、天皇の居所である内裏、大極殿・朝堂院の政務・儀式空間、二官八省の律令官司群が配置された平城宮を中心として、官営市場である東市・西市、国家的に営まれた官大寺の寺院、貴族邸宅といった大規模な施設のほか、小規模な一般京民の住居が多数分布するというあり方であった。

下級官人やその家族が多くを占め、一〇万人と計算される都市民の京民の多くも、国家の官司、貴族や寺院に依存しながら存在していた。官司、貴族邸宅や大寺院などは、都市としての平城京を構成する分節的な社会構造をもっていたといえる。貴族邸宅には、貴族の家族・氏人《うじひと》のほか、奉仕に来る中小豪族や近侍する地方豪族子弟である舎人、家政機関の官人、家政の様々な職種に奉仕する人々、そして奴婢や僧尼などが存在した。

都市民の多数は、下級官人とその家族や、貴族・寺院に仕える人々、そして衛士・仕丁や貢進物《こうしんもつ》運京などに地方から上京した人々、都の造営に動員された畿内を中心とした労役従事の民などであった。

平城京の都市民として、寺院に依存しながら遠距離交易を営む商人であった楢磐嶋《ならのいわしま》という人物をみてみたい。平城京左京六條五坊に住む商人楢磐嶋のことは、『日本霊異記《にほんりょういき》』（中巻二四）に記されている。大安寺の西の里に住む彼は、聖武天皇の時代に、大安寺の僧侶が営む「修多羅分《したらぶん》」の出挙銭《すいこせん》（高利貸しの銭）から銭三十貫を借りて、越前の敦賀の津に往って交易するという商人であった。琵琶湖を船で商品を運ぶ途中に病を得て、馬を借りて奈良に戻ろうとしたという話である。こうした商人の存在も、大寺院の経済活動に依存しながらあり得たというところに、留意すべきだろう。『万葉集』や『日本霊異記』のなかには、東西市での交易をめぐって、商品売買をめぐる悲喜こもごもの京民の生活が描かれている部分がみられる。

†都市空間構成の階層性

平城京における宅地班給については、直接それを示す史料はみられないが、藤原京や天平期の難波京についての史料から、平城京においても、皇族・貴族・官人たちへの一定基準による宅地班給が行われたと思われる。

藤原京では、「右大臣（丹比島《たじひ》）に賜う宅地四町。直広弐《じきこうに》（従四位下）より以上には二町。

大参（正五位上）より以下には一町。勤《ごん》より以下、無位に至るまでは、其の戸口に随《したが》わむ。其の上戸には一町、中戸には半町、下戸には四分之一。王等も此に准へよ。」（『日本書紀』六九一年（持統五）十二月乙巳《いつし》条）という宅地班給基準が知られる。

また難波京では、「難波京の宅地を班給す。三位以上には一町以下、五位以上には半町以下、六位以下には一町を四分するの一以下。」（『続日本紀』七三四年（天平六）九月辛未条）という班給基準が知られている。平城京でも、上級貴族（三位以上）・貴族（五位以上）には、位階・官職に応じて格差をつけながら大規模な宅地が与えられた。

また、平城京における貴族居住地の史料記事や、発掘調査の成果として一坪ないし半坪以上規模という大規模な宅地の占地によって知られる貴族邸宅の立地をみると、五位以上の貴族の邸宅は、平城宮に近い左右京の五条より北に集中していたことが知られる。

とくに左京三条あたりには、上級貴族たちの高級邸宅が建ち並んでいた様子が知られる。左京三条二坊六坪では、一坪分を占める宅地に、中島をもつ優美な園池《えんち》を中心として、池に臨む大規模建物などが配された遺跡（宮跡庭園）がみつかり、園遊のための離宮的な性格の施設とされている。また左京三条二坊の西北部で四坪分という大きな規模をもった長屋王邸宅跡や、左京四条二坊の東半を占めたといわれる藤原仲麻呂の田村第《たむらのたい》など、大規模な貴族邸宅が建ち並んでいたことが明らかになっている。

†平城京の宅地・建物の構成

平城京における貴族邸宅の様相は、左京三条二坊の一・二・七・八坪の四坪分を占める奈良時代初期の大規模な長屋王邸宅によって、具体像を知ることができた。長屋王邸宅の発掘調査では、広大な宅地のなかに、公的空間・生活空間・家政機関の空間などから構成される整然と配置された掘立柱《ほったてばしら》建物群のあり方が明らかとなった。また三万五千点にのぼる豊かな歴史情報に富んだ長屋王家木簡が出土した。七一六年(霊亀二)末ころに一括廃棄されたこの木簡群によって、長屋王やその家族たちの華麗な生活、家政機関の構成と職務内容、王家に仕え

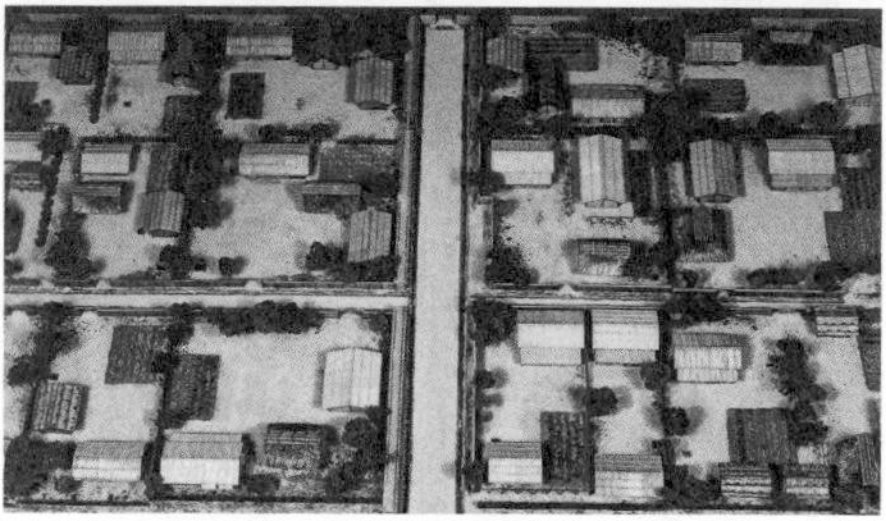

上　長屋王邸の復元模型（奈良文化財研究所蔵）
下　下級役人の住宅の復元模型（奈良文化財研究所蔵）

た様々な階層・職種の人々の様子、そしてそれらを支えた諸国におよぶ経済基盤の実態などが明らかになった。

一方、下級官人たちの住宅については、正倉院文書の下級官人の役所に対する借金証文の文書(「月借銭解《げつしやくせんげ》」)にみられる借金の保証としての自宅の宅地・建物記載などから、簡素な住居の様子が知られる。また発掘調査成果によって、左京・右京の八・九条あたりに下級官人の宅地が多く分布し、一坪の十六分の一、三十二分の一といった宅地に、小規模な掘立柱建物二〜三棟や倉、井戸、菜園が簡易な区画施設に囲まれている、という姿が知られている。

律令制では、宮都における建物に建築規制があり、たとえば営繕令《えいぜんりよう》3私第宅《していたく》条では、「凡そ私の第宅は、皆楼閣を起して人家を臨み視ることを得ざれ」という規制があった。実際、奈良時代後期に権勢を握った恵美押勝《えみのおしかつ》(藤原仲麻呂)は、宮の南の自邸に高楼を建てて内裏に臨んだことを人士からそしられたという(『続日本紀』七七七年(宝亀八)九月丙寅条)。また、『延喜式』左右京職《さうきようしき》条には、「凡そ大路に門屋《もんおく》を建てるは、三位已上および参議に聴す……」とあるように、京内条坊の大路に面して門を開くことができるのは、上級貴族に限られるという規制があった。

京内における京民の一般建物についても、『続日本紀』七二四年(神亀元)十一月甲子条では、「それ板屋・草舎《くさや》は、中古の遺制にして営み難く破れ易く、民財を空しくす。請うらくは、有司に仰せて、五位已上および庶人の営むに堪うるものに、瓦舎《かわらや》を構え立て、塗りて赤白となさしめんことを」ということが定められている。五位以上の貴族や有力な京民に、礎石建て瓦葺きで丹塗り柱・白壁の立派な建物を建てて、みすぼらしく見える掘立柱建物の「板屋・草舎」が多くを占める京内建物の景観に荘厳を図ろうとする政策であった。こうして京内は、建物のあり方からも階層性をもつ空間であった。

†古代宮都の都市的展開

平城京では、一〇万という多くの人口と富が集中して、都市民が生活を営み続けた。そこでは、諸国から租税などの貢進物も集中して経済活動が恒常的に営まれ、また宮殿・役所・寺院などの大規模な造営が絶え間なく行われて、都市の巨大な消費や生産の活動が展開していた。こうして巨大な流通が展開して、都市民の社会的分業も展開していた。京民たち都市民衆の世界も広まり、街区維持・環境・経済・警察・災害・疾病・水・葬地・清掃など特有の都市問題・社会問題も発生する。七三七年（天平九）の天然痘の大流行などは、藤原不比等の息子たち四兄弟の死亡など、政治的に大きな影響を与えた都市問題でもあった。都市下層民衆を対象として、社会事業を行いながら仏教を布教した行基《ぎょうき》たちの活動などは、都市的な場と結びついていたといえよう。

こうして上から政治的に設定された都市といっても、いったん都市が営まれると、都市としての自律的な運動が展開していく。左右京職や東西市司などによる宮都の国家的な管理がめざされたが、都市の自律的な運動は、けっして一元的に統制し得るものではなかった。たとえば東西の市では、京職の下の市司が市場価格を国家的に決定して商品や流通を統制する制度であったが、自律的な流通の展開によって、商品の交易価格は需要・供給関係から自律的に上下したのである。その結果、東市・西市の間で価格の変動・格差が生じ、物価騰貴が起こったり、あるいは遺失物（闌遺物《らんい》）・盗難物が市店に出まわるなどのことが起きた。

つづく平安京の時代に入ると、こうした都市の自律的運動の影響もあって、国家による都市統制が次第に困難となっていった。文人貴族慶滋保胤《よししげのやすたね》による名文『池亭記《ちていき》』によれば、

予、二十余年以来、東西二京を歴見するに、西京の人家漸く稀に、殆んど幾《いくばく》にして幽墟なり。人は、去るもの有りて来たるもの無し。屋は、壊るること有りて造ること無し。其の移徙《いし》する処無し。……東京の四条以北は、乾《いぬい》・艮《うしとら》の二方、人人貴賤と無く、多く群聚する所なり。高家は門を比《なら》べ堂を連ね、小屋は壁を隔て簷《のき》を接す。

とあり、右京の衰退と左京北半の繁栄という都市の自律的展開が進行した様子が描かれている。この動向を受けて、右京にある西市はさびれ、左京の東市が栄えることとなった。国家は、何度も東西市の半々の利用を強制しようとしたが、自律的な交易活動を統制することはできなかった。こうして、平安京では、南面する天皇のもと朱雀大路を中軸線としたシンメトリな都市構成が、変質していった。

また、九六〇年（天徳四）に平安宮内裏がはじめて焼亡して以後、政治的・経済的な理由も受けて内裏を維持することが次第に困難となり、のちに里内裏《さとだいり》が常態化していくことになる。やがて、平安京の京極を超えて離宮が置かれるなど京近郊へと都市域が展開していき、鴨河以東の白河や南の鳥羽への都市展開が起こっていった。宮都に依存する都市貴族となった貴族たちのあり方から、権門（院宮王臣家《いんぐうおうしんけ》）・貴族が荘園領主化して独自の経済基盤を築いていったことも、都市の変質と結びついた。

平城京は、律令国家が上から政治的に設定した都市であり、天皇・貴族中心の階層的な構成を構造的特徴としていた。しかし、人口集中と巨大な消費・生産・流通の実現によって宮都が都市としての自律的運動を展開するようになると、社会的分業や流通の展開そして都市民衆世界の動向などを受けて、次第に変質していったといえよう。

さらに詳しく知るための参考文献

岸俊男『日本の古代宮都』（岩波書店、一九九三）……古代の宮都の歴史的展開を概観した基本的な著書。

佐藤信・吉田伸之編『都市社会史』（新体系日本史6、山川出版社、二〇〇一）……都市性・都市的要素に注目して、古代都城を都市論のなかで位置づけた論考をふくむ。

佐藤信編『史跡で読む日本の歴史4　奈良の都と地方社会』（吉川弘文館、二〇一〇）……遺跡のあり方から平城京・平城宮の全貌をとらえ、奈良時代の列島史全体のなかで位置づけようとした論考。

佐藤信『木簡から読み解く平城京』（NHK出版、二〇一〇）……平城宮・平城京出土の木簡から、古代都史平城京を分かりやすく眺望した内容。

舘野和己『古代都市平城京の世界』（日本史リブレット、山川出版社、二〇〇一）……古代都市としての平城京の全体像について、バランスよく周到に見通した概論。

田辺征夫・佐藤信編『古代の都2　平城京の時代』（吉川弘文館、二〇一〇）……古代都市としての平城京の実像・特徴を、発掘調査や研究の成果から分かりやすく見通した内容。

奈良文化財研究所編『図説平城京事典』（柊風舎、二〇一〇）……平城京・平城宮の発掘調査を担ってきた奈良文化財研究所が、調査・研究の成果を、図版を用いながら分かりやすく集成した内容。

馬場基『平城京に暮らす――天平びとの泣き笑い』（歴史文化ライブラリー、吉川弘文館、二〇一〇）……発掘調査や古文書・木簡の研究から、下級官人たち平城京住人の生活に即した都市の姿に焦点をあてた叙述。

渡辺晃宏『平城京一三〇〇年「全検証」――奈良の都を木簡からよみ解く』（柏書房、二〇一〇）……平城京・平城宮出土の木簡と遺跡のあり方から、奈良時代についての堅実な検証を提示した叙述。

第7講

恭仁京――天平の新京造営

増渕 徹

†恭仁京の時代とは

七四〇年(天平《てんぴょう》一二)一〇月二六日、聖武《しょうむ》天皇は東国行幸の詔を発し、二九日に平城宮を出立した。以後、天平一七年(七四五)五月まで天皇が平城宮に戻ることはなく、同年九月に正式に平城還都するまで、政治の中枢は恭仁《くに》・難波《なにわ》・紫香楽《しがらき》と移動を繰り返した。

度重なる遷都は、天然痘の流行による藤原四子体制の崩壊以後の、権力結集核の希薄化からくる政治的不安定性の帰結とみられなくもないし、政治を主導した聖武による「彷徨《ほうこう》の五年」などと評されることもある。確かに天平一六・一七年の恭仁・難波・平城・紫香楽の四宮をめぐる主都の移動の経緯をみると、確たる方針があったようには受け止めにくく、しかも聖武と元正《げんしょう》太上天皇との対立も想定され、政治的迷走の感を拭えない。

しかし他方、藤原四子政権期を七世紀末以降の律令制国家建設の到達点として評価する見方もあり（渡辺二〇一〇）、恭仁京《くにきょう》期に発布された国分寺建立《こんりゅう》の詔《みことのり》（七四一）や墾田永年《こんでんえいねん》私財法《しざいほう》（七四三）も同様に国家体制の充実を目指したものとすれば、東国行幸以後の政治過程を政治的動揺として一概にとらえるべきではないし、また、これらを聖武の性格や心理と関連させて、全体を迷走あるいは彷徨と理解するのも適切とは言えないだろう。近年の研究は、この時期の相次ぐ宮・京の造営と遷都を、聖武天皇の国家構想（当時の国家の力量からみての適否はともかく）の計画的・積極的展開として解する方向が強くなっている。

こうした理解に立てば、恭仁京の造営は聖武による自身の構想実現への本格的展開を告げる作業であった。まずは、その造営と遷都の過程を追ってみよう。

†東国行幸から恭仁宮へ——遷都の前史

七四〇年（天平一二）一〇月、「意《おも》ふ所有るに縁《よ》り」平城宮を出立した聖武天皇は、伊賀・伊勢・美濃・近江を経て一二月一四日には山背国相楽郡《さがらかぐん》玉井《たまい》頓宮《とんぐう》に至り、翌一五日に「恭仁宮《くにのみや》」に行幸、「京都」を造ることを宣言した。これに先立つ一二月六日には、聖武は近江国坂田郡横川《よかわ》頓宮（現在の米原市）から、右大臣の橘諸兄《たちばなのもろえ》を「遷都を擬《はか》る」ために恭仁郷に向わせており、この段階で遷都の意思は明確に示されていた。翌七四一年（天平一三）、正月一日の元日朝賀は「宮の垣《かき》未《いま》だ就《な》らず、繞《めぐら》すに帷帳《いちょう》を以てす」という状況下に恭仁宮で行われ、一一日には伊勢神宮と全国の諸社に「新京」への遷都を報告する使者が発遣された。

恭仁宮が営まれた地域にはもともと甕原離宮《みかのはら》があった。甕原離宮は、恭仁宮から東南方の木津川《きづがわ》の対岸、鹿背山《かせやま》の東北山麓付近に想定する見解が強い。史料上の初見は平城遷都後間もない七一三年（和銅六）に元明《げんめい》天皇が行幸《ぎょうこう》した記事で、以後元明・元正両天皇がたびたび足を運んでおり、聖武も七二七年（神亀《じんき》四）をはじめとして、七三六年（天平八）・七三九年（天平一一）に計三度訪れていた。とくに東国行幸の前年、天平一一年三月の二度目の行幸に元正太上天皇をともなっていたことは注目される。

新都の地として恭仁が選ばれた背景には、甕原離宮を通して聖武にとって周知の土地であったことに加え、従来から指摘されているように橘諸兄との関係も想定される。七四〇年（天平一二）五月に聖武は諸兄の「相楽別業《さがらかのべつごう》」に行幸しているが、別業の存在に示されているように、諸兄は恭仁郷のある山背国南部の相楽郡に経済基盤を有していた。渡辺晃宏は、木津川市で調査された馬場南《ばばみなみ》遺跡（史跡神雄寺跡）のⅠ期遺構（七三〇〜七六〇頃）を、この相楽別業にあてる。馬場南遺跡は後述する恭仁京の推定右京の南端部に近い位置にあり、とすれば恭仁京は諸兄の地盤を京域の一部に取り込んで造営されたことになる。

相楽別業への行幸に先立つ七四〇年二月に、聖武は難波宮へ行幸した。難波宮は七二六年（神亀三）に造営が開始されたが、七三四年（天平六）には官人に宅地が班給されているから、このころには既に京をもつ形態が相当に整っていた。難波宮は恭仁京に続いて遷都の対象となったが、恭仁も難波も聖武にとっては自身の眼を通して確認済みの土地であり、ここからも思い付きで遷都の地に選ばれたものではないことは明らかと言える。

恭仁京への遷都を聖武の東国行幸と一体のものとしてとらえ、それを大宰府《だざいふ》で勃発した藤原広嗣の乱との関連で理解したのは喜田貞吉《きたさだきち》で、以来長くこの一連の政治的展開は乱勃発に衝撃を受けた聖武の突発的かつ現実逃避的な行動と解する見方が強くなされてきた。しかし東国行幸以前の聖武の行動を考えると、この行幸の背景にはむしろ聖武の大きな政治構想があり、それは後述するように唐に倣った本格的な複都制の展開にあったとする理解が強くなっている。

東国行幸の経路が壬申《じんしん》の乱のときの天武（大海人皇子《おおあまのみこ》）のそれと類似していることも、注意をひいてきた。一〇月一九日には造伊勢国行宮司《ぞういせのくにあんぐうし》を任命し、行幸の詔は二六日に発しながら、実際に平城宮を発したのは二九（壬午《じんご》）日であったという経緯も、出発を壬申の乱の際の天武（大海人皇子）の挙兵日（壬午）に合わせたものと推測される。名張《なばり》・朝明《あさけ》・桑名・不破《ふわ》は壬申紀にみえる天武の経由地・滞在地であり、天武は不破から往路を逆にたどって倭京《わきょう》に戻ったが、聖武のたどった横川《よかわ》（横河）・野洲《やす》（安）は大海人軍が勝利を収めた戦場であり、禾津《あわづ》（粟津）は最後の戦いが行われた瀬田川の対岸にあった。

群臣を引き連れての行幸は朝廷を挙げての天武とその軍の行動の再現であり、廷臣たちに天武の記憶を蘇らせるとともに、天武の正当な後継者としての聖武という認識を新たにさせることを狙ったものではなかろうか。天武は律令制定・国史編纂・国境画定などを通じて聖武朝の現在につながる国家の骨格づくりの出発点に位置する天皇であり、しかも「それ宮都は両参造らむ」と指示した複都制の推進者でもあった。聖武の恭仁京造営の狙いが複都制の展開にあったとするなら、偉大なる曾祖父がやり残した国家建設の完成形態を実現することが、自身に課せられた責務であると聖武には認識されたのではないか。「その時に非ずと雖《いえど》も、事已《や》むこと能《あた》はず」という詔の文言には、この行幸が周到に計画されたものであったと同時に、行幸にかける聖武の強い意志が表明されているとみるべきであろう。

当時の政治的状況も考慮せねばなるまい。天平初年代の藤原四子政権の時代は、官人人事の式兵二省での分掌体制の完成（七三一・天平三年）、中国風の礼装による元日朝賀《がんじつちょうが》の執行（七三二・天平四年）、郡稲《ぐんとう》をはじめとする雑稲の正税への編入（官稲混合《かんとう》）による国衙《こくが》財政の確立（七三四・天平六年）など、それまでの日本の律令制国家建設が実質的な自立を迎えた時期であった。しかし、七三七年（天平九）の天然痘の流行によって、藤原四子を含む多くの議政官・官人を失う。この事態に対し、同年九月に緊急の昇叙によって官人層の補充を図るとともに、鈴鹿《すずか》王《おう》を知《ち》太政官事《だいじょうかんじ》、参議橘諸兄を大納言、参議多治《たじ》比広成《ひのひろなり》を中納言に任じ、一〇月には藤原豊成《とよなり》（武智麻呂《むちまろ》の子）を参議に起用して新たな指導部が構成された。翌年正月には阿倍内親王を皇太子にし、諸兄を右大臣に昇進させて名実ともに政権の首班に据える。疫病の難を逃れた二人の議政官のうち、鈴鹿王を皇親の抑えに、光明子《こうみょうし》の異父兄橘諸兄を政権首班に配するとともに、豊成を藤原氏の代表として起用して前政権との継続性に配慮し、特定の勢力に偏しない挙国一致の体制をとったと言えるが、それはすなわち聖武が国家運営の陣頭指揮を執ることを意味したと言えよう。

東国行幸から恭仁宮・京の造営とそれへの遷都は、聖武の強い意志のもと、周到に計画された一連の政治過程であったと考えるのである。

†恭仁宮・京の造営と遷都

『続日本紀』には、恭仁宮・京の施設として、大極殿《だいごくでん》・大安殿《だいあんでん》・皇后宮・朝堂・東西二市などの名がみえる。このうち大極殿は、七四一年（天平一三）正月一日の朝賀の後、一六日に「大極殿」で群臣との宴（踏歌《とうか》の節会《せちえ》にともなう宴）が行われたとある記事を初見とするが、しかし後述するようにこのとき大極殿は未成であり、この「大極殿」は仮殿（『新日本古典文学大系　続日本紀』脚注）、もしくは内裏《だいり》正殿の大安殿（橋本二〇一八）とみられる。玉井頓宮から直ちに恭仁宮に入っていることからして、諸兄の先行は恭仁宮における天皇居所の整備の進行を監督するためと思われ、後者の理解が妥当である可能性が高い。

宮・京の造営は急速に進められたようで、閏《うるう》三月には五位以上の者の平城京残留が禁じられて恭仁京への移住が指示され、八月には平城京の東西市を恭仁京に遷し、九月には恭仁京の民に宅地が班給され、十月中旬には七月から造営が始まった「賀世《かせ》山の東河」の橋が竣工した。九月の記事には「賀世山西道より以東を左京と為し、以西を右京と為す」とあり、鹿背山を中央にして二分された京域の姿が示されている。「賀世山の東河」の橋については、翌年八月の記事に見える木津川をわたる大橋とする理解と、鹿背山の東にある石部川《いしべがわ》に架かる橋とする理解があるが、いずれにせよ恭仁京の骨格となる道路動線の確保や条坊道路の整備が進捗している状況を推測することができるだろう。この間、閏三月には平城宮の兵庫に蓄えられていた兵器が甕原《みかのはら》宮に運ばれて威儀の整備も進行し、七月には元正太上天皇が恭仁宮に合流する。一一月には「大養徳恭仁大宮《やまとくにのおおみや》」と命名された。

翌七四二年（天平一四）正月一日に恭仁宮で行われた朝賀は、大極殿は未完成であったため仮殿の四阿殿《あずまやどの》で執行されたが、その前面には石上《いそのかみ》・榎井《えのい》両氏によって大楯と大槍が立てられた。元日に両氏が楯と槍を立てる儀礼はこの時に始まり、恭仁宮期が王権儀礼整備上の一階梯をなす時期であったことが示されている。同じ正月には聖武が城北の苑に行幸した記事があるから、恭仁宮の北方には平城宮の松林苑《しょうりんえん》（宮）に類する庭園的空間も整備されたらしい。二月には皇后宮に行幸しており、恭仁宮外に光明子の居住する施設も整備された。

この七四二年は、恭仁宮・京にとって評価の分かれる年となる。二月に近江国甲賀《こうか》郡に通じる「恭仁京の東北道」を開くと、八月には聖武は紫香楽村への行幸を表明し、造離宮司を任命するとともに、恭仁宮の東北に位置し紫香楽への途次にあったと推測される石原《いしはら》宮に移動した。直後、恭仁宮の「宮城より南の大路の西頭《にしのほとり》と甕原宮より東の間」に大橋を造らせ、その経費が諸国の国司に賦課される。この措置は、木津川を挟んで南北に分離する恭仁京を連結し、都城としての一体性の確保が図られたとも言えようが、紫香楽での離宮造営の方針表明の直後であり、しかも国司への賦課による早急な造営が図られたことからすると、平城・難波〜恭仁〜紫香楽を国家運営の動脈として整備することを目的とした措置と考えた方がいい。八月下旬には、恭仁宮と平城宮に留守官《るすかん》を任命し、初めて紫香楽宮に行幸した。以後、恭仁宮・京の造営に関する記事はほとんど見られなくなる。

一二月末には聖武はこの年二度目の紫香楽宮行幸を行い、翌七四三年（天平一五）正月には遅れて恭仁宮に帰着、二日に大極殿で朝賀が行われた。この大極殿は平城宮から移築された中央区の大極殿（第一次大極殿）であったが、この年のうちに造営工事は中止された。直接の因は、恭仁に続く紫香楽での造営による多大の経費が財政を圧迫したためである。

「初めて平城の大極殿幷《あわ》せて歩廊を壊《こぼ》ちて恭仁宮に遷し造ること四年にして、茲《ここ》にその功纔《わず》かに畢《おわ》りぬ。用度の費《つい》やさるること勝《あ》げて計《かぞ》ふべからず。是に至りて更に紫香楽宮を造る。仍《より》て恭仁宮の造作を停《とど》む」というのが、『続日本紀』の載せる顚末である。

†隋唐洛陽城と恭仁京

恭仁京の造営を隋唐の複都制との関連で理解するのは、喜田貞吉と滝川政次郎《まさじろう》にはじまる。隋唐は当初から長安《ちょうあん》（大興城）・洛陽《らくよう》の二つを都としていたが、玄宗《げんそう》の開元一一年（七二三）にはこれに太原《たいげん》を加え三都制を採用した。滝川は、聖武は唐に倣って平城京と難波宮（京）に加えて新都を造営し、日本での三都制の実現を企図したとし、その際に参考とされたのが東都洛陽の構造であったとする。唐の都城制に関する詳細な知識は、七三五年（天平七）に帰朝した遣唐使によってもたらされた可能性が高い。とくに長期にわたる在唐経験をもち、礼典をはじめとする体系的な典籍群や新たな学術資料をともなって帰朝した吉備真備《きびのまきび》や玄昉《げんぼう》たちが、諸兄政権の一翼を構成していたこととの関連性は重要であろう。

洛陽城の大きな特徴は、京の中央を東西に貫流する洛水《らくすい》によって都城が南北に二分されていることである。宮城は洛水の北側にあるが、都城全体の北西部に偏した位置にあり、都城中央部北端に宮城を配置して朱雀大路を軸に左右対称の構造をもつ長安城とは明確に異なる。洛水を引き込んだ構造は大運河を利用した生産物の集積機能と不可分の関係にあり、政治的中枢の長安と経済的比重の大きい洛陽は、国家機能の分担・補完として相互に連関する機能を有していた。長安・洛陽との比較の観点に立つと、長安型都城を模した平城京・難波宮(京)に対し、新しい知識によって洛陽型都城として造営されたのが恭仁京ということになる。その点で決定的に重要な要素として浮上するのが木津川と泉津《いずみのつ》の存在であろう。泉津は七世紀から史料にみえる主要な河港で、木津川市上津《こうづ》遺跡はその一部と考えられるが、恭仁京はこの機能を直接に取り込んで造営されたのであった。実際に、恭仁から難波への遷都の際には、木津川を経由して移動が行われている。

なお、滝川は紫香楽宮に対しても、洛陽の南郊の竜門に則天武后《そくてんぶこう》によって祀られた奉先寺《ほうせんじ》盧舎那仏《るしゃなぶつ》があり、これに倣ったものとする理解を示している。とすれば、紫香楽宮の造営は聖武の迷走ではなく、当初から恭仁宮・京の造営の視野の内に含まれていたことになろう。

†宮と京の構造

七四六年(天平一八)九月、恭仁宮の故地に残っていた大極殿は山背国の国分寺に施入された。山背(城)国分寺跡と伝える基壇は現木津川市加茂町の恭仁小学校裏手にあり、やや東南には同寺の塔跡の礎石が残る。ここからこの付近が国分寺の主要伽藍《がらん》が展開した

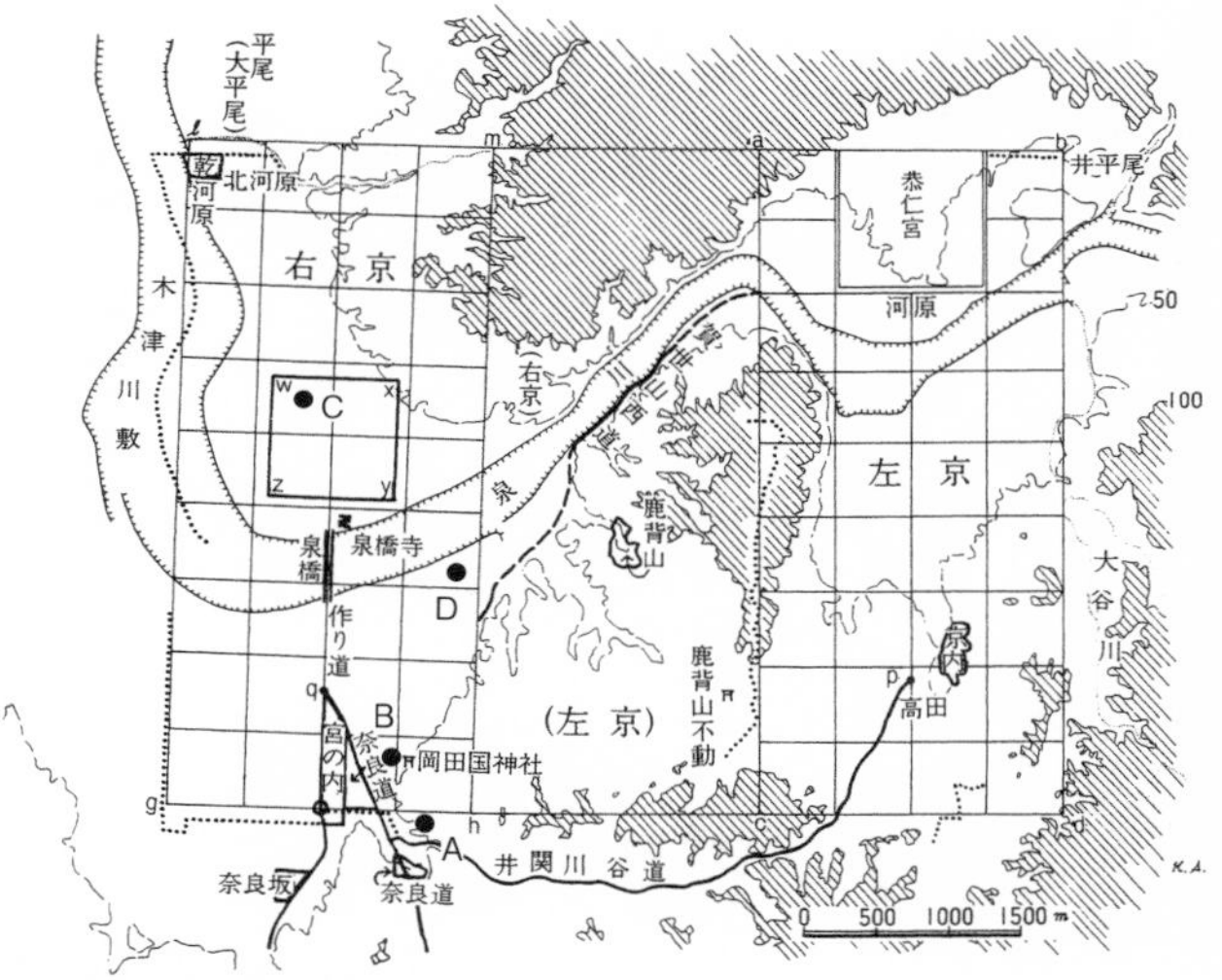

恭仁京復原図（足利健亮の復原案に一部加筆）
A 馬場南遺跡　B 岡田国遺跡　C 上狛北遺跡　D 上津遺跡

地区であり、したがって国分寺に転用された恭仁宮の中枢部であると早くから推定されてきた。

一九七三年（昭和四八）から京都府教育委員会と加茂町（現木津川市）教育委員会が開始した発掘調査の結果、東西約五三メートル、南北約二八メートルの基壇上に桁行《けたゆき》九間（約四五メートル）、梁間《はりま》四間（約二〇メートル）の建物が存在したことが確認された。この基壇規模はのちに奈良文化財研究所による調査で確認された平城宮第一次大極殿跡の基壇寸法と一致し、平城宮大極殿を移築したとする『続日本紀』の記事を裏付ける成果が得られた。

恭仁宮跡の調査は京都府教育員会によって現在も継続されており、後述するように恭仁宮跡の構造はかなり解明されてきている。

恭仁京については、前述したように『続日本紀』記事から鹿背山を挟んで東西二京が分離する構造であることがわかっていた。この記事を手掛かりに恭仁京の方形的な復元案を提示したのは足利健亮《あしかがけんりょう》である。足利は大極殿の位置と周辺の地形・地割《じわり》の詳細な分析を通して恭仁宮の範囲を想定するとともに、鹿背山を挟んで東西に分離した恭仁京の復元案を提示した。それによれば、恭仁宮は鹿背山東方の狭隘《きょうあい》な盆地に展開する左京の北部中央に位置し、右京は平坦地の多い鹿背山山麓西方の木津から狛《こま》地区に展開するが、左右それぞれが木津川によって南北に分断される。日本では類例のない都城であるが、前述したように隋唐の洛陽城と比較すれば類似した構造ともいえる。足利案の発表以来、恭仁宮・京の構造はこの案を基礎として議論されてきた。

恭仁京右京の推定基軸道路（作道）から約四〇〇メートル西方に位置する木津川市上狛《かみこま》北遺跡からは、南北に伸びる溝と、これと軸をそろえた奈良時代中期の建物遺構が並んで見つかっており、これを恭仁京右京の条坊道路側溝と建物群の遺構とみる理解が強い。また、岡田国《おかだくに》遺跡からも、奈良時代中期とみられる、平城京における一六分の一町の面積に相当する敷地と建物群、隣接する道路跡が検出されている。これらの遺構は、少なくとも恭仁京の条坊道路が一定度は整備され、実際の宅地班給が行われていたことを証するものでもある。但し、恭仁京の立地する地形条件から、方形を前提に復元案を考える必要はないとする考えも出されており、恭仁京の実像の解明は依然として課題のままである。

これに対し、恭仁宮の方は発掘調査が進み、全体の範囲や宮中枢部の状況がかなり明らかになってきた。宮跡は木津川北岸の段丘上に東西五六〇メートル、南北七五〇メートルの規模で造られ、四周は築地塀《ついじべい》で区画されており、その中央部から南にかけて大極殿院・朝堂院・朝集殿院が並ぶ。その規模も平成三〇（二〇一八）年度までの調査でほぼ確定された。前述したように大極殿と回廊は平城宮中央区大極殿（第一次大極殿）とその回廊を移築したものであることは確認されたが、大極殿院のみならず朝堂院・朝集殿院の規模や比率は他のいずれの宮とも大きく異なる。例えば国家の重要な儀礼が行われる大極殿院を囲む回廊は全周せず、南辺は掘立柱塀で、南門も控え柱をもたない簡素な構造か、もしくは門をもたない可能性さえ指摘されている。

『続日本紀』天平一四年八月五日条には、造宮録《ぞうぐうさかん》秦下嶋麻呂《はたのしものしままろ》が宮城の垣（築地）を私財を投じて築いたことを以て賞された記事があり、恭仁宮の造営には個人の資財の提供も拒否されなかった。恭仁宮の東南部の築地《ついじ》線の歪みも、有勢家の協力を得ながら造営が急がれた中で生じたものであろうか。大極殿院南辺の簡易な構造も、とりあえず形態を整えよ

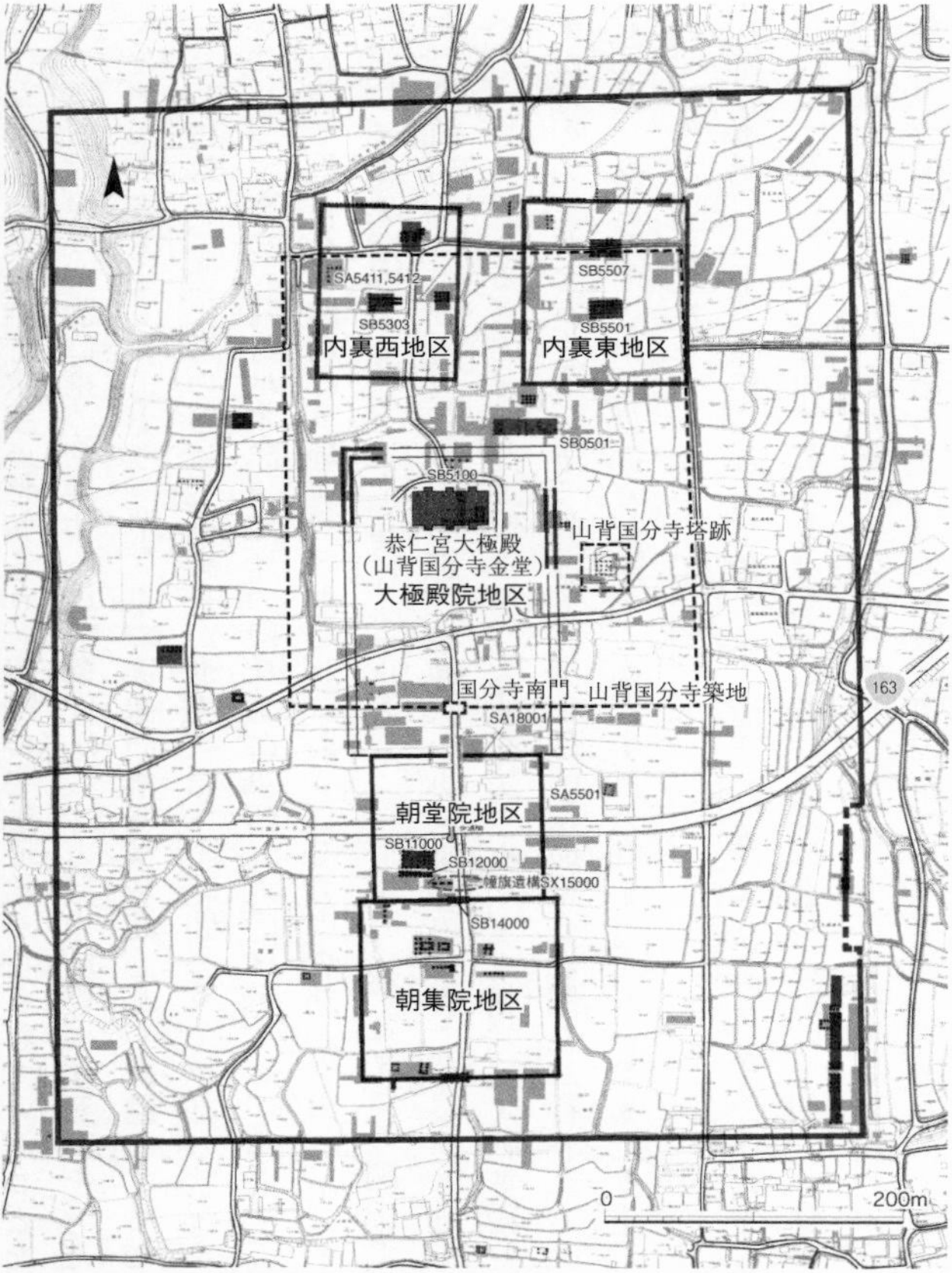

恭仁宮全体図（京都府教育委員会・（公財）京都府埋蔵文化財調査研究センター共催セミナー「天平の都を掘る！——恭仁宮とその周辺」2019資料から転載）

うとするところから選択されたものとする見方もある。

恭仁宮を特徴づけるのは、大極殿院の北で東西に並んで確認された二つの内裏区画（内裏東地区・内裏西地区）の存在である。東区画は築地塀で囲まれ、中央に南北二棟の四面庇《しめんびさし》の大型建物を配し、西地区はやや小ぶりで掘立柱塀で囲まれ、中央に両面庇の大型建物一棟が存在する。前者は平城宮内裏の空間構成を引きついでおり、聖武天皇の居所と見做され、後者は元正太上天皇の居所と解される。天平一三年七月に元正太上天皇が合流した「新宮」は、この内裏西区画とみられる。

†恭仁宮・京の終焉

恭仁宮の造営が停止された翌年の七四四年（天平一六）正月の朝賀は取り止めになった。閏正月一日、聖武は百官を召集し、恭仁・難波のいずれを都とするか問うた。恭仁京を支持する者は五位以上で二四人、六位以下で一五七人、難波京を支持する者は五位以上二三人、六位以下一三〇人と、官人の意見はほぼ完全に二分した。四日には恭仁京の市で民意を問い、難波・平城を希望する各一人を除く全員が恭仁京の存続を希望した。九日、京職に命じて諸寺や百姓の舎宅の造作を促進させている。京職とあるところから指示の対象は恭仁京とみられているが、難波京とみる理解もあり、しかも恭仁京とすれば直後に難波京への遷都準備が進められているので、政治的迷走の誹《そし》りは免れないであろう。

閏正月一一日、聖武は難波宮に行幸し、二月には駅鈴《えきれい》・内外印《ないげいん》と諸司、次いで高御座《たかみくら》・大楯と兵庫の器仗《きじよう》を恭仁宮から難波宮に移動させ、恭仁京の百姓の希望者の難波への移住を認めた。二七日、難波宮を皇都とする勅が出され、恭仁宮・京の時代は名実ともに終わりを告げることになった。難波遷都の勅は、聖武が紫香楽宮に行幸し、元正太上天皇と左大臣橘諸兄が難波宮に残るという、皇権分裂とも評される事態の中で出されたものであった。この勅を元正太上天皇の勅と解する見方もあるほどである。

恭仁宮・京の時代をどう評価すればよいだろう。七三五年(天平七)に帰朝した遣唐使は儀礼制の整備や学術・仏教の充実面に大きな功績をあげたが、三都制を採用した唐の最新の情報に接した聖武は、三都制を含めて唐に倣った国家体制の完成を目指した。その行動の開始が曾祖父天武の業績を想起させる東国行幸であり、平城・難波に続く三つ目の都となる恭仁京の造営であった。恭仁京を洛陽城を範として造営しようとした段階で、すでに洛陽と竜門奉先寺に類した組み合わせは構想に含まれており、それが紫香楽宮の造営へと至ったのであろう。恭仁宮に居を移して間もない七四一年(天平一三)二月(三月とするのは『続日本紀』の誤り)に国分寺建立の詔が出されたのも、一連の構想によると思われる。だが、当時の国力はそれらの事業の同時的展開を許さなかった。恭仁から難波への遷都の経緯からも知られるように、政権内部も分裂に近い状況を呈し、幾度も災異が報告されるように社会不安も増大した。事態は聖武の理想とは逆の状況へと動き、その中で聖武も複数の宮・京の造営事業を収束せざるを得なくなった。

では、恭仁京時代の政策が壮大な無駄であったかというと、国家体制の観点からは必ずしもそうも言えないであろう。平城還都後に整備された平城宮が東区大極殿（第二次大極殿）・朝堂院地区を中心に再編成され、日本的な律令制国家の中枢に相応しい構造に変化することはその一つであろう。国分寺の建立も、国分寺を通して統制された仏教体制を普及させることを通して、国分寺を管掌する国衙《こくが》権力の浸透に預かる所は大きかったと考えられる。そうした国衙権力を支えた力は、藤原四子政権時代に実施された官稲混合による基礎財政力の安定と、恭仁京時代末の天平一五年（七四三）に発布された墾田永年私財法《こんでんえいねんしざいほう》による国衙の田地支配力の深化を両輪として達成されたものであった。恭仁京の時代を経ることによって、律令制国家はより日本的な体制をもつ、充実した組織体へと成長したとも言えるのである。

さらに詳しく知るための参考文献

*恭仁宮跡の調査成果については、京都府教育委員会から刊行される発掘調査報告書で年度ごとに報告されている。それ以外の主な文献を以下に挙げる。

小笠原好彦『聖武天皇が造った都　難波宮・恭仁宮・紫香楽宮』（吉川弘文館歴史文化ライブラリー、二〇一二）……聖武朝に造営された三宮都について、喜田・滝川以来の研究史や調査成果を紹介するとともに、それぞれの造営過程を検討している。

田辺征夫・佐藤信編『古代の都2　平城京の時代』（吉川弘文館、二〇一〇）……平城宮・京の構造やそこでの生活、聖武朝に遷都の対象となった三宮都や多賀城・大宰府などの重要な地方官衙の姿などを描写。本稿の内容と関係する渡辺晃宏「平城京の構造」、小笠原好彦「恭仁宮・紫香楽宮・難波宮」収載。

渡辺晃宏『平城京一三〇〇年「全検証」──奈良の都を木簡から読み解く』（柏書房、二〇一〇）……発掘調査や出土木簡から復元される平城宮・京の姿を、平易な文体で語る。恭仁宮を平城宮で浮上した構造上の課題を克服する一段階としてとらえる著者の論点も展開される。

足利健亮『日本古代地理研究』（大明堂、一九八五）……歴史地理学の手法を用いて初めて恭仁宮・京の具体的な復元案を提示した、研究史上の画期的業績。その後の調査の進展によって著者が修正した部分もあるが、研究の方法論も含め、その記念碑的意味は変わらない。

橋本義則『日本古代宮都史の研究』（青史出版、二〇一八）……藤原京から平安京に至る古代の宮都の変遷の意味を構造面から検討した第一部と、京と葬地との関連性を論じた第二部とから構成される。第一部では恭仁宮の内裏構造の特徴を検討する「恭仁宮の二つの内裏」を収載。

京都府立京都学・歴彩館『京都を学ぶ【南山城編】──文化資源を発掘する』（ナカニシヤ出版、二〇一九）……南山城地域の多様な文化資源について考察した論考集。収載された山田邦和「恭仁京復元への私案」は、足利案以降の恭仁京の復元に関する主要な研究を整理し、新たな復元提案を示している。

第8講
紫香楽宮——聖武天皇の夢の都

北村安裕

文献からみた紫香楽宮

紫香楽《しがらき》宮は、現在の滋賀県甲賀市《こうかし》信楽町《しがらきちょう》に存在した奈良時代の都である。史書上の初見は七四二年（天平十四）で、都としての役割が終わるのは七四五年なので、主要部分の存続期間はきわめて短い。一方で、この地では盧舎那《るしゃな》大仏の造立という奈良時代を象徴する大事業が開始されていて、政治的にも文化的にもその意義は決して小さくない。ここでは、文献にみえる沿革と発掘成果をふまえた上で、大仏造立事業と紫香楽宮造営を当時の政治の流れの中に位置づけてみたい。なお、機能の充実とともに、宮の一般的呼称は「甲賀《こうか》宮」へと変わる（橋本義則「紫香楽宮攷」『日本古代宮都史の研究』青史出版、二〇一八、初出一九九四）が、ここでは「紫香楽宮」という呼び方に統一する。

まず、奈良時代の歴史書である『続日本紀《しょくにほんぎ》』から、紫香楽宮の沿革をたどってみよう。

七四〇年十月、九州で藤原広嗣《ひろつぐ》による大規模な叛乱が起こっている最中に、聖武天皇は平城京を発った。はるか九州の地に遠征していった将軍たちに「驚き怪しむべからず」と言い置いての出発だった。この行幸《ぎょうこう》（天皇が居所を離れること）は、伊賀・伊勢・美濃・近江などを経る大規模なものとなったが、十二月に平城京を目前にした恭仁《くに》の地（現京都府木津川市）に入った聖武はそれ以上先に進もうとせず、翌年にはこの地を首都とするための施策を次々と打ち出していった。

七四二年の八月に、聖武は初めて紫香楽に赴く。これが紫香楽が政治の表舞台に現れた最初の記録である。これより先の二月には、おそらく行幸の準備のために「東北道」が開かれていて、綿密に計画をした上での行幸だったことがうかがえる。聖武は、九月に紫香楽の「刺松原《さすのまつばら》」を視察すると、まもなく恭仁に帰っている。「刺松原」の地名は現在は残っていないが、大仏を安置するための寺院予定地とみるのがよいだろう。紫香楽の地は、この段階から大仏造立と不可分の関係にあったと考えられる。

二度目の行幸は同じ年の十二月末のことであり、聖武は紫香楽宮で元旦を迎えてから、恭仁京に帰還している。正月の重要な儀式を控える中での強行軍は、聖武の心の中で紫香楽宮や大仏造立の比重が高まっていることを示しているかのようである。

七四三年四月の三度目となる行幸は短期間であったが、次の七月の行幸は四ヶ月にも及ぶ長いものとなった。この時には、紫香楽宮のある近江国甲賀郡の税を天皇の膝元《ひざもと》である畿内《きない》と同じ内容に改め、畿内より東の諸国からの税を紫香楽宮に納めることにするなど、紫香楽宮を都に準じた存在に位置づける命令が出された。そして、十月には満を持して盧舎那大仏を造立することが宣言され、紫香楽の地に大仏を造るための寺（甲賀寺）が開かれることになったのである。

聖武はいったん恭仁京に戻るが、もはや聖武にとって恭仁京は不要な存在になっていたようである。紫香楽宮の造営を理由として、恭仁京の造営は停止され、翌七四四年には難波《なにわ》京への行幸が計画される。この時、官人や市人らに、恭仁と難波のどちらを都とすべきかの聞き取りがなされた。その結果は、官人では恭仁京を推す者がやや多く、市人の大半が恭仁京を願うというものだったが、恭仁京が顧みられることはなかった。結局、聖武は難波に移り、二月には皇権の象徴である鈴印《れいいん》（駅鈴と御璽・太政官印）や、天皇の玉座である高御座《たかみくら》などが難波に運び込まれ、難波宮を都にすることが慌ただしく宣言された。

聖武にとっては、この遷都宣言は大きな意味を有していなかった。難波宮を首都とする宣言が発せられた時には、聖武はすでに難波を発って紫香楽宮に向かっていたのである。三月には皇権の所在地を象徴する楯・槍が難波宮に立てられたが、聖武はそれすら意に介した風もなく、紫香楽での大仏造立に邁進する。十一月には、甲賀寺で大仏の体骨柱《たいこつちゅう》

(原型となる塑像《そぞう》の中心骨組)が立てられ、聖武も手ずから綱を引いたという。聖武と並び立つ存在だった元正太上天皇《げんしょうだじょうてんのう》は、この間難波にとどまっていたが、この月についに紫香楽に入った。翌七四五年の正月には紫香楽宮に楯・槍が立てられて、紫香楽宮は「新京」としての地位を固め、この地での大仏造立も順調に進んでいくかのようにみえた。

しかし、紫香楽宮、そしてそこでの大仏造立に対しては、根深い反感が伏在していたと思われる。聖武が難波から紫香楽宮に移って間もない七四四年四月には、宮の西北の山で早くも不審な火災がおき、不穏な気配を漂わせていたが、七四五年の四月になると、紫香楽宮や甲賀寺の近くで火災が頻発し、宮の周辺に住む者は万が一に備えて家財道具を川原に埋めるほどであったという。これらは単なる自然火災ではなく、聖武の政治への反発が顕在化したものと考えるべきだろう。

さらに、この月には美濃国(現岐阜県)を震源とする大震災も発生した。強い余震は三日続き、その後も半年近く大地はゆれ続いたという。この自然の猛威は、人々に天の怒りを意識させるに十分なものだっただろう。五月には、官人、そして平城京の四大寺の僧らにどこを都とすべきかの意見聴取がなされ、全員が平城京を推すという結論を得た。これをうけた聖武はついに紫香楽をあとにし、恭仁京を経て平城京へと帰還していった。

こうして、大仏造立の都であった紫香楽宮の命脈は絶たれた。その後、紫香楽における火災はなかなか鎮火せず、盗賊も横行したことが『続日本紀』には記されている。

†発掘調査で明らかになった紫香楽宮

古くから紫香楽宮の故地として注目されてきたのは、現在、紫香楽宮跡として史跡指定されているもののうち、内裏野《だいりの》地区にある遺跡だった。この遺跡は、大戸《だいど》川《がわ》・隼人《はやと》川《がわ》・馬門《うまかど》川《がわ》などが合流する地点の東側の丘陵上に位置し、天皇の居所を意味する「内裏」の名を冠する地名や、礎石や古瓦などが散在することから、紫香楽宮の旧跡と考えられたのである。

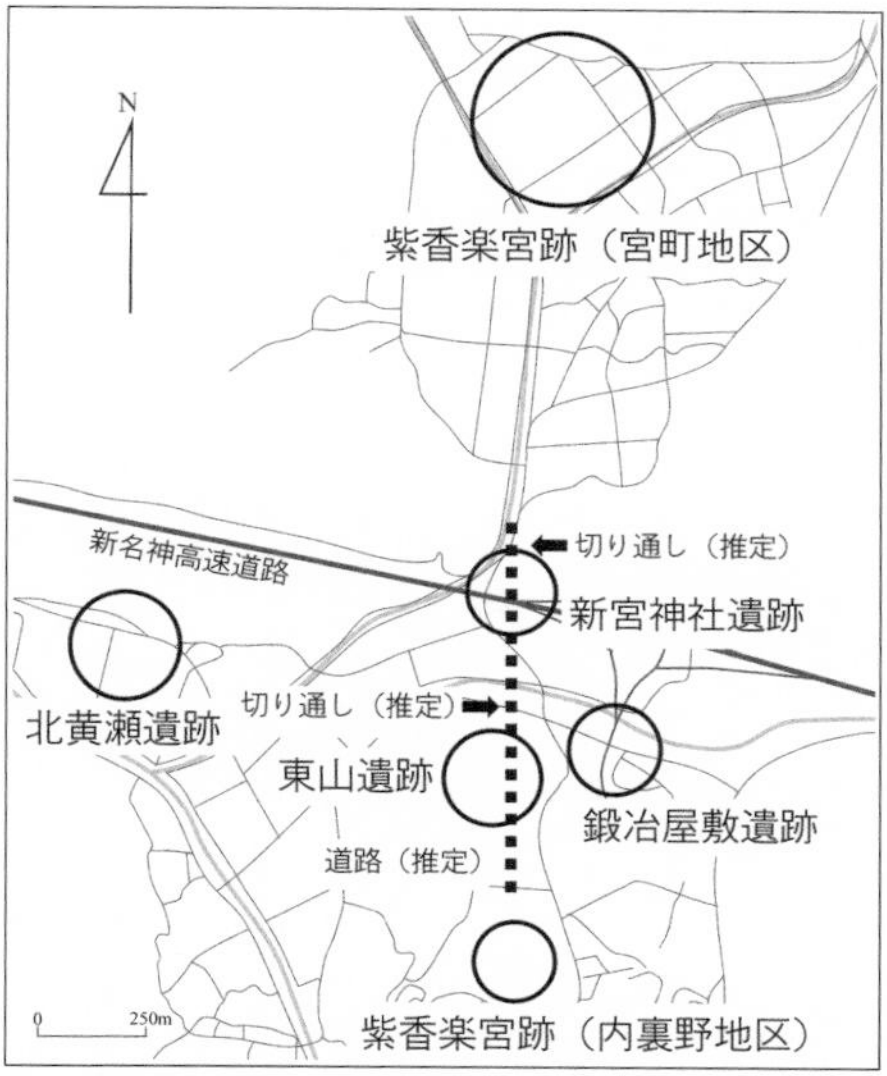

図１　紫香楽宮関連遺跡

一九二三年（大正一二）には、東京帝国大学教授黒板勝美《くろいたかつみ》の学術調査によって、この遺跡は紫香楽宮跡と認知され、一九二六年には「紫香楽宮阯《あと》」として正式に国史跡に指定された。しかし、大津宮跡の調査などに関わっていた肥後和男《ひごかずお》による一九三〇年（昭和五）の短期の発掘調査の結果、この遺跡が東大寺式伽藍配置をもつ寺院跡であることが明らかになった。これによって、この遺跡は宮跡そのものではなく、大仏造立の地である甲賀寺、あるいは紫香楽宮近辺に存在した近江国分寺の遺址とみられるようになった。一方で、紫香楽宮が寺院跡の下層に眠っているのか、あるいは別の場所に存在するのか、様々な説が出されたものの決着は着かず、紫香楽宮は長く「幻の都」となってしまっていた。

状況が転換する最初のきっかけとなったのは、宮町地区（内裏野地区の北方の盆地）での一九七〇年代の圃場《ほじよう》整備であった。この作業の過程で古い柱根が掘り出され、紫香楽宮に関係する何らかの建物が宮町地区にも存在した可能性が示されたのである。この柱根は、科学調査によって聖武が紫香楽宮への行幸を重ねた七四二〜三年に伐採されたものだったことが判明し、宮町地区と紫香楽宮をつなぐ想定は現実味を帯びてくる。

一方で、一九八一年になされた近世文書の調査によって、「内裏野《だいりの》」の地名が一六七七年（延宝五）を遡らず、それ以前は「寺野《てらの》」などの地名が通用していたことが確認された（石上英一「信楽町における紫香楽宮跡関連資料の調査」『続日本紀を中心とする八世紀史料の編年的集成とその総合的研究』昭和五七年度科学研究費補助金研究成果報告書、一九八三年）。内裏野地区に紫香楽宮を想定する説の大きな根拠であった「内裏」地名は意外に新しいものだったのである。

こうして紫香楽宮＝内裏野地区説は大きく後退する一方で、宮町地区での発見への期待が高まり、紫香楽宮の中枢を探り当てることを目的とした宮町地区の発掘調査が一九八四年に始まるのである。

一九八六年の調査で初めて発見された木簡の中には、「奈加《なか》王」という王族名を記したものや、「天平」の元号を記したものなど、奈良時代のものであることが確実なものが含まれていた。一九九三年（平成五）には、地区の北側にあたる盆地のキワ付近で、格の高い四面廂《ひさし》をもつ大型建物跡（建物跡A）が検出された。これは、聖武天皇が初期の段階から居所にしていた建物と推定されている。さらに、その南東の溝跡からは、三六〇点あまりの木簡が出土した。参河・遠江・駿河・越前などの国名が記され、七四一〜三年の年紀をもつ荷札《にふだ》木簡や、「造大殿所」（貴人の御殿を造る役所）と判読できる木簡からは、この周辺が国政にも関わる重要な地区であったことが強く示唆された。建物跡Aは、その後の知見も総合すると、最初期に建てられた大型の建物であり、木簡が見つかった溝跡は、埋め立てられて他の大型建物が建てられていったことが想定されている。

さらなる探究が続けられる中、二〇〇〇年には宮町地区での調査の画期となる遺構が検出された。地区の中央部で、南北方向に一〇〇m以上もの長さをもつ建物跡（建物跡B）

図2　北より紫香楽宮跡（宮町地区）を望む

が発掘されたのである。翌年には、建物跡Bから一〇〇mほど東にも、同様の規模と推定される建物跡（建物跡C）がほぼ平行に建っていたことが検出され、建物跡B・Cのちょうど中間には、比較的大きな四面廂建物が南（建物跡D）と北（建物跡E）に並んで存在したことも判明した。これらの建物は規模と規格性の点から通常の施設とは考えられず、建物跡B・Cは『続日本紀』にみえる紫香楽宮の「朝堂《ちょうどう》」、建物跡Dが同じく「大安殿《だいあんでん》」に比定されるにいたった。ついに、紫香楽宮の中心施設と思われる建物跡が、その姿を現したのである。

建物跡Eについては、発掘調査が進むと、建設が途中で中止されて門と塀がすえられていたことが分かった。そのすぐ北西側からは比較的大きな二面廂の建物（建物跡F）が見つかり、だいぶ遅れて二〇一二年度の調査で、その東側にも同様の規模の建物

（建物跡G）が発見された。建物跡Eの建設を中止して造られた門と塀は、東西に並ぶ配置をもつ建物跡F・Gにともなうものと推定される。これらの建物の評価については、後で述べたい。

建物跡B〜Gの大型建物群の西側と南側では、比較的大きな水路の跡が発見されている。

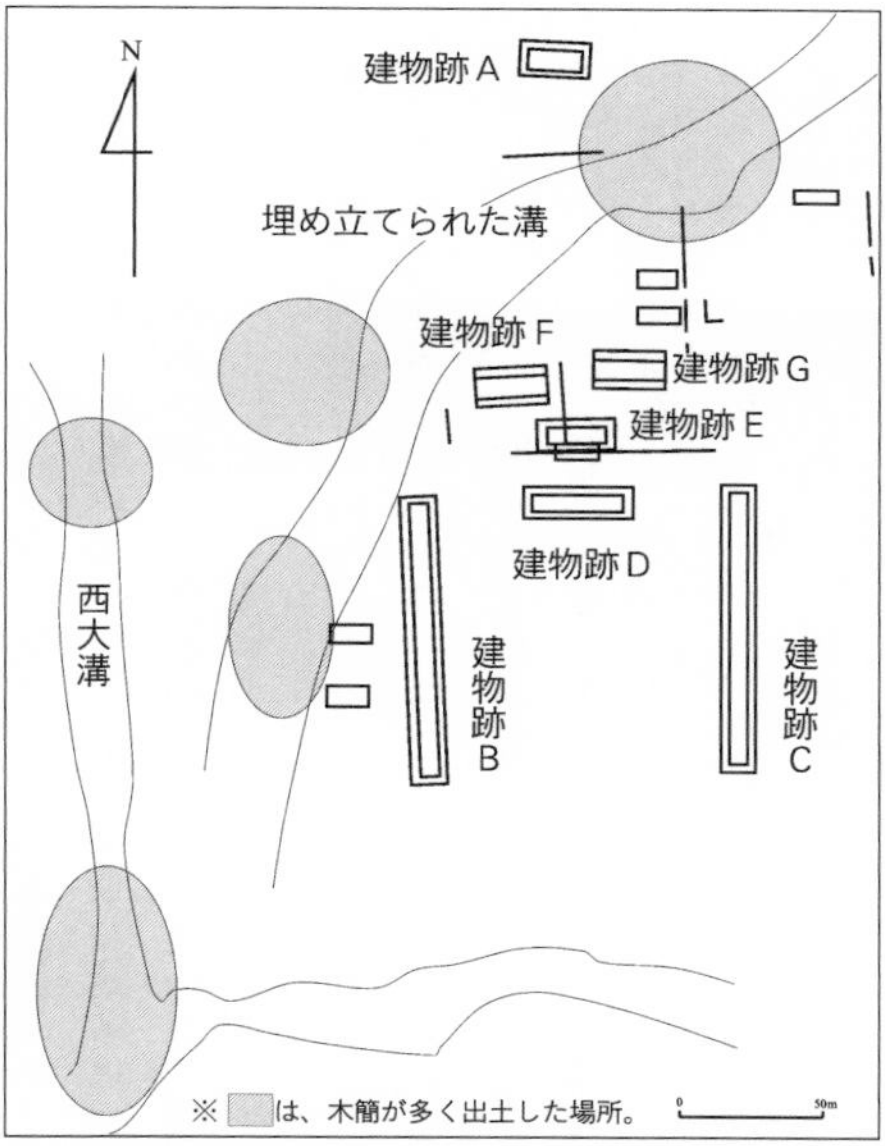

図3　紫香楽宮跡（宮町地区）の遺構

このうち、「西大溝」と仮称される西側の水路跡からは、大量の木簡が発見されている。その中には、『古今和歌集』に載る著名な「なにはつの歌」と、『万葉集』の「あさかやまの歌」が表裏に記された木簡など、興味深い内容をもつものも多く含まれる。

このように、かつては謎に包まれていた紫香楽宮の実態は、発掘調査によって少しずつ明らかになってきていて、今後の調査の進展も期待される。

次に、紫香楽宮に関連するその他の重要な遺跡についてもみてみたい。なお以下の遺跡は、史跡「紫香楽宮跡」に含まれるものもあるが、叙述の都合から「○○遺跡」の呼称を用いる。

宮町地区と内裏野地区の間には、東西からせり出した丘陵によって隔てられた谷口がある。新名神高速道路の建設にともなう調査の結果、二筋の道路跡や、旧河道とそこにすえられた橋脚の跡、三棟の掘立柱建物跡などが見つかった（新宮神社遺跡《しんぐうじんじゃ》）。東側の道路跡は、宮町地区にあった紫香楽宮の中枢と内裏野地区の甲賀寺を直線的に結ぶものと考えられ、宮町地区へと入っていく丘陵にさしかかる部分には、当時の切り通しの跡と思われる箇所がある。掘立柱建物については、交通の管理に関わる施設という想定もある。

新宮神社遺跡の南東では、甲賀寺造営や大仏造立に関わる鍛冶工房の跡が見つかっている（鍛冶屋敷《かじやしき》遺跡）。遺構は三つの時期に分かれるが、そのうちの第二期では、中型製品を鋳造するための溶解炉・鞴《ふいご》などが整然と区分けされたユニット状に配置されていて、「二竈」「六竈」といった番号で管理されていたと考えられている。第三期になると、仏像の台座や梵鐘《ぼんしょう》など大規模な製品が鋳造されたが、出土した梵鐘の中子《なかご》（鋳造の際に中空にするために内側に入れる土塊）をみると、ここで造られた梵鐘の規模は、奈良時代最大の東大寺の梵鐘に次ぐ大きさを誇っている。聖武が紫香楽宮を去った後もこの鍛冶工房は稼働していて、造られた製品の一部は、新たな大仏造立の舞台である東大寺に運び込まれていったと考えられている。

鍛冶屋敷遺跡から内裏野地区の遺跡の方へと丘陵を登っていった辺りにあるのが、道路の跡が見つかった東山《ひがしやま》遺跡である。この道路跡は、新宮神社遺跡の道路跡に接続すると考えられる。二〇一七～一八年度の調査では、この遺跡から南北が四二メートル以上もある長大な建物跡などが発見され、甲賀寺での大仏造立に関わる施設だったと推定されている。

新宮神社遺跡から西に四〇〇メートルほどの所では、平城宮跡で見つかったものにも匹敵する大きさの井戸跡が発見された（北黄瀬《きたきのせ》遺跡）。この井戸の周りには排水溝をめぐらした作業場が設けられ、井戸・作業場を覆うように掘立柱建物が建てられていた。おそらくは、平城宮の大膳職《だいぜんしき》や造酒司のような、多量の水を必要とする役所に関係する施設だったのだろう。

このように、紫香楽宮の周辺にはその機能を補完するための多くの施設が配置されていた。こうした周辺施設の発掘調査の成果には、紫香楽宮の特徴を明らかにするための手がかりが多く含まれている。周辺の遺跡についても、調査と研究の進展がまたれるところである。

†大仏造立と紫香楽宮

発掘調査の成果もふまえながら、以下では大仏造立事業の展開と紫香楽宮の位置づけについて改めて考えてみたい。

七四〇年に平城京を発ってから、七四五年に帰還するまでの聖武天皇の行動は、一見場当たり的で、かつては藤原広嗣《ふじわらのひろつぐ》の乱をきっかけとした「謎の彷徨《ほうこう》」とまで言われた。たしかに、恭仁京遷都以来しばらくの間、聖武は一ヵ所に安住することなく動き回り、都をどこにするのか定見も持っていなかったようにみえる。しかし、大仏造立事業を軸にして見直してみると、聖武が驚くほどの熱意と執念をもって主体的・精力的に事業を推進していった様子をみてとることができる。天皇自身が一つの事業にここまでのめり込んだのは、日本史上でも希有のことではないか。聖武は「彷徨」などしてはおらず、むしろ一点の迷いもなく、大仏造立という大道をまっすぐに歩んでいたのである。

聖武が大仏造立に傾倒していく発端となったのは、七四〇年の河内国への行幸であった。この時、聖武は仏教の教えによって結びついた人々によって造られた盧舎那仏《るしゃなぶつ》を拝し、自分もこのような仏を造りたいと思ったという(『東大寺要録』巻十)。これに先立つ七三七年には、天然痘《てんねんとう》が猛威をふるい、多くの民衆が犠牲になるとともに、聖武を補佐していた藤

筑摩書房
80th
筑摩書房
ちくま新書
新シリーズついに始動
世界哲学史
20年1月から
20年8月まで
毎月1冊刊行
（全8巻）
責任編集
伊藤邦武・山内志朗・中島隆博・納富信留

…にある——

※目次は変更になる場合がございます

推薦のことば

出口治明 現在の世界のキーワードは、民主主義とAIに象徴される技術の進歩の2つだと思う。このどちらも、社会を分断化するベクトルを内包している。だからこそ、世界を「丸ごと把握しよう」とする哲学の重要性が再認識されているのではないか。とても…を得た待望の企画である。

…一 途方もない試みである。…挑戦である。哲学を「西…き放つこと。哲学がそもそも…を考えてみれば、遅す…取り組むにはこれ…尊敬と緊張原四兄弟など、多くの高官も斃《たお》れた。政権の首班には光明皇后の異父兄の橘諸兄《たちばなのもろえ》が就き、翌年には聖武と光明の間に生まれた阿倍《あべ》内親王が皇太子に立ったが、女子の立太子が異例だったこともあって、貴族の間では様々な意見が飛び交い、政界には不穏な空気が垂れ込めていった。藤原広嗣の叛乱も、こうした政情の中で勃発したものである。

こうした不安定な情勢にあって、盧舎那仏への信仰によって人々の強固な結びつきが実現していた河内国の状況は、聖武の目には理想郷のように映ったに違いない。ここで聖武は、誰も見たことのない巨大な盧舎那大仏を造ることで、貴族層の一体感を取り戻し、信仰の力で疫病にむしばまれた社会の不安をも吹き払おうとしたのだろう。

七四〇年に、聖武は二カ月の行幸を経て恭仁宮に入った。最近では、行幸と遷都が藤原広嗣の乱以前から計画されていたものとする見方が主流であり、この後の行動をみる限り、この段階で大仏造立も計画されていた可能性が高い。ただし、行幸や遷都は巨額の出費を要する割に、大仏造立を進める上ではさほどの必然性を持たないようにもみえる。大仏造立の基地として恭仁京が設けられたという説もあるが、紫香楽が注目されていくのは遷都から一年近くも経過した後のことであり、遷都の当初にはどこに大仏を造るのかすら定まっていなかった可能性もある。そもそも、恭仁宮と平城宮は直線距離で一〇キロメートルほどしか離れておらず、基地としてどれほどの意味があったのか、首をかしげざるをえない。

むしろ重要だったのは、行幸と遷都によって聖武が平城京を離れた点である。大仏造立という未曾有の大事業には種々の障害がつきまとったと思われる。あるいは、聖武は平城京に留まっていては事業が進展しないと悟り、遷都によって人心を一新して新天地で事業を一気に推進しようとしたのではないだろうか。平城京での障害がどのようなものだったのかは明らかにしえないが、恭仁京遷都によって平城京の脱出を成し遂げた聖武が、ここで大仏造立の前提を整えたことはたしかだろう。

恭仁京という足場を得た聖武は、やがて紫香楽の地に目をつけ、行幸を繰り返して既成事実を積み重ね、正式に大仏造立の地と定めるにいたる。紫香楽の地に白羽の矢が立った理由については、恭仁京を中国の洛陽《らくよう》にみたて、石窟寺院《せっくつじいん》で著名な竜門《りゅうもん》と洛陽の位置関係をふまえて紫香楽を選んだという説がある（小笠原二〇〇五など）。ただし、紫香楽が選定されたのは恭仁京遷都からしばらく経ってからのことと考えられ、両者の位置関係を過大評価するのは難しいと思う。紫香楽選定の理由について現時点で答えを出すのは困難だが、発掘調査の進展の中でさらなる手がかりが得られることを期したい。

紫香楽への行幸にあたっては、宮町地区で最初期に建てられた建物跡Aが聖武の居処として用いられた可能性が高いが、事業の進展とともに同地区の造成工事も進められ、谷地形を埋め立てた上で建物跡B・Cに対応すると思われる「朝堂」などの中心施設も着工され（栄原二〇一四）、ある程度は政務も担いうる体制が整えられていった。

こうして聖武は着々と大仏造立の準備を進め、それにともなって紫香楽宮の施設も充実しつつあったのだが、現実は聖武の願いとは正反対の方向に推移していく。聖武にとっては大仏造立のための方便に過ぎなかった感のある遷都だったが、いずれを都とすべきか、という問題が独り歩きする中で、貴族や官人層の分裂がさらに進んでしまったようなのである（栄原二〇一四）。当時、天皇と並び立つ権威をもつ存在として、元正太上天皇が健在だった。彼女自身がどのような意思をもっていたかは分からないが、その存在は大仏事業に不満をもつ官人のよりどころとなり、派閥争いを助長したとも想像できる。

紫香楽宮の工事が進む中で、恭仁京の造営は停止され、難波への遷都が強行されていくが、この流れは事態の紛糾を憂慮した元正（とその周辺勢力）が主導していたとみるのがよいと思う。しかし、聖武はこの決定に従うふりをしつつ、結局は紫香楽に遷って大仏の造立に没頭していく。その後、難波に皇権の象徴である楯・槍が立てられたことは、首都問題を置き去りにしたまま、紫香楽で大仏造立にいそしむ聖武に対する、元正の声なき諫言《かんげん》だったのかもしれない（筧敏生《かけいとしお》「古代王権と議政官」『古代王権と律令国家』校倉書房、二〇〇二、初出一九八八）。

七四五年十一月、長らく難波に留まっていた元正がついに紫香楽に移り、次の正月に紫香楽宮は「新京」と呼ばれた。宮町地区の建物跡F・Gは、恭仁宮にあった聖武・元正の居処とみられる建物群と似た配置になっており、やはり聖武・元正が居住する宮殿として建てられたと考えられる。これらの建物は、もともと「大安殿」「朝堂」などと一体的に計画されていた建物跡Eの建造を中止して、そこに門をしつらえた上で建てられたものである。当初のプランを変更してこれらの建物が建てられたことは、元正が紫香楽に入ることが急遽決まったものだったことを暗示している（栄原二〇一四）。

いずれにしても、元正がやってきたことで紫香楽宮は首都として認められたようにもみえるが、水面下では聖武と元正、そして高官たちによる協議が続いていたと推測される（寛敏生前掲論文）。この間、周辺では人々の反感を具現化したような火事が頻発しており、紫香楽宮の運命はすでに暗いものとなっていた。四月に発生した大地震に接した聖武は、ついに紫香楽での大仏造立を断念するにいたった。

ただし、これは挫折ではなく、平城京における事業の再出発を意味していた。この年の正月には、民間での布教に力を尽くしていた行基が、僧侶の最高位である大僧正となり、それまでの仏教界を主導していた玄昉の影響力は著しく低下していた。あるいは、こうした仏教界の勢力図の変化が、平城京での大仏事業を可能にする条件となったのだろうか

（吉川真司『天皇の歴史2　聖武天皇と仏都平城京』講談社、二〇一一）。紫香楽宮放棄の直前には、平城京の四大寺にどこを都とすべきか聞き取りがなされた。この時、僧らは口々に平城京を都とすべきことを述べたが、そこには平城京での大仏造立を受け入れるということが含意されていたのかも知れない。聖武の「戦い」は、舞台を移して続いていくことになる。『続日本紀』には、聖武が平城京に還った後、紫香楽はただちに荒廃したかのように書かれている。しかし、正倉院文書によれば、それから半年以上経った後にも相当数の官人が紫香楽に残っていた。大仏造立の地であった甲賀寺も東大寺式の大伽藍を誇る近江国分寺として再出発を果たした。そこからほど近い鍛冶屋敷遺跡でなされていた大仏造立にともなう鋳造作業も部分的に続けられ、東大寺に仏具を供給していった。紫香楽宮に主が還ることは二度となかったが、聖武の夢の残り香は、もうしばらくの間、この地にただよい続けるのである。

さらに詳しく知るための参考文献

小笠原好彦『大仏造立の都・紫香楽宮（シリーズ「遺跡を学ぶ」）』（新泉社、二〇〇五）……二〇〇五年までの紫香楽宮跡と周辺の遺跡の発掘成果について、豊富なカラー図版とともに紹介し、その意義について考察している。その後の調査の進展などをうけて、著者の考えをより深めたものとしては、『聖武天皇が造った都　難波宮・恭仁宮・紫香楽宮』（吉川弘文館、二〇一二）がある。

栄原永遠男『聖武天皇と紫香楽宮』(敬文舎、二〇一四)……三〇年近くも紫香楽宮跡の調査・研究・保存に関わってきた著者が、発掘成果と文献、出土文字資料などを駆使して紫香楽宮の実像を立体的に描き出した必読の好著。

第9講

長岡京——新都造営の実像

國下多美樹

†大和から山背の都へ

七八四年（延暦《えんりやく》三）十月、桓武《かんむ》天皇は大和国《やまとのくに》から山背国乙訓郡《やましろのくにおとくにぐん》長岡に都を遷し、飛鳥時代から奈良時代にかけて古代律令国家の政治舞台であった大和を離れた。歴史的な画期となる政治決断と言える。長岡京遷都は、奈良時代後期の政治腐敗や経済的困窮を克服し、また奈良時代の天武《てんむ》系皇統から天智《てんじ》系皇統への転換を示すものとして理解されてきたが、山背遷都実現後、わずか十年で再び平安京に遷されるため、「歴史上最も解すべからざる現象」（喜田貞吉《きたさだきち》『帝都』日本学術普及会、一九一五）と説明されることもあった。しかし、一九五五年（昭和三十）以降の二千回以上の考古学的な調査と文献史学の研究の進展により、都の実像が明らかになりつつある。都の造営は、全体の約六割以上まで進み、本格的な都づくりを目指していたことがわかってきたのである（岩松他『長岡京跡左京二条三・四坊・東土

川遺跡』二〇〇〇、國下「長岡京」『都城』二〇〇七など)。

本講では、長岡京の調査研究の成果を踏まえ、奈良時代から平安時代への転換期に位置付けられる都城として、造営の実像を描き、その歴史的意義を考えていくことにする。

†桓武天皇の即位と長岡京

七八一年(天応元)、山部親王《やまべのしんのう》は父の光仁《こうにん》天皇の後継として天皇に即位し、桓武天皇となった。即位儀式は、平城宮東区大極殿《だいごくでん》で執り行われたことが前庭の宝幢《ほうどう》遺構から推測される(『平城宮発掘調査報告XIV』奈良文化財研究所、一九九三)。桓武は、長兄であるが、渡来系氏族の和氏《やまとうじ》の出身の高野新笠《たかののにいがさ》を生母とするから、天皇即位は異例のことであった。これには当時の公卿《くぎょう》で式家《しきけ》の藤原百川《ももかわ》が随分と力を尽くしたとみられているが、こうした即位の経緯から桓武にとって皇統の正統化が重要な政治課題であったことは疑いない。

長岡京が文献記録に登場するのは、七八四年(延暦三)五月の藤原小《お》黒《ぐろ》麻《ま》呂《ろ》らが乙訓郡長岡村を視察したとする『続日本紀《しょくにほんぎ》』の記事からである。長岡村は、向日丘陵《むこうきゅうりょう》のかたちから「長い丘(岡)」とされたことに因んだ古代の行政区画であり、現在の向日《むこう》市域中南部一帯にあたる(清水みき「律令制と乙訓」『長岡京市史』本文編一、一九九六)。同年六月、藤原種《たね》継《つぐ》を長官とする造長岡宮使《ぞうながおかぐうし》が任命され本格的な造営が開始された。

平城京から長岡京へ遷都した理由について、従来、水陸の便のある山背国に移転し、政治と経済の立て直しと南都の仏教勢力の排除が強調された。しかし、後者は長岡京遷都後も寺院の造営や修理を行い、寺院によっては高い寺格を持たせている（菱田哲郎「宝菩提院廃寺と長岡寺」『向日市埋蔵文化財調査報告書第六四集の二』二〇〇五）。さらに南都諸大寺で仏事も行うなど、独自の仏教政策を展開したと理解されるようになった（佐藤泰弘「桓武朝の復古と革新」『都城』十二、二〇〇〇）。こうした近年の研究から、何よりも新皇統の樹立を長岡京遷都で内外に示したのである。そして副都難波宮《なにわのみや》は解体され、奈良時代に複数あった都を首都の一つにまとめたのである。

遷都の年の六月、造宮長官であった藤原種継《ふじわらのたねつぐ》が暗殺される事件が起きた。従来、遷都に反対する旧体制派のクーデターとみる見方など諸説があったが、皇太子早良《さわら》親王と安殿《あて》皇太子の皇位継承をめぐる対立があったとする見方が有力になりつつある（木本好信「種継暗殺と早良廃太子の政治的背景」『藤原式家官人の考察』高科書店、一九九八）、西本昌弘「藤原種継事件の再検討」『歴史科学』一六五、二〇〇一）。

造宮長官が亡くなっても都の造営は着実に進められた。遷都に際しては、長岡京への各種交通路の整備が行われた。長岡京の南西に位置し、行基《ぎょうき》が七二五年（神亀《じんき》二）に架橋した山崎橋《やまさきばし》を修築し、南海道とともに平城京からの遷都の道となる山陰道、古西国街道《こさいごく》の敷

年号	月日	文献の記述
784年（延暦3）	5/16	遷都のため藤原小黒麻呂らが乙訓郡長岡村を視察（『紀』）
	6/10	藤原種継らを造長岡宮使に任命、都城の造営開始（『紀』）
	11/11	桓武天皇が長岡宮に移る（長岡京遷都）（『紀』）
785年（延暦4）	1/1	長岡宮大極殿で朝賀式、内裏で宴（『紀』）
	9/23	長岡宮島町で藤原種継射殺（『紀』）
	11/10	長岡京の南郊、交野で天神を祀る（『紀』）
786年（延暦5）	5/3	左右京および東西市人に物を賜う（『紀』）
	7/19	太政官院完成、百官が初めて朝座につく（『紀』）
789年（延暦8）	2/27	天皇が西宮から東宮に移る（『紀』）
	12/28	皇太夫人高野新笠が長岡宮中宮で死去（『紀』『政』）
790（延暦9）	閏3/11	皇后藤原乙牟漏死去（『紀』）
	9/3	安殿皇太子病のため、京下の七寺で誦経（『紀』）
791（延暦10）	9/16	平城宮の諸門を長岡宮に移建（『紀』）
792（延暦11）	6/22	水害で式部省南門倒壊（『紀略』）
	8/11	赤目埼に行幸して洪水をみる（『紀略』）
793（延暦12）	1/21	宮解体のため東院に移る（『類』）
794（延暦13）	7/1	東西市を平安京に移す（『紀略』）
	10/22	平安京に遷る（『紀略』）

文献：『続』：続日本紀　『紀略』：日本紀略　『類』：『類聚三代格』　『政』：『政事要略』

表　長岡京造営年表

設など交通体系の整備が進められた。古西国街道の路辺では長岡京期の正方位建物が確認され、遷都前後の整備を裏付けている（古閑正浩「平安京南郊の交通網と路辺」『日本史研究』五五一号、二〇〇八）。遷都に伴う物資移動には、陸路ばかりでなく河川や運河も使われた。長岡京の東方を南流する桂川は、木津川を介して平城京、淀川を介して後期難波宮と繋がるから水路として大いに利用された。また、左京一条三坊六・十一町には、桂川の支流と見られる京内河川に木工寮《もくりよう》関連の港津《こうしん》が置かれたことが多数の木簡から明らかになっている（『長岡京左京出土木簡』一、京都市埋蔵文化財研究所、一九九七）。

†遷都事業のすがた

都の造営は異例の速さで進められた。遷都翌年の正月には最初の元日朝賀《がんじつちようが》が行われた（『続日本紀』）。大極殿の前庭では、宝幢《ほうどう》遺構が確認されている。造長岡宮使の任命からわずか半年でのことであった。平坦面を確保して宮殿の中心部となる大極殿院《だいごくでんいん》・太政官院《だじようかんいん》（のち朝堂院《ちようどういん》と改称）を建設するため、段丘地形を高位となる丘陵側から切土・盛土の工事が繰り返された。東側に広がる左京の低地から見ると階段状に仕上がるので「ひな段」造成と呼ばれる（國下多美樹・中塚良「長岡宮の地形と造営—丘と水の都」『都城』十四、二〇〇三）。

長岡宮の大極殿院、太政官院の諸施設は、礎石《そせき》建ち瓦葺きの建物である。大極殿院と八堂形式の構造が後期難波宮の構造とほぼ一致すること、太政官院から出土する軒瓦《のきがわら》の八割が難波宮式であるため、後期難波宮の諸堂がそのまま長岡宮へ移建されたことが確定している（小林清『長岡京の新研究』比叡書房、一九七五、『長岡京古瓦聚成《こがわらしゅうせい》』一九八七、中島信親「長岡京出土軒瓦集成――型式と分布から」『年報都城一〇』一九九九）。ただし、太政官院から少量の長岡宮式瓦（長岡京市谷田《たにだ》瓦窯《がよう》産）と平城宮式軒瓦が出土する。従来、補修瓦と見られてきたが、太政官院が完成した頃は搬入されていた可能性が高い。太政官院の正門にとりつく複《ふく》廊《ろう》南端の楼閣建物は、これらの資材で新設されたとみられる。ただし、これも後期難波宮にあったとみる考えもある。

なお、門に楼閣を付設する「門闕《もんけつ》」構造は、唐代の皇帝が長安の大明宮含元殿《たいめいきゅうがんげんでん》など宮殿の中心施設に権威の象徴として取り入れた礼制建築である点で、桓武朝の唐風《とうふう》志向と関係するとみられる（國下『長岡京の歴史考古学研究』二〇一三）。

長岡京の造営事業が段階的に進められたことは、『続日本紀』など当時の史料から知られる。さらに出土木簡、軒瓦研究から、長岡京の造営は後期難波宮からの移建を中心とする七八四年（延暦三）六月の造営開始から同五年中頃までの「前期造営」、平城京解体、内《だい》裏《り》「東宮《とうぐう》」の造営を契機とする延暦七年から同十年頃までの「後期造営」と大別された（清水みき「長岡京造営論――二つの画期をめぐって」『ヒストリア』第百十号、大阪歴史学会、一九八

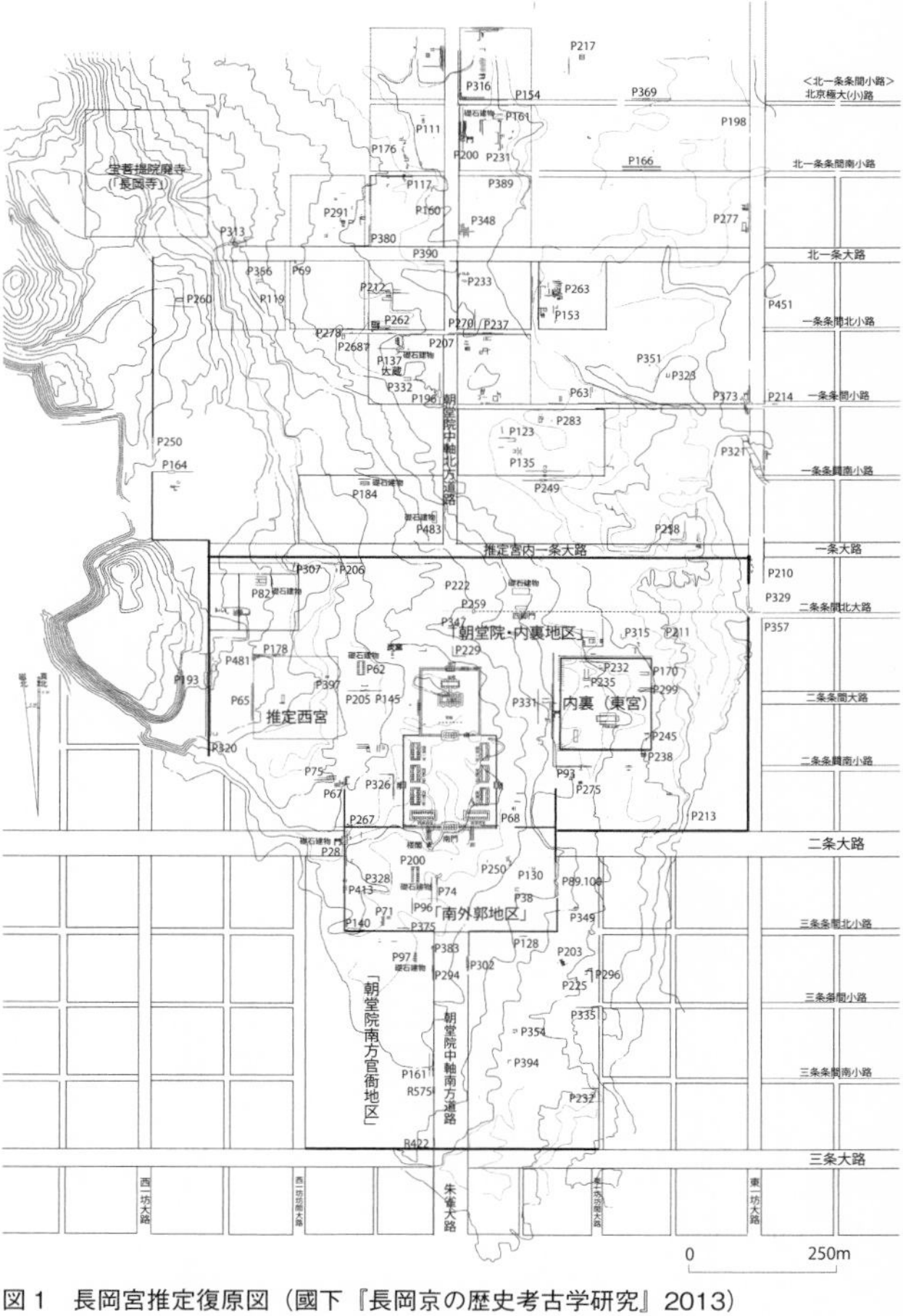

図１　長岡宮推定復原図（國下『長岡京の歴史考古学研究』2013）

六)。そして、「後期造営」における大極殿からの内裏の独立、宮城北辺、南辺の拡張という宮城大改造論が展開された(山中章「長岡宮城南面と北辺の造営」『条里制研究』第八号、一九九二)。その後、軒瓦研究の進展によって、後期瓦の指標となっていた平城宮式軒瓦の搬入が七八八年(延暦七)を遡ることが明らかになり、十年間を前期・後期で区分して理解し難くなったため、当初からの計画による一連の造営過程であったとみる考えが有力になっている(古閑正浩「長岡京の造瓦組織と造営過程」『考古学雑誌』九五–二、二〇一一)。

これに関連して、長岡宮にあった二つの内裏である「西宮《にしみや》」と「東宮」の所在地と性格が問題となる。従来の前期・後期造営論では内裏は大極殿の北にあり、大極殿院に連結していた「西宮」が「東宮」造営時に大極殿院から切り離されたと見られてきた。しかし、当初から大極殿院の東西に配置することが計画されていたとする見解が有力視されている(國下多美樹『長岡京の歴史考古学研究』)。現状では、考古学的な裏付けにより、その所在地が確定したのは「東宮」のみで、「西宮」については未だ確証を得るまでには至っていないが、大極殿における兵衛叫閤《ひようえきようこん》の儀の停止記事(『続日本紀』延暦四年正月条)があるので、「西宮」は当初から大極殿から切り離され独立していたことは定説化している(吉川信司「長岡宮時代の朝廷儀礼――宝幢遺構からの考察」『年報都城一〇』一九九九)。つまり、伝統的に大極殿の北に配置されていた奈良時代の内裏が長岡宮で完全に独立していたことになり、古代都城史上、重要な画期があったと言える。大極殿で行っていた政務を内裏正殿《せいでん》で行うという内裏聴政《だいりちょうせい》の始まりなど、律令国家における天皇の公権力の行使に変化が出始めたことの現れと考えられている。

†官衙と宅地の利用

長岡京における官衙《かんが》（役所）は、宮内に儀礼的な性格をもつ政庁を配置し、実務的な性格を帯びる付属官衙は、宮の北部か宮域に近い左・右京内に置かれた。宮内では省クラスの政庁と見られる「コ」字形配置の礎石建物群が、大極殿、太政官院の北西、南方で確認されているが、未だ役所名を特定できていない。出土文字資料等から役所名を想定できるものに、大蔵、大蔵省、春宮坊《とうぐうぼう》がある。丘に宮殿を置いたため役所の配置は変則的となったが、原則的には平安宮大内裏にみる官衙配置に近かったと見られている。

京内官衙は、太政官厨家《だいじょうかんちゅうけ》、金属器関連工房、兵士駐屯地などの例がある。出土木簡の内容と小規模な建物群と井戸を配置した宿所のあり方などから判明しており、のちの平安京諸司厨町《しょしくりやまち》の成立につながるとする見方が有力である。

五万人と推測された長岡京の都市民のうち、貴族は二条以北の左右京域で一町以上の宅地を班給《はんきゅう》されている。特に、内裏に通じる二条条間大路沿いの宅地は大規模宅地が多く、都の高級住宅地であった。一町未満では、二分の一、四分の一の諸例とともに、最小四十八分の一まである。宅地は奈良時代と同様に宮に近いほど、階層的に優位な都市民に班給され、四行八門制《しぎょうはちもんせい》は未だ成立していないと考えられる（西山良平「平安京と町・戸主の編成」『平安京と貴族の住まい』京都大学学術出版会、二〇一二）。

左・右京の六条二坊付近には、東西市が推定されている。遷都以前に公営の市が平城京から移されたと推測されるが詳細な構造は未解明である。西市《にしのいち》推定地からは「進（西市）司」、「金銀帳」木簡、「西」、「市」銘の墨書《ぼくしよ》土器、各種の金属製品・木製品など多様な遺物が出土する。注目される資料に「迷子木簡」がある。東市《ひがしのいち》推定地の南西にあたる七条間小路《こうじ》の道路側溝から発見され、市周辺に多くの人々が往来、集う場所であったことを伝えている。西市推定地の北東に当たる右京六条一坊十一〜十四町は、四町という大規模な土地を占める公的な宅地である。北部にやや大形の建物、南東部に小規模な建物を整然と配置、西半部は空地とする。周囲を堀で囲む特異な施設である。都の造営キャンプ説、西市説があり、前者が有力視されているが西市説も完全には否定できない。

旧都平城京では顕著でないが、長岡京では、天皇の離宮が京内に多数配置された。文献記録と出土木簡から、長岡京には七つの離宮があったことが明らかである。うち、「東院《とういん》」は左京北一条三坊一・二町に所在地が確定している。「東院」は二町以上の大規模宅地の中央に、正殿、後殿《こうでん》として礎石掘立混用建物二棟を南北に接して配置する双堂形式で、内裏正殿に匹敵する規模を有する。西側には宮内省被管の内蔵寮《くらりょう》ないし勅旨所《ちょくししょ》関連の大形建物と井戸を整然と配置し、さしずめ、「もう一つの内裏」とでもいうべき様相を呈する遺跡だ。「東院内侍所収帳《ないしどころしゅうちょう》」と記す題箋《だいせん》、「東院」銘墨書土器の出土から、七八三年（延暦十二）一月に平安京遷都のため仮内裏として使われた東院跡と確定した。その他、一町以上の大規模宅地を利用し、その中心に大形建物を配置して内郭を形成した左京二条二坊十町の例、条坊道路を埋め立て、左京二条二某坊五・六・十一・十二町の四町南西部に檜《ひ》皮葺《わだぶ》き大型建物と井戸、中央に礎石建物を配置する例など、左京北部に多数の京内離宮を配置したことがわかっている。ただし京内離宮には庭園が伴っていたはずであるが、庭園を明確に確認できていないことが課題となる。

図２　東院墨書土器（向日市埋蔵文化財センター蔵）

　都の内外に離宮を置くことは、飛鳥時代から引き継がれた伝統であるが、平城京の時代は、宮内の北西、南西、南東に苑池《えんち》を設け、宮北方に「松林苑《しょうりんえん》」を置いて、天皇の主催する儀式、饗宴の場として利用し、京内に離宮を置くことはほとんどなかった。のちの平安京では、京内に「神泉苑《しんせんえん》」が置かれ、儀式、饗宴、祭祀の場として使われた。内裏が焼亡して以降は多数の京内離宮が置かれて内裏の機能も果たすようになった。この点で京内離宮は、平安時代に引き継がれた離宮のあり方と言える。

ところで、長岡宮北方の北京極大路《きたきょうごくおおじ》以北で確認された方形の池を伴う大形建物の空間には、唐長安の禁苑《きんえん》を意識した平城宮松林苑に対応する空間として「北苑《ほくえん》」と仮称されてきた。この空間をめぐっては、「東院」を含む北一条大路以北を「北苑」とみる説（山中章「長岡京東院の構造と機能——長岡京「北苑」の造営と東院」『日本史研究』四六一号、二〇〇一）、都全体が藤原京と同じ宮闕《きゅうけつ》型に復原する説（梅本康広「長岡京」『恒久の都　平安京』二〇一〇）、北辺坊説（國下多美樹「桓武天皇と長岡京」『古代の都城と交通』竹林舎、二〇一九）があり決着を見ていない。ただ、充分に調査が及んでいない空間で、実態が明らかでないから、その性格解明にはもう少し時間を要する。

†都市計画としての条坊施行

古代の都の都市計画に当たるものが条坊制《じょうぼうせい》である。藤原京で成立した条坊制は、平城京、長岡京、平安京へ、およそ一世紀の都城造営の経験を経て徐々に矛盾を解消しながら完成形を導いたと考えられている（山中章「古代条坊制論」『考古学研究』三八巻四号、一九九二）。長岡京は、不均等な宅地を宮殿に面する京街区に限ることで、平城京のもつ宅地の不均衡を解消し、左右京に均等な宅地を作り出すことができた。発掘調査で確認される条坊制の基本となる道路遺構は、舗装されない路面の両端に幅一〜二メートルの溝を掘るだけの「土の道」である。しかし、その規模は、朱雀《すざく》大路二十二丈（約六十五メートル）、二条大路十五丈（約四十四メートル）、一般大路八・四丈（約二十五メートル）、一般小路（約九メートル）と明確に規格が統一されている。また、実際の施工実態を検討すると、大極殿や二条大路からだけではなく、六条付近など複数の原点から施工されていたこと、一定のまとまりごとに異なる方位で施工されていることから、いくつかの作業単位があることもわかってきた（國下、前掲書、二〇〇七、網伸也『平安京造営と古代律令国家』塙書房、二〇一一）。さらに、一般大路の規模に満たない道路（西二坊大路など）、終息して施工されない道路（東二坊大路・七条条間小路交差点付近）など、現地の実情に合わせて条坊施工を変更した実態が次々に明らかになっている。長岡京の条坊研究は徐々に実態に即した復原が進められている（岩松保「長岡京条坊計画再論」『国家形成期の考古学』一九九九、山中章前掲論文、一九九二ほか）。

条坊制の解明とともに明らかになったことは、大規模な祭祀の場の存在である。従来、長岡京の北東にある大藪《おおやぶ》遺跡が大規模な祭祀の場として知られていたが、新たに都の南東部で水垂《みずたれ》遺跡、南西部で西山田遺跡、北西部で仮称「古城《こじょう》遺跡」（向日市埋蔵文化財調査報告書第五十四集、二〇〇二）が確認された。土馬《どば》、墨書人面《じんめん》土器、ミニチュアカマドなどの土製品、人形《ひとがた》、斎串《いぐし》などの木製品がまとまって出土し、都市の大規模な祓所《はらえど》があったことがわかった。この場所こそは、十年間に満たない期間に実際に完成した京の四隅に相当するものとみられている（上村和直「長岡京における祭祀」『堅田直《かただただし》先生古希記念論文集』一九九七）。また、京内の条坊交差点などでも祭祀の跡が確認されており、複雑な律令祭祀の実態があったことがわかる（鬼塚久美子「古代の宮都・国府における祭祀の場」『人文地理』四七―一、一九九五）。都城における祭祀がより複雑になったのは、山背国《やましろ》に遷都したことを契機に、都市民も移動し、本貫地《ほんがんち》を京内に置く、京貫官人《きょうかん》が増加したことが関係しているのであろう。都市民の増加は自ずと穢《けが》れを生む「チマタ」空間が広がることになる。

†平安京遷都の道

長岡京は、桓武朝における新皇統の理想の都として完成を目指して造営が進められたと考えられる。しかし、ある時点で平安京遷都が決定される事態となる。それは、東院に遷《せん》御《ぎょ》した七九三年正月以前であったとみる考えが有力だ。平城宮諸門を壊して長岡宮に運んだ七九一年九月頃とみる（網二〇一一前掲書）、安殿《あて》皇太子の病が早良《さわら》親王の祟《たた》りと卜《ぼく》され、雷雨、大水で式部省《しきぶしよう》南門が倒壊した七九二年六月頃とみる（國下二〇〇七前掲論文）など見解は分かれる。いずれの説においても、長岡京が都として機能していた期間はおよそ七年に過ぎないことになるから、六割以上の完成度と照らし合わせると、いかに造都が急がれたかがよくわかる。また、奈良時代後半から長岡京期は、温暖化が進み地形条件が不安定となる（中塚良「古代宮都・長岡京の廃絶と自然条件の推移」『講座文明と環境6』朝倉書店、一九九五）。段丘と氾濫原、多数の水系を有する長岡京の立地はこの環境変動に耐えきれなかった可能性が高いが、必ずしもこれだけが廃都の原因にはならない。平安京遷都は、怨霊《おんりよう》説、都市機能説、洪水説が唱えられ続けているように、複合的な要因によって政策的に断行されたと見るのが実状に近いであろう。

さらに詳しく知るための参考文献

小林清『長岡京の新研究』（比叡書房、一九七五）……長岡京研究のバイブル的文献である。長岡京研究の方法や新鮮な発想が散りばめられ、示唆多き著作である。

中山修一先生古稀記念事業会編『長岡京古文化論叢』（同朋舎出版、一九八五）、中山修一先生喜寿記念事業会編『長岡京古文化論叢Ⅱ』（三星出版、一九九二）……長岡京の発見に力を尽くした中山修一先生の業績をたたえ、第一線の学際的研究が結集した論文集二冊である。

山中章『長岡京研究序説』（塙書房、二〇〇一）……長岡京の調査・研究をリードした氏の著作で、学史上不可欠な論文が多数盛り込まれている。

國下多美樹『長岡京の歴史考古学研究』（吉川弘文館、二〇一三）……長岡京の調査、研究の歩みを踏まえ、新たな歴史像を描いた。長岡京はどこまで明らかになっているかという視点を重視した著作である。

井上満郎『桓武天皇――当年の費えといえども後世の頼り』（ミネルヴァ書房・日本評伝選、二〇一五）……長岡京建設の主役である桓武天皇の生涯を描く。桓武朝の理念、政策を考える上で不可欠な著作である。

木本好信『藤原種継――都を長岡に遷さむとす』（ミネルヴァ書房・日本評伝選、二〇一五）……文献史学による藤原氏の系統的研究をもとに、造宮長官藤原種継を取り巻く歴史と時代を丁寧に描いた人物史である。時代背景を読み取るための好著である。

第10講

平安宮――千年の都の形成

北 康宏

†平安京・平安宮の概要

平安京は京都盆地に設けられた最後の本格的な都城で、京域は東西およそ四・五キロメートル（千五百八丈）、南北およそ五・二キロメートル（千七百五十三丈）、羅城門《らじょうもん》から道幅八十四メートル（二十八丈）の朱雀大路《すざくおおじ》が南北に貫く壮大な都である。北側中央に位置する平安宮《へいあんきゅう》（大内裏《だいだいり》）は、東西およそ一・一五キロメートル（三百八十四丈）、南北およそ一・三八キロメートル（四百六十丈）の区画を占め、朱雀門を入ると朝堂院《ちょうどういん》・大極殿《だいごくでん》が位置し、周囲には省・寮など諸官司の曹司《そうし》（官庁）や倉庫群が立ち並んでいる。また、大極殿の北東には天皇の居所である内裏が所在する。

平城太上天皇《へいぜいだいじょうてんのう》の変（薬子《くすこ》の変）に際して、嵯峨天皇が「先帝の万代《よろずよ》の宮《みや》と定め賜へる平安京」と詔《みことのり》したように、平安京、そこから展開した京都という都市は、まさに千年の都として生き続けた。ここでは平安遷都の過程と理由、平安宮の構造、政務の変化について、近年の研究成果に学びながら紹介したい。

†文献史料からみた遷都と造営の過程

七九四年（延暦《えんりやく》十三）十月、桓武《かんむ》天皇は長岡京から平安京への遷都を決行する。長らく都であった平城京と副都難波宮《なにわのみや》を放棄して長岡の地に遷ってわずか十年足らず、ここに再度の遷都を断行したのである。著名な出来事ながら、具体的な遷都の経緯は実は明瞭ではない。文献史料の少ない六国史の時代、しかも当該期を描く『日本後紀《にほんこうき》』が散逸しており、ダイジェスト版の『日本紀略《にほんきりやく》』や『類聚国史《るいじゆうこくし》』からしか知りえないからである。

七九三年（延暦十二）一月十五日、桓武天皇は遷都のために大納言藤原小黒麻呂《ふじわらのおぐろまろ》・左大弁紀古佐美《きのこさみ》らを派遣して、山背国葛野郡宇太村《やましろのくにかどののぐんうたむら》の地を検分させる。さらに二十一日には長岡の宮を解体再利用するために長岡京北東の北辺部に設けられた東院《とういん》に遷御《せんぎよ》、二月二日には壹志濃王《いちしのおう》らを遣わして賀茂大神《かものおおかみ》に遷都のことを報告している。このころには、再度の遷都の意志を固めていたことがわかる。平安遷都の一年九カ月前のことである。

この七九三年の前半期には、まず新たな「宮」の造営が急ピッチで進められている。三月七日には宮城《きゆうじよう》新設のため百姓たちに三年分の価直《かちよく》（賃租《ちんそ》相当額）を支給して立ち退きを求め、五日後の十二日から早くも築地《ついじ》塀《べい》築造に従事する役夫《えきふ》を徴発、六月二十三日からは諸国に命じて宮城門の造営を開始している。「新京宮城」の造営開始を画する最初の役夫を、五位以上官人《かんじん》と諸司《しょし》主典《さかん》以上に出させていることは興味深い。新しい宮城がマエツギミ層と諸司四等官との共同制作であることを自覚させる儀礼的な行為であろう。

この間、伊勢大神宮や桓武天皇の直系祖先の先皇陵《せんこうりょう》（天智《てんぢ》天皇の山階陵《やましなのみささぎ》、光仁《こうにん》天皇の後田《のちのた》原陵《はらのみささぎ》、施基皇子《しきのみこ》の先田原陵《さきのたはらのみささぎ》）に奉幣して遷都のことを報告、七月二十五日には「辛丑《かのとうし》、新宮を巡覧す。造宮使および将領に衣を賜ふ」と褒賞《ほうしょう》が支給されており、宮の造営が一段落したことがわかる。

続いてこの年の後半、八月ころからは京域の造営整備が開始される。八月二十六日には「壬申《みずのえさる》、車駕《しゃが》、京中を巡覧す。左京大夫《さきょうのだいふ》従四位下藤原朝臣乙叡《ふじわらのあそんたかとし》の園地に御《ぎょ》し、四位《しい》已上《いじょう》に衣を賜ふ。日暮れて宮に帰る」とみえ、二日後の二十八日葛野に遊猟、右大臣藤原継縄《つぐただ》の別業《なりどころ》を訪れている。新宮にしばらく滞在して造営中の京域を巡覧するとともに、周辺を見聞して廻っている。

九月二日には菅野真道《すがののまみち》・藤原葛野麻呂《かどのまろ》らを遣わして、新京の宅地班給を行っている。十二月十八日に「長岡京の百姓、宅地の価直《かちょく》を悔《く》い返《かえ》すべからず」という勅《ちょく》が出されており、再度の遷都により平安京へ引っ越すことになった京戸《きょうこ》が自己の宅地を長岡村の元の土地所有者に強引に払い戻そうとする問題が発生、そうした行為を禁止している。政府が立ち退きのため支給した価値の悔い返しとも読めそうだが、長岡遷都の際も平安遷都の際も「宮城内」に入る土地に対してのみ政府は価値を支払っているのであり、宅地班給とはいうものの、「京内」の土地は実際には個別に売買されたからこそこのようなトラブルが生じ、勅による禁令が出されたのであろう。

さらに、七九四年の七月一日には東西市《とうざいいち》が新京に移され、店舗や市人《いちびと》も一斉に移動、京内の生活機能が本格的に動き出していることがわかる。七月九日には新京に家を造る費用として、百済王明信《くだらのこにきしみょうしん》・五百井女王《いおいじょおう》・和気広虫《わけのひろむし》・因幡国造清成《いなばのくにのみやつこきよなり》ら十五人に稲一万一千束が支給されている。

宮城《きゅうじょう》と京域が最低限整備されたのを見とどけて、十月二十二日桓武天皇はいよいよ新京に遷り、二十八日に「遷都の詔《みことのり》」を宣告する。『類聚国史』は詔の一部を「葛野の大宮の地は、山川も麗《うるわ》しく、四方の国の百姓も参り出で来る事も便にして」と引用している。また十日後の十一月八日には「山勢《さんせい》、実に前聞《ぜんぶん》に合《かな》ひ、……。此《こ》の国、山河襟帯《さんがきんたい》して、自然《おのづから》に城を作《な》す。斯《こ》の形勝に因《よ》り、新号を制すべし。宜《よろ》しく山背国を改めて山城国と為すべし。また子来《しらい》の民、謳歌の輩《ともがら》、異口同辞《いくどうじ》に、号して平安京と曰ふ。また近江国滋賀郡の古津《ふるつ》は、先帝の旧都にして、今輦下《れんか》に接す。昔号を追ひて大津と改称すべし」との詔を発

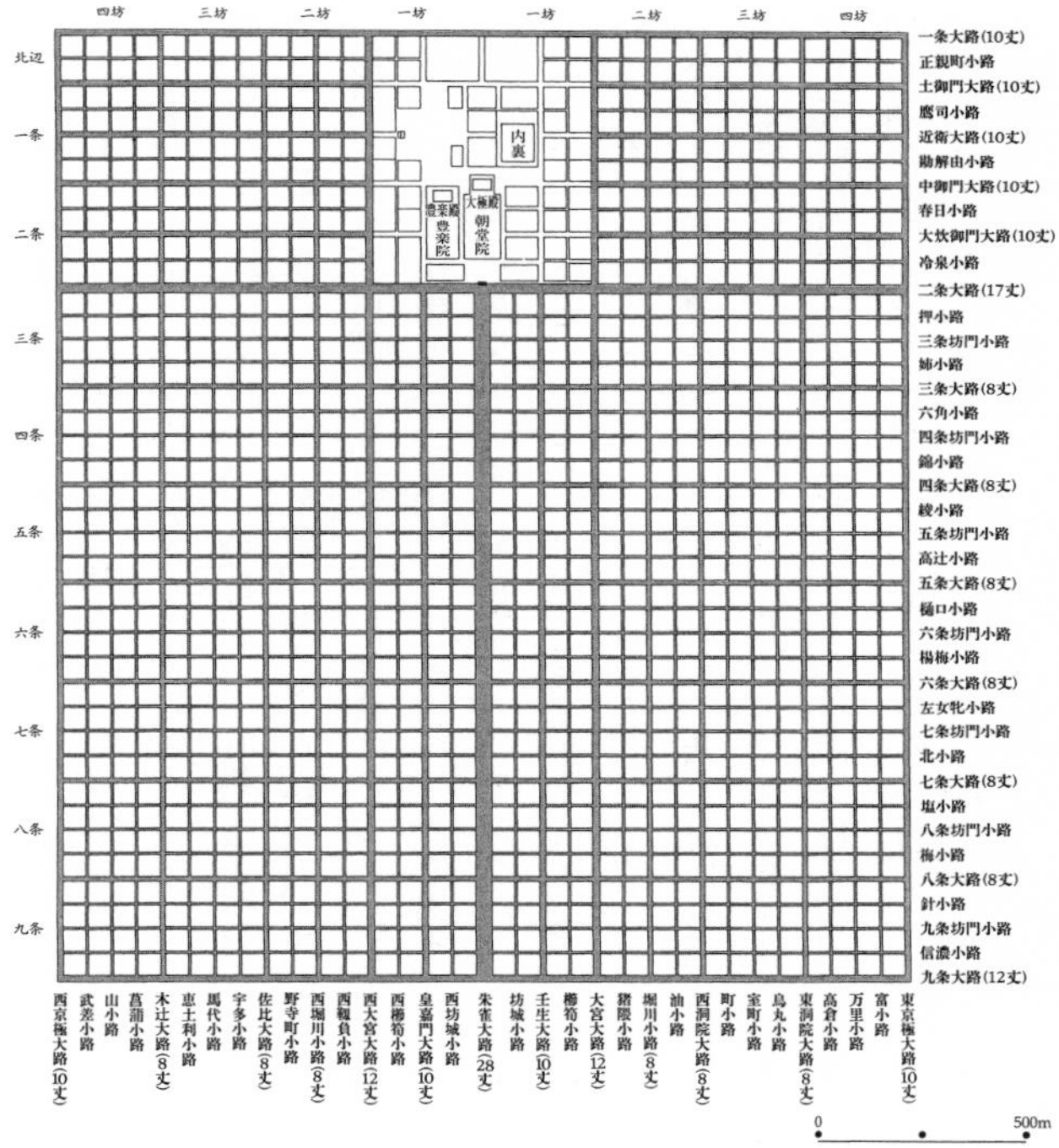

四坊
三坊
二坊
一坊
一坊
二坊
三坊
四坊
北辺
一条
二条
三条
四条
五条
六条
七条
八条
九条
内裏
豊楽殿
豊楽院
大極殿
朝堂院
一条大路(10丈)
正親町小路
土御門大路(10丈)
鷹司小路
近衛大路(10丈)
勘解由小路
中御門大路(10丈)
春日小路
大炊御門大路(10丈)
冷泉小路
二条大路(17丈)
押小路
三条坊門小路
姉小路
三条大路(8丈)
六角小路
四条坊門小路
錦小路
四条大路(8丈)
綾小路
五条坊門小路
高辻小路
五条大路(8丈)
樋口小路
六条坊門小路
楊梅小路
六条大路(8丈)
左女牛小路
七条坊門小路
北小路
七条大路(8丈)
塩小路
八条坊門小路
梅小路
八条大路(8丈)
針小路
九条坊門小路
信濃小路
九条大路(12丈)
西京極大路(10丈)
武差小路
山小路
菖蒲小路
木辻大路(8丈)
恵土利小路
馬代小路
宇多小路
佐比大路(8丈)
野寺町小路
西堀川小路(8丈)
西靱負小路
西大宮大路(12丈)
西櫛笥小路
皇嘉門大路(10丈)
西坊城小路
朱雀大路(28丈)
坊城小路
壬生大路(10丈)
櫛笥小路
大宮大路(12丈)
猪隈小路
堀川小路(8丈)
油小路
西洞院大路(8丈)
町小路
室町小路
烏丸小路
東洞院大路(8丈)
高倉小路
万里小路
富小路
東京極大路(10丈)
0
500m

図1　平安京条坊図

している。
しかし、この段階で大極殿、朝堂院、曹司の造営がすべて完了したわけではない。翌七九五年正月元日、大極殿未完成のため廃朝、侍臣《じしん》を内裏前殿《だいりぜんでん》（のちの紫宸殿《ししいでん》）に招いて宴を設けている。さらに十六日の宴では、「山城、楽を顕《あきら》かにして、旧来伝ふ。帝宅、新たに成りて、最も憐《あわ》れむべし。郊野《こうや》、道平らかにして、千里を望む。山河、美を擅《ほしいまま》にして、四周連なる、新京楽《しんきょうらく》、平安楽土《へいあんらくど》、万年春《まんねんしゅん》。……」という女踏歌《おんなとうか》が奏されている。七九六年の正月には大極殿で朝賀を受けているので、とりあえず大極殿は完成したようだが、三月二十四日に「朝堂及び諸院」を巡覧しているように、この年の前半にようやく官庁街の全容が整い始めたといってよい。翌七九七年正月十七日には大射《たいしゃ》（射礼《じゃらい》）が朝堂院で挙行されている。

なお、平安京では収納官司《かんし》に付属する倉庫群を宮城内に取り込もうという画期的な改革がなされている。すでに平城京や長岡京で北京極のさらに北側に条坊を有する北辺部《ほくへんぶ》が発生していたが、平安京では北辺二町を計画的に京域内に取り込み、結果として拡大した宮城の新たな敷地に、大蔵省とそれに付属する大蔵のほか、主殿寮《とのもりょう》（宮中設備の管理）、兵庫《ひょうご》（寛平八年に兵庫寮、武器の管理）など広い収納施設を要する諸官司とそのクラを配置し、衛門府により守衛させることとなった。こうしたプラン改正の結果、伝統的な宮城十二門に新たに土門の上東門・上西門が追加されることになり、そこに向かう大路を土御門大路《つちみかどおおじ》と称するようになるが、この門の形態はまさに全国各地からの調庸物《ちょうようもつ》の進上や物資の搬入を意識したものであり、クラの宮城内配置と表裏一体の改革であったことを示している。桓武天皇が「四方の国の百姓も参り出で来る事も便にして」と謳《うた》った意識と軌を一にする計画だといえよう（この問題に関して藤原京のような中央宮闕《きゅうけつ》型の第一次平安京を想定する説もあるが従いがたい）。

†平安遷都の理由

平安遷都の理由については、これまで多くの学説が重ねられているが、①平城京から山背《やましろ》の地に遷った理由と、②長岡京を十年足らずで放棄した理由、の二つに分けて考えるべきものである。

まず、①の山背の地への遷都については、道鏡《どうきょう》政権に象徴される仏教と政治の癒着からの脱却、桓武天皇の天智系新皇統の都の設定、新たな交通の要衝の確保といった説明がなされてきた。長岡・平安遷都の相対評価にもかかわることなので簡単にみておこう。

重要なことは難波宮《なにわのみや》の解体移築との関係で山背《やましろ》への遷都をどう評価するかということである。難波を廃して新たに選択された山背の地は水上交通の要衝で、桂川、鴨川、宇治川、巨椋池《おぐら》、木津川に近接、これらの河川は山崎の地で淀川に集約されて大阪湾に流れ出す。また他方では、琵琶湖を経て東国《とうごく》への水運も有している。陸上交通でも山陽道や山陰道が発し、東海道・東山道・北陸道へのルートをもつ。

平安遷都の詔で「葛野の大宮の地は、山川も麗しく、四方の国の百姓も参り出で来る事も便にして」と調庸《ちょうよう》や課役《かえき》のために上京する四方の百姓に便利であることを強調する点、延暦十三年（七九四）十一月八日の詔で「近江国滋賀郡の古津は、先帝の旧都にして、今輦下に接す。昔号を追ひて大津と改称すべし」と琵琶湖の大津との近接を強調する点は、副都難波の廃都とあわせて、新しい水陸の交通網の確保が長岡遷都のみならず平安遷都に通底する重要な契機であったことを示している。また、公卿《くぎょう》たちから新宮への遷御を勧められた桓武崩御一周忌をむかえた平城天皇も「此の上都《じょうと》は先帝の建つる所にして、水陸の湊《あつま》る所なり。道里惟《ここ》に均《ひと》し。故、暫《しばら》くも労するを憚《はばか》らず、期するに永逸《えいいつ》を以てす」と答えている。

馬場基《はじめ》氏は、長岡への遷都が難波の港湾機能の低下という説明をもって平城京の副都たる難波京を放棄し、それに代わる新たな淀川水系を意識した新たな副都を設定しようとしたものであり、平安遷都こそが「副都難波京を受け継いだ長岡京」と「平城京」との統合であり、副都制を放棄して唯一の都城平安京を設定する画期的な出来事であったと説明

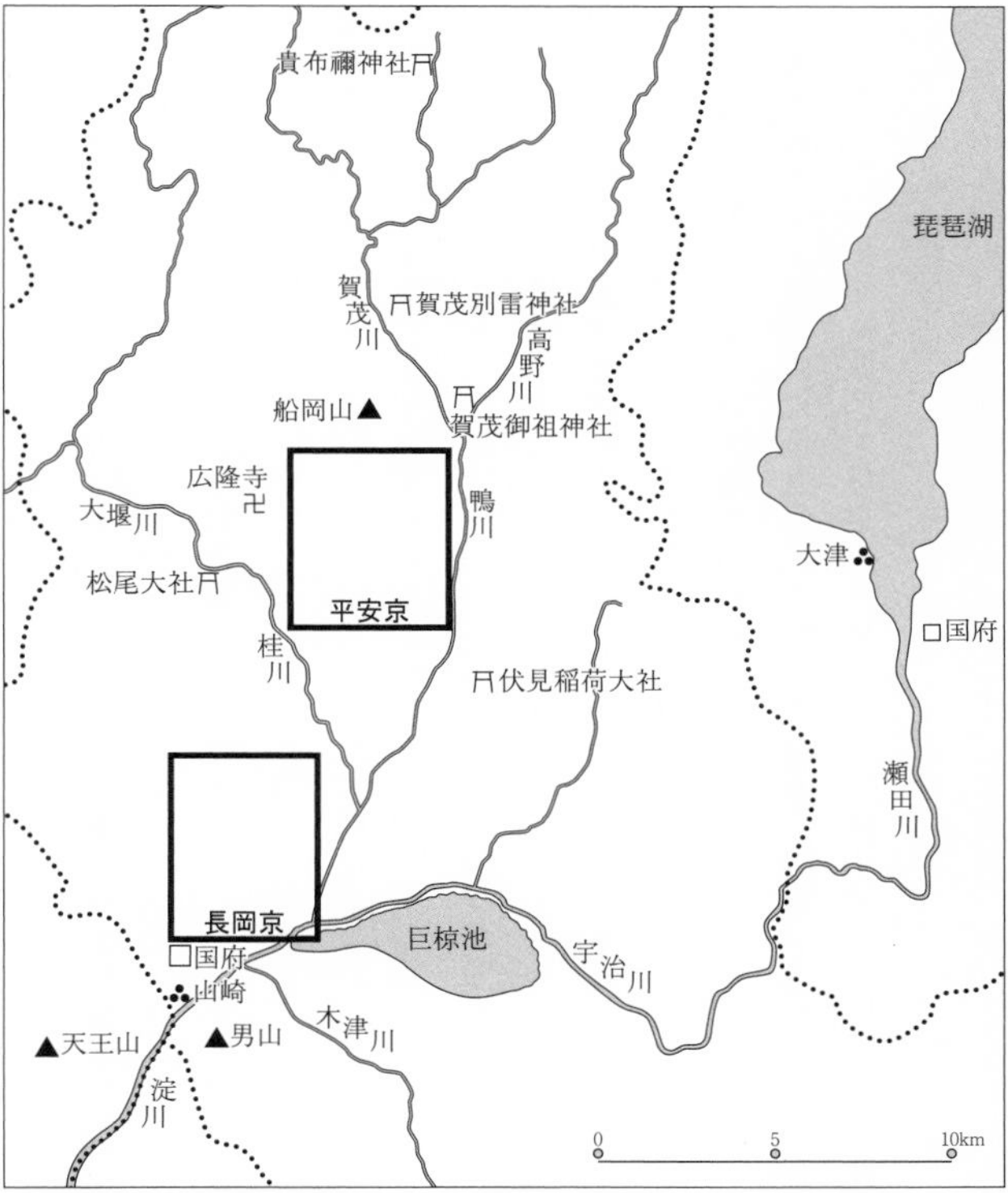

図２　平安京の地理的環境

する。

この長岡遷都と平安遷都をめぐる評価は、『続日本紀』延暦十年（七九一）九月甲戌《こうじゅつ》条に「甲戌。越前・丹波・但馬《たじま》・播磨《はりま》・美作《みまさか》・備前・阿波《あわ》・伊予《いよ》等の国《くに》に仰せて、平城宮の諸門を壊ち運ばしめて、以て長岡宮を移し作らしむ」とみえる平城宮の解体をどう位置付けるかという問題と関わっている。『日本紀略』延暦十一年（七九二）二月の「癸丑《みずのとうし》。諸衛府《えふ》を率《ひき》ゐて平城旧宮を守る」という記事も、門の撤去後に暫定的に残存する施設や物資に対する移転期間の警備と考えるべきであろう。

この時の門ごとの「国宛《くにあ》て」が、『拾介抄《しゅうがいしょう》』にみえる平安宮の諸門造営の負担国とほぼ一致する点も興味深いが、少なくともこの解体によって、桓武天皇はもう平城京に還ることはないとの覚悟を固めるとともに、長岡京はもはや副都ではないと考え始めたのだろうが、そのことでかえって造営停滞への焦りを鮮烈に感じるようになり、新たな遷都を意識し始める契機となったと考えられる。

遷都後五年も経った七八九年に西宮《さいぐう》から東宮へ内裏を移動していたり、八年も過ぎた七九一年になっても宮城門《きゅうじょうもん》を移築したりしている始末で、あまりにも遅れ過ぎの感がある。『日本後紀』延暦十八年（七九九）二月乙未《きのとひつじ》条の和気清麻呂《わけのきよまろ》薨伝《こうでん》が「長岡新都、十載《じっさい》を経て未だ功《こう》成らず。費《ついえ》は勝《あ》げて計《かぞ》ふべからず。清麻呂、潜《ひそ》かに奏す。今上、遊獵《ゆうりょう》に託して葛野の地を相《み》て、更に上都に遷《うつ》す」と記すとおりである。こうした地理的限界から生じる造営費用の増大、計画の停滞・変更という現実が、②の長岡廃都・平安遷都へと導いていくのである。

こうした状況に、七九二年六月二十二日の雷雨による大洪水がとどめを刺す。式部省の南門までが倒壊する被害であり、式部省が管理していた重要な官人関係文書も浸水した可能性がある。時あたかも早良《さわら》親王の祟りが騒がれている時期である。七八九年十二月二十八日に母の高野新笠《たかののにいがさ》が、同年閏《うるう》三月十日には皇后の藤原乙牟漏《おとむろ》が相継いで病没、さらに同年九月からは十六歳の皇太子安殿《あて》親王が病に伏して久しく回復せず、桓武天皇周辺では不幸が続いていた。こうしたなかで早良親王の祟りと囁かれ、淡路国《あわじのくに》に命じて早良親王の葬地に守冢《しゅちょう》一烟《えん》を充て丁重に管理させていた。しかし、この七九二年の水害の二週間足らず前の六月十日、皇太子の病の悪化がやはり早良親王（崇道《すどう》天皇）の祟りであると卜定《ぼくじょう》され、十七日には諸陵頭調使王《しょりょうのかみつきおう》を派遣して霊に謝して濠を築かせていたところであった。さらに八月九日にも大雨洪水の被害が復興に追い打ちをかけ、被害を受けた百姓に広く賑給《しんごう》している。

厖大な費用が投入されながら造営が遅々として進まない状況での打撃であり、加えて精神的なダメージまで与えられたわけで、地理的に問題の少ない新しい場所への転換を考え

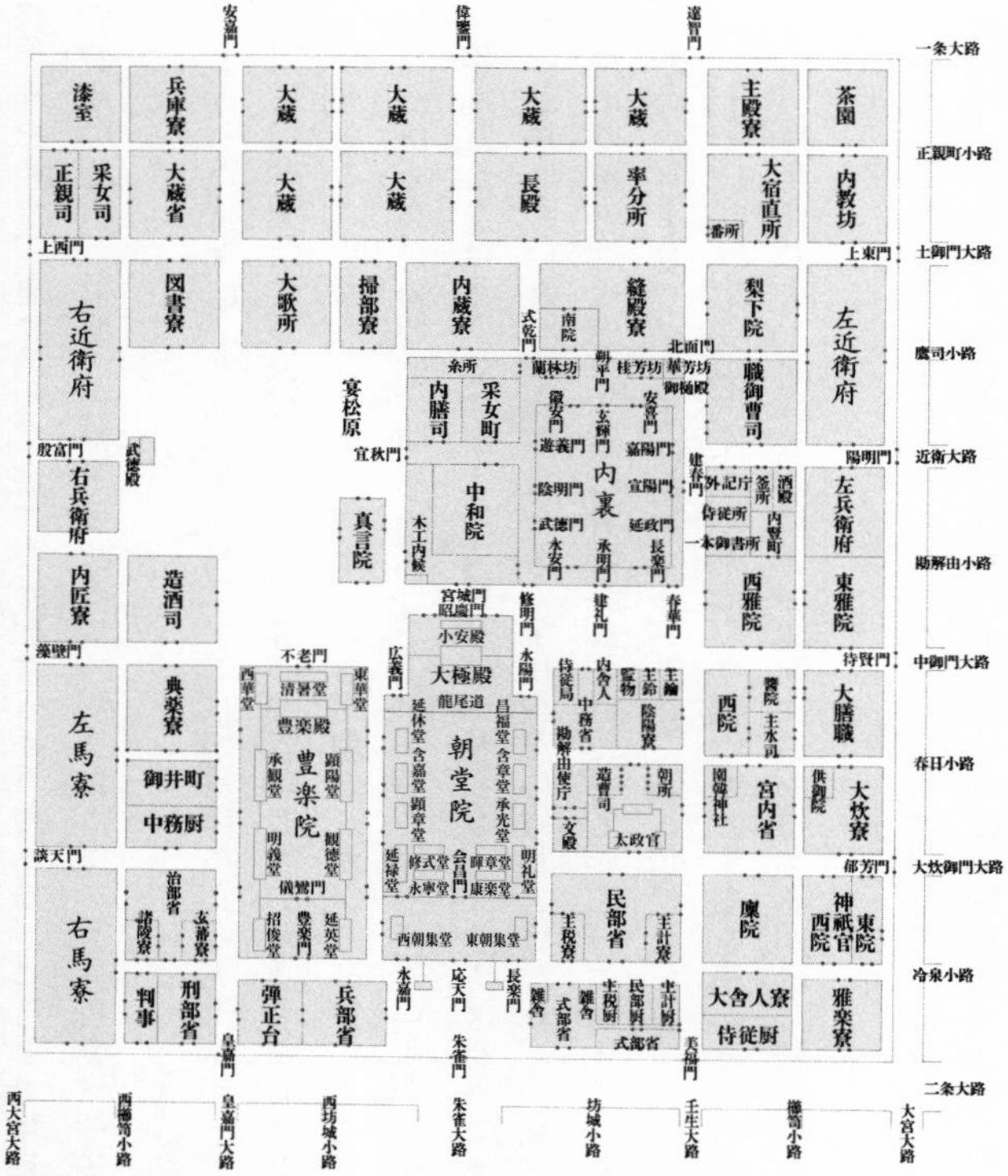

図３　平安京大内裏図
〔註〕平安宮周囲の大垣の内側の幅５丈の道路は存在しなかったとの意見もあるが、決定的な根拠はないので本図では採用していない。

始めるのも当然の流れである。それから五カ月後、桓武天皇は遷都を決断する。新たな遷都では早くから丁寧な現地視察が繰り返されている。

†故実研究の蓄積と考古学の新知見

平安京の地は、現在に至るまで都市としての機能を維持し続けたため、地下の遺跡は繰り返し破壊され重層し、さらに現在は住宅地ということで発掘の機会まで制限されている。宮城・内裏があった区域は平安時代後期には荒廃し、一二二七年（安貞《あんてい》元）の大火以降は「内野《うちの》」と呼ばれる広大な空閑地《くうかんち》となって北野社の支配のもとにあった。この地に目を付けた豊臣秀吉が再開発して聚楽第《じゅらくだい》を造営したため、その周辺は徹底的に掘り返されて、いま歩いてみても相当な高低差を感じるほどである。さらに新旧の二条城の築造に際しては京都中から石垣などのために石が集められたから、平安宮の礎石や基壇もほとんど回収・再利用され、遺跡が発見されても抜き取られているものが多い。平城宮や飛鳥諸宮に比して全体像がいまだ明らかになっていないゆえんである。とはいえ、地道で丁寧な発掘調査により、近年では有意義な情報が蓄積されつつある。

他方、平安宮や内裏の構造を伝える文献史料や絵画資料は圧倒的に豊かであり、それらを用いた重厚な基礎研究が存在する。こうした成果が逆に十分活用されていないのは遺憾である。なかでも『大内裏図考証《だいだいりずこうしょう》』(『故実叢書』に収録)は貴重な成果である。宝暦《ほうれき》事件で蟄居《ちっきょ》することになった裏松光世《うらまつみつよ》(固禅《こぜん》)(一七三六〜一八〇四)が、大内裏の殿舎や施設の構造に関する文献史料や絵画資料を博捜してまとめた詳細な考証研究である。一七八八年(天明八)の内裏焼亡後、現在の内裏につながる復古内裏の再建に資すべく、老中松平定信の命を受けて一七九七年(寛政九)に三十巻五十冊が献上され、それ以降も校訂と続編の執筆が続けられ、没後は内藤広前《ひろさき》により校訂が進められた。このほか、島田武彦『近世復古清涼殿《せいりょうでん》の研究』(思文閣出版、一九八七)、さらに福山敏男をはじめとする建築史家の重厚な研究成果なども、もっと活用されてもよい。政務と内裏空間との関係が議論される現状において、こうした有職故実《ゆうそくこじつ》にもとづく考証研究と考古学的成果との積極的な対話が求められている。

ここでは平安宮に関する考古学的知見を網伸也《あみのぶや》らの研究に学びながら整理しておこう。

まず、最も早く造営に着手された内裏だが、後に何度も同じ場所に再建されているので、個々の遺構をどの時期のものとみるか判断が非常に難しい。重要な発掘成果として内裏内郭西回廊の壇上積基壇《だんじょうづみきだん》と石敷雨落溝《いしじきあまおちみぞ》、承明門《じょうめいもん》基壇北の雨落溝が検出されているが、その凝灰岩《ぎょうかいがん》の地覆石《じふくいし》はすべて平安宮創建当初に遡る再利用石材である。前者周辺では長岡宮から搬入された再利用軒瓦《のきがわら》も多数出土しており、長岡宮が解体移築されたことを示している。

図４　豊楽殿跡

殿舎では、蔵人所町屋《くろうどどころまちや》の南東角や登華殿《とうかでん》の東から石敷雨落溝が検出されている。前者の溝の内側には基壇の高まりが残存し、礎石据付痕跡が確認されており、これまで掘立柱《ほったてばしら》で建てられてきた宮の殿舎が、平安宮内裏から礎石建物に改められた可能性も指摘されている。こうした転換も遷宮慣行の終焉と表裏一体の関係にあり、恒久的な使用を志向させた一因になった。

内裏より一年ほど遅れて完成した大極殿の遺構として注目されるのは、大極殿院（朝堂院）北廊の基壇南北縁と大極殿東軒廊《ひがしこんろう》の基壇北縁くらいだが、前者から大極殿院北辺が豊楽院《ぶらくいん》の北辺よりさらに北に突き出していることが確認され、後者からは大極殿の南北心がほぼ確定した。周辺からは来栖《くるす》野《の》瓦窯《がよう》の緑釉《りょくゆう》軒瓦が多数出土、再利用瓦は少ない。中国風の壮麗な建物であったと推定される。

これより少しあとに整備された朝堂院の方では、修式堂《しゅうしきどう》の北縁と西南隅、延禄堂《えんろくどう》の西縁東縁、承光堂《じょうこうどう》の北縁東縁、明礼堂《めいれいどう》の西縁東縁、暉章堂《きしょうどう》の東縁の基壇（地山削り出し基壇に凝灰岩切石を外装）が、さらに回廊の東北隅や宣政門《せんせいもん》の東縁西縁の基壇も検出されており、延禄堂と明礼堂については基壇幅が梁間《はりま》約五丈八尺と確定した。注目されるのは、大臣の座が置かれ公卿聴政《くぎょうちょうせい》が行われた東第一堂の昌福堂《しょうふくどう》の発掘が近年進んだことである。凝灰岩の延石が東西約三メートルにわたり検出、昌福堂の北端が確認され、そこから北に七丈三尺の位置に龍尾道《りゅうびどう》が想定されることになった。また、基壇西縁や西面階段の痕跡も見つかり、南北長が十丈九尺であったことが明らかになっている。

儀礼の場である豊楽院は、七九九年（延暦十八）正月七日節会《せちえ》の時点でも未完成で、豊楽院使用の初見は八〇八年（大同三）十一月に大嘗祭《だいじょうさい》の宴が豊楽院で開かれた記事まで降る。豊楽院の遺構は比較的良好に残存している。豊楽殿《ぶらくでん》北西部、北廊、清暑堂《せいしょどう》南西部の基壇や階段、礎石の根固石《ねがためいし》が確認され、現在は遺跡公園として保存されている。当初の豊楽殿付属の凝灰岩切石の北面中央階段が清暑堂との間をつなぐ北廊基壇増築により埋め立てられたことも判明、また豊楽院東面築地の内溝外溝も検出されている。なお、豊楽殿自体は延暦年間に解体された平城宮第二次大極殿と平面プランが近似し、その部材が再利用された可能性を想定する説もあるが、旧都から搬入された再利用瓦は少なく、基壇石材も新たに切り出されたものであることがわかっている。緑釉瓦《りょくゆうかわら》や垂木先飾《たるきさきかざり》金具が出土している。

なお、京域の条坊については、戦後間もないころ、『延喜式《えんぎしき》』左右京職《さうきょうしき》58京程条《きょうていじょう》をめぐっていわゆる「京程論争」が繰り広げられたが、その後の発掘調査で式の規定通り一町の大きさを南北・東西を四十丈に統一していることが明らかになった。道路沿いの宅地の大きさに不均衡が生じてしまう従来の平城京の「分割地割型条坊」の限界を超えて、「集積地割型条坊」で設定されたという点で画期的なものであった。

†平安宮の構成原理――宮と大極殿との関係

次に、平安宮の構成原理について考えてみたい。宮（内裏）、大極殿院、朝堂院、曹司の位置関係という視点からみたとき、平安宮の特質として、大極殿院と朝堂院とが一体化したこと、宮（内裏）が朝堂院から分離したこと、の二点をあげることができる。

前者は、すでに藤原宮や平城宮第二次大極殿にもみられた傾向ではあるが、両者とも内裏前殿の位置に大極殿が重ね合わされたことによって生じた現象にすぎない。内裏前殿ならぬ大極殿そのものが朝堂院正殿の位置に据えられたことはなかったし、平安宮では閤門《こうもん》の撤廃によって大極殿院と朝堂院の境界が単なる龍尾道《りゅうびどう》と化した。大極殿院の有した閉鎖性が解消され、文字通り朝堂院に吸収されたのである。

後者は、長岡宮に淵源が見いだされるが、大極殿・朝堂院の北に内裏を配置することができないという地形的制約によって生まれた特徴にすぎず、大極殿院の閉鎖性はなお維持されたままで、従来の構成を維持している。

こうした平安宮の二つの構成原理の意義を、「大極殿院」と「宮（内裏）」という二つの異質な中心の関係という視点から歴史的に位置づけてみよう。

そのためにまず「大極殿院」の系譜を確認する。壬申の乱の後、大海人皇子《おおあまのおうじ》は倭京《わきよう》に凱旋して、母斉明《さいめい》天皇の後飛鳥岡本宮《のちのあすかおかもとのみや》の南に飛鳥浄御原宮《あすかきよみはらのみや》を造営、ここで即位して天武天皇となった。この飛鳥浄御原宮は飛鳥宮跡Ⅲ―B期の遺跡にあたるとされ、Ⅲ―A期の内郭外郭を受け継ぎながら新たにエビノコ郭とも称される東南郭を増築した宮である。この東南郭は東西約九十四メートル、南北約五十五メートル、西に門を開き、中央に「九間五間《きゆうけんごけん》」の巨大な東西棟建物が建てられている。

宮の内郭南院の方には東西に庁（朝堂）をともなう大安殿《だいあんでん》が存在するが、東南郭の正殿はそれよりも大きく、藤原宮《ふじわらきゆう》、平城宮第一次大極殿、第二次大極殿、後期難波宮、長岡宮に至る大極殿の共通規格「桁行《けたゆき》九間・梁間《はりま》四間（四方の廂《ひさし》の一間を含む）」につながるものである。小澤毅氏が指摘するように大極殿の系譜に位置づけられるものといえよう。この大極殿院は、宮の大殿（内裏前殿）とそれに付属する朝堂という空間とは全く別に新たに出現したもので、まさに天武天皇の即位、新たな「天皇」位の確立を象徴するものであり、そこに初めて高御座《たかみくら》が据えられ、祈年祭《きねんさい》や新嘗祭《にいなめさい》の場としても用いられたと推定される。

藤原宮ではこれを受けて、「閉鎖された大極殿院」と「十二朝堂を有する朝堂院」とが公的空間として整備されるが、同時にこの大極殿院は「内裏外郭」に包摂され、閤門《こうもん》が内裏外郭の南門となっている。この構成は従来の内裏前殿に大極殿が重ね合わされたことを示すにすぎず、奈良時代前半の平城宮では両者は再び分離する。都の中心の朱雀大路正面に位置する中央区には礎石建ちの大極殿と四朝堂からなる空間が独立して設定され、即位や元日朝賀《がんじつちょうが》などの国家的な儀式が催された。これと並行して東区には掘立柱構造の正殿と十二朝堂が配置され、この正殿は北に隣接する内裏外郭内に包摂されている。こちらは日常的な政務に用いられた。中央区の大極殿は恭仁京《くにきょう》遷都の際に礎石とともに解体移築され、七四五年（天平《てんぴょう》十七）の還都後に東区の掘立柱建物の正殿に変えて移築され、藤原宮と同様に朝堂院正殿＝内裏前殿の位置に大極殿院が据えられることになる。

こうした流れをみてくると、「大極殿院」と「宮（内裏＋朝堂院）」という二つの中心点の独立した系譜が確認される。高御座が据えられた大極殿院は、元来は「天皇」位＝「天《あま》つ日嗣《ひつぎ》、高御座《たかみくら》の業《わざ》」と皇孫《こうそん》思想＝「新嘗《にいなめ》の場」を象徴する宗教的空間として設定されたもので、日常政務の場をともなう宮の系譜とは一定の距離を置きながら展開していることがわかる。

このことをふまえて平安宮の構成原理の史的意義を考えてみると、以下の三点にまとめることができる。①これまで混在していた諸要素が「単なる天皇居所たる内裏」と「政務空間たる朝堂院」とに集約されながら完全に分離した。②藤原宮や後期平城宮の大極殿院と朝堂院の融合傾向を引き継ぎつつも、大極殿院の閉鎖性（閤門）が撤廃され、その宗教的意味が捨象されて、大極殿が単なる朝堂院の正殿の位置に落とされてしまった。③大極殿院の有した機能は世俗化された儀礼空間たる豊楽院――新嘗翌日の豊明《とよあかり》（『古事記』では豊楽と表記）の節会《せちえ》を暗示する――に継承された。端的にいえば、大極殿は不要なものになったのである。逆に政務の場が大極殿院からも内裏空間からも独立した朝堂院という核に純粋に集約されたのであって、これまでの流れの総決算だといえよう。

†平安宮における政務の変化

こうした達成は歴史的に行き着くところであったとはいえ、朝堂院という肥大化した政務の場は、現実の新しい政務形態からするともはや時代錯誤なものになっていた。天皇が政務のたびに内裏から離れた朝堂院正殿に行幸《ぎょうこう》・出御して奏上を受けることは困難である。他方、官人の実務能力が向上、とりわけ弁官《べんかん》・外記《げき》を担い手とする太政官《だいじょうかん》政務が充実し、曹司に行政案件の先例文書や政務日記が蓄積されるようになると、政務手続きも従来の単純な決裁とは異なるものになっていく。こうした現実が、政務の場を「内裏」と「曹司」という二つの核に集約させる新しい動きを後押しした。古代国家が育て上げた朝堂院という肥大化した政務空間は、その完成とともに空洞化・形骸化していくわけである。

天皇への奏上は、内裏の正殿（のちの紫宸殿《ししいでん》）に持ち込まれるようになる。『寛平御遺誡《かんぴょうのごゆいかい》』には桓武天皇は毎日南殿で政務を視たと記されている（「延暦帝主、毎日南殿の帳中に御し、政務の後、衣冠を解脱し臥起飲食《がきいんしょく》す」）。また『日本三代実録《にほんさんだいじつろく》』貞観十三年（八七一）二月十四日条によると、承和以前（仁明《にんみょう》朝まで）には天皇は毎日紫宸殿に出御して政務を視たが、仁寿《にんじゅ》（文徳《もんとく》朝から）以降は絶えたという。

『類聚符宣抄《るいじゅうふせんしょう》』弘仁五年（八一四）七月二十日宣旨《せんじ》によると、嵯峨天皇は南大殿に出御して少納言が恒例に奏する請印官符《しょういんかんぷ》を処理しているが、直接に北大殿に持ちこんで奏上することがみられるようになっている。宣旨ではこのような手続きは道理に背くと禁じられてはいるが、直接に北大殿、天皇の御在所の仁寿殿に持ち込むことが慣習的に行われ始めていることが知られる。嵯峨朝ではあくまでイレギュラーな手続きであるが、ここに蔵人を介して清涼殿の天皇に奏上するという後世の日常的な奏上手続きの原型がみとめられる。

なお、長岡京時代の最末期、延暦十一年（七九二）十月二十七日に太政官が送る五位以上の上日《じょうじつ》について朝座上日と内裏上日を通計することが認められるようになるのは（『類聚符宣抄』）、年が明けてすぐに朝堂院から遠く隔たった東院へ遷御することが予定されていたからであろう。古瀬奈津子氏は聴政の場が大極殿から内裏に移ったことを示すというが、大同元年（八〇六）十月二十九日の宣旨では参議以上の公卿が庁座《ちょうざ》に着かず単に内裏に侍しているだけでは上日は給わないとし、天長九年（八三二）三月二十一日でも大同宣旨の趣旨があらためて確認され、内裏上日を認めるのはあくまで内裏の行事がある場合に限るとされている。この段階でも朝堂や曹司における政務が基本であったことは間違いない。とはいえ、平安遷都を目前に控えた時期における朝堂院と東院の乖離を契機とする政務手続きの改革が、平安宮の朝堂院と内裏との関係を決定づける重要な契機になったことは確かである。

他方、朝堂における大臣への申政《しんせい》だが、その手続きは『儀式』巻第九や『延喜式』式部上に詳細に記されている。しかし『延喜式』太政官5朝堂政条によれば十一月から二月までは朝堂院で行われず、三月と十月も旬日、すなわち一日・十一日・二十一日に限るとしており、寒い時期は太政官の曹司において処理することになっていた。そこでも何ら問題なく処理できるわけだから、勢い略式の方に傾いていくのも自然な流れである。

こうなると次には、この「内裏」「曹司」という二つの場ができるだけ接近することが求められてくる。申政の場が内裏の東の通用門に隣接する外記庁《げきちょう》（太政官候庁《こうちょう》）へと移っていくという動きである。この外記政《げきせい》の成立については、橋本義則氏は嵯峨朝の弘仁《こうにん》初年のことと推定、制度的な確立を弘仁十三年（八二二）四月とするが、西本昌弘氏は外記日記《げきにっき》の逸文《いつぶん》が延暦九年に遡ることや内裏に近接して大臣曹司が成立することなどから長岡京時代にまで遡及させる。これらが外記政の成立の指標になるかは検討の余地があるが、少なくとも先の大同元年宣旨では内裏に公卿が日常的に伺候《しこう》し始めている状況が確認され、そうしたなかで紫宸殿の天皇に奏上する前に曹司ではなく内裏に近接する外記庁で大臣への申政を行う方が至便であるという考え方が出てくるのも当然のことであった。

縷々《るる》説明してきたが、論じ残した点も多々ある。平安宮内裏において発展する皇后宮《こうごうぐう》や後宮《こうきゅう》の起源が平城宮東区の光仁桓武朝内裏に遡るとの橋本義則氏の指摘、さらに京中の寺院や諸施設、京戸《きょうこ》の日常生活なども重要な論点であるが、これらについては参考文献から学んでいただきたい。

さらに詳しく知るための参考文献

西山良平・鈴木久男編『恒久の都　平安京（古代の都3）』（吉川弘文館、二〇一〇）……従来の研究成果が幅広く整理されており、平安京における仏教や葬送地の問題についても知ることができる。

川尻秋生編『古代の都——なぜ都は動いたのか』（岩波書店、二〇一九）……平安京成立に至るまでの宮都の展開について最新の成果を学ぶことができる。特に馬場基氏の論などは刺激的である。

古代学協会・古代学研究所編『平安京提要』（角川書店、一九九四）……考古学的知見を含む平安京研究の集大成。市街地図に遺跡から想定される平安宮諸建築を重ね合わせた付録の地図は現地見学の参考になる。その後の新知見については、京都市文化財ブックス第二十八集『平安京』（京都市、二〇一四）、具体的な考古学的情報は、京都市埋蔵文化財研究所編『平安京研究資料集成（1 平安宮）』（柳原書店、一九九四）、京都市埋蔵文化財研究所HPのデーターベースを参照。

網伸也『平安京造営と古代律令国家』（塙書房、二〇一一）、小澤毅『日本古代宮都構造の研究』（青木書店、二〇〇三）、林部均『古代宮都形成過程の研究』（青木書店、二〇〇一）。考古学からの平安京研究や宮都研究の到達点を知ることができる。

橋本義則「平安京の成立と官僚制の変質」『岩波講座日本歴史第4巻　古代4』（岩波書店、二〇一五）。文献史学から独自の平安京成立史を展開する基礎研究。詳しくは、同『平安宮成立史の研究』（塙書房、一九九五）。平安京の全体像と都市としての展開については、北村優季『平安京——その歴史と構造』（吉川弘文館、一九九五）など参照。

第11講

平安京——都市の発展と貴族邸宅の展開

西山良平

†平安京と都城の深化——条坊制

日本古代の律令制都城には藤原京・平城京・長岡京などがあるが、旧説では、平安京は律令制都城の帰結で、平城京などの現状維持・縮小再生産にすぎないとされる。

平安京では南北は北辺と一条から九条、東西は左京・右京ごとに一坊から四坊で構成される。左（右）京X条《じょう》Y坊《ぼう》の四周は大路《おおじ》（幅八丈、一丈＝約二・九八m）で囲まれ、内部は東西・南北にそれぞれ主に小路（幅四丈）が三本ずつ通り、十六の町《まち》に細分される。平安京では、この町の面積が四十丈（四十丈＝約百十九m）四方に均一化される（約一万四千二百㎡＝約四千三百坪）。一町は貴族（五位以上）の邸宅の標準的な規模である（図1）。

一方、平城京では全体を均等に分割し、そこから大小の大路・小路や坪（平安京の町）を割り振るため、坪は広狭ができ不均一である（分割地割方式）。旧説では、平安京では、全

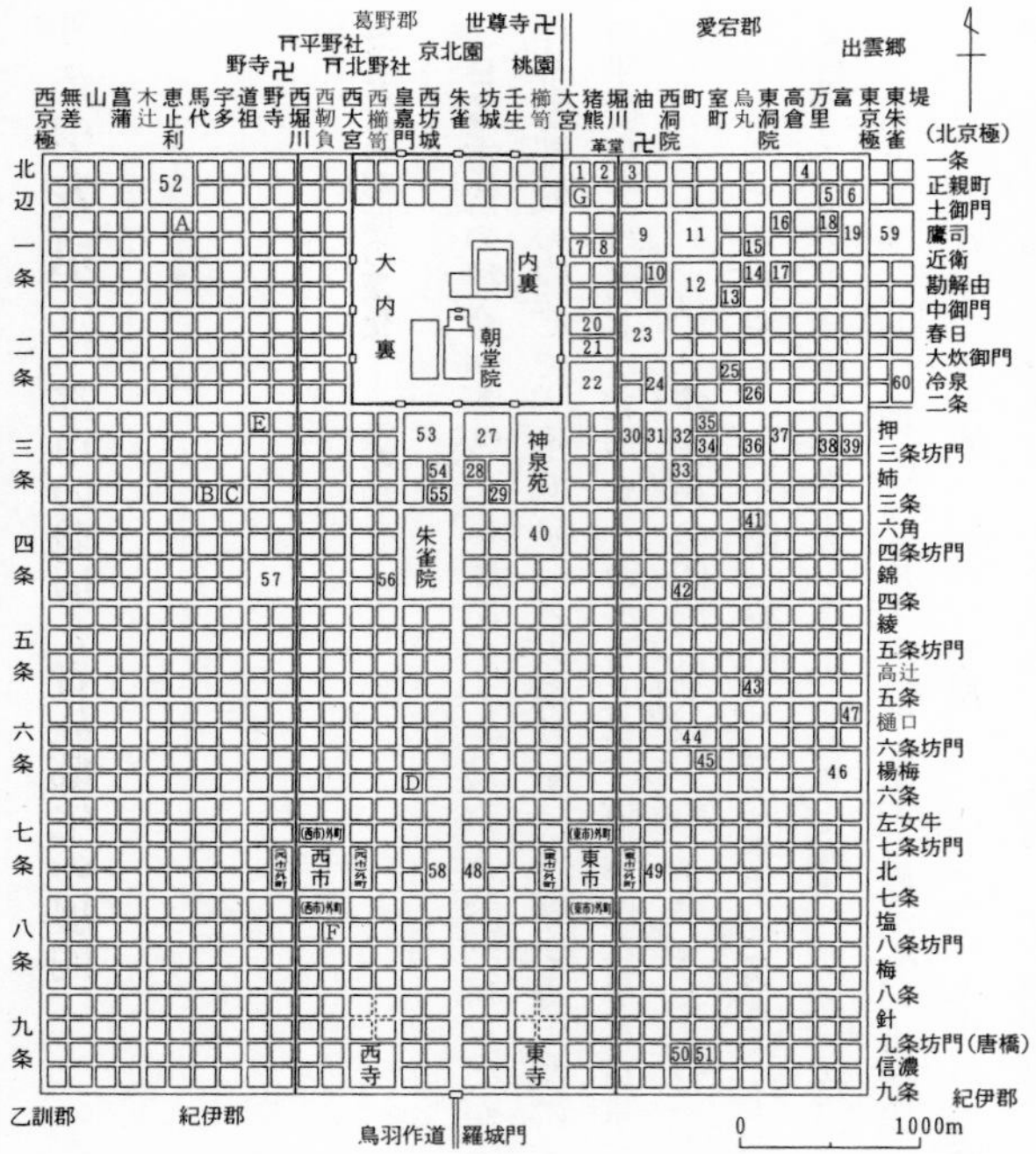

1 一条院
2 一条院別納
3 帯刀町
4 一条第
5 土御門第
6 染殿
7 左衛門府
8 検非違使
9 左近衛町
10 左獄
11 左衛門町
12 修理職町
13 菅原院
14 小一条第
15 枇杷殿
16 高倉殿
17 花山院
18 鷹司殿
19 土御門殿
20 東宮町
21 神祇官町
22 冷泉院
23 高陽院
24 二条院
25 小野宮
26 小二条殿
27 大学寮
28 左京職
29 勧学院
30 堀河院
31 閑院
32 東三条院
33 高松殿
34 鴨院
35 二条宮
36 三条院
37 二条殿
38 中西殿
39 山井殿
40 四条後院
41 六角堂
42 四条宮
43 因幡堂
44 千種殿
45 池亭
46 河原院
47 崇親院
48 東鴻臚館
49 亭子院
50 施薬院
51 九条殿
52 宇多院
53 穀倉院
54 右京職
55 西三条第
56 西宮
57 淳和院
58 西鴻臚館
59 法成寺
60 法興院

A 右京一条三坊九町
B 右京三条三坊五町
C 右京三条三坊四町
D 右京六条一坊五町
E 右京三条二坊十六町
F 右京八条二坊二町
G 左京北辺二坊二町

図1　平安京の条坊図

原図：西山良平・鈴木久男編『恒久の都　平安京』(古代の都 3) 所収　西山良平「恒久の都　平安京」 吉川弘文館、2010 年

体が町や大路・小路の集積のため、町の面積が均一とされる（集積地割方式）。しかし、実際に街区を集積するのは難しく、現地での区画の設定は容易ではない。発掘調査の成果では、平安京は高い精度で造営され、全体の誤差は非常に小さい。平安京では、均一な町と大小の大路・小路を考慮し、造営基準線を緻密に設定する。この基準線から一定の法則で大路・小路を割り付け、均一な町を確保するので、平城京より発展的な分割原理である（網伸也『平安京造営と古代律令国家』塙書房、二〇一一）。

平城京では、土地の所在は条・坊までの記載しかなく、坪以下の小規模宅地も同様である。すなわち、邸宅や宅地は左（右）京X条Y坊以上に特定されない。平安京では平城京を継承し、条・坊と表記されるが、八三八年（承和五）以降、条・坊・町が使用され始め、少数ながら条・坊の内部の町まで指定される。平安京では、都城の地点の限定が深化する。しかし、条・坊・町の記載では町以下の小規模宅地は特定されない。やがて、十世紀には町の内部で、小規模宅地が指定される。

平安京の造営は、四至にまで街路の構築が目指されるが、九世紀には平安京の南東部・南西部では条坊制が施行されない。また、右京の四条大路付近より南側では、側溝が多数埋没する。

†平安京の小規模宅地と戸主制

通説では、町の内部は一町を東西四行《ぎょう》・南北八門《もん》の三十二区画に分割し、その一／三十二町を戸主《へぬし》と呼ぶとされる。一戸主が一般庶民の宅地配分の標準で、一戸主は東西一〇丈・南北五丈である（東西約三十m・南北約十五m、約四百四十㎡＝約百三十坪）。平城京では坪の内部を東西・南北四等分し、正方形の一／十六町区画を基準とし、奈良時代中期以降に一般化する。奈良時代後半に一／三十二町宅地などが出現し、平安京に継承される（図2）。

平安京では右京五条一坊の宅地「卅《さんじゅう》二分の十」「卅二分の八」「卅二分の二」を賜う。九世紀に、戸主は使用されない。「卅二分のA」を「十六分のB」とせず、わざわざ「卅二分のA」と表記する。平安京では、一／三十二町が制度的な基準である。発掘調査では、右京八条二坊二町（西市外町に南接）で一／三十二町の宅地が検出され、「延暦廿四年」木簡の紀年から、条坊や宅地は八〇五年（延暦二四）以前に造成される。平安京造営当初に一／三十二町の宅地が構築される。

一／三十二町は約四百四十㎡＝約百三十坪であるが、平城京では建蔽率は十五～二十％とみられ、空閑地《こかんち》が多い。一／十六町には多くは掘立柱建物二棟で、一棟が居住用、一棟が納屋とすると、居住人口は七人前後とみられる。

平城京で一／三十二町区画が成立し、平安京に継承されるが、九世紀には一町を基準に「卅二分のA」と表記される。一／三十二町区画の実在と、それを一戸主と明記するのは別個の問題である。九一二年（延喜十二）、左京七条一坊十五町の四戸主が売買されるが、これが戸主の初見である。十世紀には、戸主は左京・右京に広く施行され、行・門と組み合わされ、町の内部の位置が特定される。一／三十二町は一町を基準とするが、戸主は一／三十二町が基本である。戸主の制度は一町基準を一／三十二町単位に反転させ、小規模宅地の発展や売買などの移動を反映する。

平安京など都城の戸籍に登載されると、京戸《きょうこ》と称される。土地売券《ばいけん》では、九世紀には条・坊や戸主《こしゅ》・戸口《ここう》の表示は遵守される。しかし、九六一年（応和元）の「左京一条一坊戸主・戸口」を最後に、条・坊・戸主・戸口の記載は消失する。

なお、二条以北では、一／八町以下の小規模宅地は少数とみられる。

†平安京の転換——京域の縮小と都市住宅・町家の成立

平安京では藤原京・平城京以来の都城が変容・深化するが、十世紀後半に大きく転換する。通説では、右京が衰退し、左京の四条以北に貴族の「高家」（邸宅）と庶民の「小屋」が群集する。邸宅を造り始めるため、「小屋」を併合するので、不平や恨みが数多い（池《ち》亭記《ていき》）。「小屋」は現在の町家である。発掘調査では、十世紀中頃以降、右京では宅地は殆ど確認されないが、平安宮周辺エリア（右京北辺から三条の一・二坊）と七条大路エリア（右京一坊から三坊）は京・諸国の主要交通路上に位置し、平安宮周辺エリアは「西京」、七条大路エリアは「西七条」と呼称され、鎌倉時代以降も存続する。

十世紀半ばには、行門制《ぎようもんせい》・戸主制《へぬし》が衰退し、町家《まちや》が成立する。小規模宅地の転換は、京域の縮小以上に大きく影響する。戸主制の小規模宅地では、周囲に垣と門、その内部に庭と屋がある。すなわち、宅地と街路は垣で仕切られる。一方、町家は「道路に直に面する建築」で、その特色は接道性である。内部は片側が土間、もう一方は板敷、裏庭に井戸がある（高橋康夫『京町家・千年のあゆみ』学芸出版社、二〇〇一）。一町の中央にウラの空閑地が広がり、畠などがある（年中行事絵巻。図2）。

平安京右京七条二坊十二町（西市外町）では、十世紀中頃から十三世紀まで、掘立柱建物《ほつたてばしらたてもの》や井戸・溝が検出される。十世紀中頃から十一世紀には、西側の野寺小路に沿って、三棟の東西棟《とうざいとう》建物が並び建つ。規模は間口三・五〜四m、奥行六〜七・五m。井戸は建物の背面に位置する。この地点は七条大路に隣接し、右京の七条大路エリアに相当する。建物と街路の関係は密接で、町家とみなされる。平安京では、十世紀中頃から都市的空間で町家が成立する。

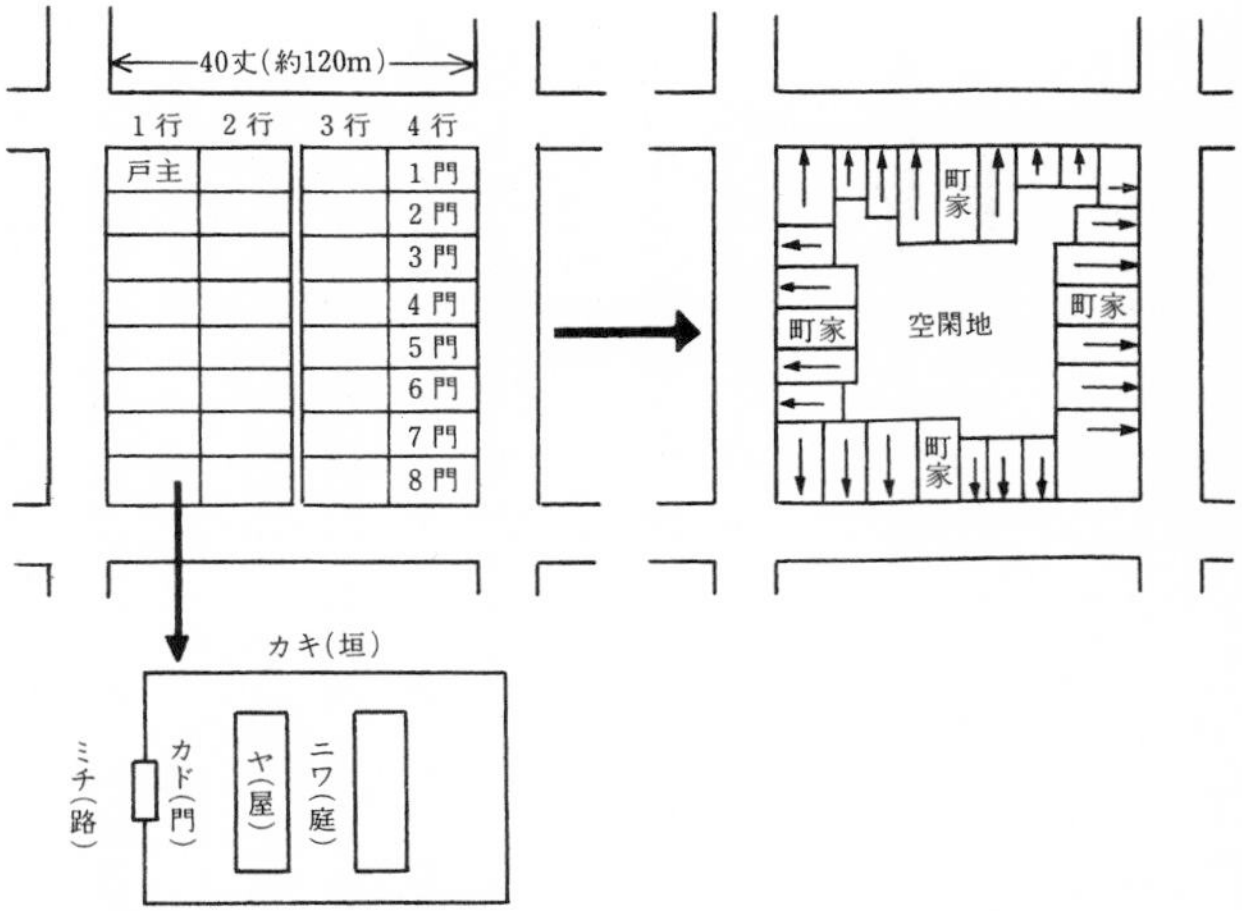

図2　平安京の戸主から町家への変化
原図：図1と同じ

戸主制では宅地と街路は垣で仕切られるが、このあり方は農村の集落に共通する。町家は最初の都市住宅で、行門制・戸主制の宅地から劇的に変化する。なお、十世紀から十二世紀の町家は現在の町家と比較すると、かなり小規模である。

町家（小屋）は二条以北に展開する。九八二年（天元五）、左京北辺二坊二町の東辺で、「小屋など」が焼亡《じょうもう》する。一〇一七年（寛仁元）、左京一条二坊九町の周辺で、「小屋」二百余棟が焼亡する。十世紀後半には、左京の北半に貴族の邸宅と庶民の「小屋」が群集するが、その一方は「小屋」つまり町家である。しかも、町家は二条大路以北の各地に進出し、都城の身分規制を解体する。平安京の都市構造の転換は、住宅の変化と対応する。

町家《まちや》は最初の都市住宅であるが、上級貴族の寝殿造《しんでんづくり》も最初の都市住宅である。平城京などでは四周を塀で囲い、その中に古墳時代以来の豪族館を建て、住まいとする。しかし、平安京では本格的な都市住宅を求め、中庭を取り囲む寝殿造を構築し、中庭型住宅を塀の中に導入する。すなわち、街路に面した塀・門と、中門廊・中門（中庭型住宅の囲い）の二重構造が最大の特色とされる（図4。川本重雄『寝殿造の空間と儀式』中央公論美術出版、二〇〇五）。また、都市化の指標は土間から床張《ゆかばり》への変化で、寝殿造では全面床張り、町家では板敷と土間が併存するとされる。

都市住宅の成立は都市化の進展を意味する。

†住人の〈家〉

十世紀後半から十一世紀に、平安京の都市社会は成熟する。

十世紀後半から十一世紀前半に、住人《じゆうにん》の概念が列島の各地で成立し、京中でも住人は活動する。十世紀後半には、人々を「居住」によって認知する。すでに八世紀中葉に戸籍の本貫《ほんがん》と家族の居住が分離するが、十世紀中頃に戸籍が形骸化し、居住の事実だけが展開する。住人の意識は居住を基底に成立する。九八五年（寛和元）に「大和国住人大蔵胤村《おおくらのたねむら》」

が記録されるが、これが住人の初出である。

京中では、住人は空地などに町家を建てるが、その居住権は一概に排除されず、所有者の排他的権利はそのまま実現されない。住人は「昔ヨリ住付《スミツキ》テ候フ」と愁訴《しゅうそ》するが、所有者は「押居《オシイ》テ（強引に居すわって）領《リョウ》ズル、」と否認する（今昔物語集《こんじゃくものがたりしゅう》）。所有者の伝領の道理と住人の居住の論理が対立する。

住人の町家など〈家《いえ》〉が生存の拠点である。すなわち、住人は家を保有し、〈家で死ぬ〉また〈家で産む〉。貴族の従者や女房《にょうぼう》もしばしば家を保有する。一〇四〇年（長久元）、女房がにわかに顚倒《てんとう》・悶絶《もんぜつ》し、もはや命脈を終えようとする。下人《げにん》に負わせて「宅」に送らせる。この女房は宅を保有し、〈宅で死ぬ〉。反面では、家を保有しないと、〈家で死ねない〉。宮仕えの若い女は父母・親族・知人がなく、局《つぼね》（貴族邸宅の部屋）住みで「若シ病ナドセム時ニ何《い》カヾ為《せ》ム」と心細く思う。家を保有せず、病になると、主人の家から追い出され、路頭《ろとう》に遺棄される。また、京内の貧女が懐妊するが、「本《モト》ヨリ家無ケレバ人ノ家ヲ借テ居タル」ため、「可産《うむべ》キ所モ無シ、」（今昔物語集）。すなわち、家を保有し〈家で産む〉。

藤原道長は「人は子うみ死なむが料」（人は、子を産んだり、死んだりする、その時のため）にこそ「家」も欲しいと言うとされる（大鏡《おおかがみ》）。

†住人の社会集団「随近の人」

平安京では、住人が社会集団「随近《ずいきん》の人」・「近辺の人々」を形成する。「随近の人」などは刑事事件では証言し、また犯人を拘束する。

一〇〇〇年（長保二）、貴族の邸宅の門前で、郎等《ろうとう》二人が射殺される。邸宅の「北の小路に居住せる下女」が、犯人は「この西の小宅」に入り込むと申し上げる。郎等の弟は西の小宅の門を叩くが、返答しない。そこで、「ただ人二人を射殺するの者この宅に入る、随近の人聞くべきの由を申し、」、退き離れる。郎等の弟は後日の証言を期待し、「随近の人聞くべきの由」を言上する。「随近の人」は郎等の弟の言上を「聞く」ので、その範囲は北の小路を中心に一町程度とみられる。「随近の人」は、「北の小路に居住せる下女」すなわち住人が構成する。

「近辺の人々」は刑事事件の犯人を拘束する。左近衛府《さこのえふ》（天皇親衛隊）の中間幹部が妻の密通の相手に殺害される。その弟が訴えるので、「近辺の人々合力《ごうりき》して（力を添えて助ける、助勢する）」、犯人を捕縛《ほばく》する。早く検非違使《けびいし》（京中警察隊）を派遣し、事件の調書を作成し、犯人を禁獄してほしいと要望する（高山寺本古往来《こうざんじぼんこおうらい》）。「人々」とあるように、「近辺の人々」には集団性があり、被害者の弟を「合力して」犯人を拘束する。しかし、それ以降の調書作成と禁獄は、検非違使の任務である。

平安京では、「随近の人」や「近辺の人々」は刑事事件に証言し、犯人を拘束し、一定の社会集団を形成し、さらに、住人の帰属を決定する可能性がある。平安京周辺では刑事事件が多発するが、検非違使の能力が相対的に高くない。この集団は刑事事件などに顕在し、住人の生存や安全を保障する。現在の町内会・隣組の源流であるが、はるかに強力である。

†貴族邸宅の展開――九世紀前半

八世紀から十一世紀まで、貴族邸宅は一町（四十丈四方）が標準である。十世紀以前は文献資料が寡少で、発掘調査に大幅に依存するから、一町規模宅地が主要な素材である。九世紀前後の貴族邸宅には、時代順に、平安京右京一条三坊九町、右京三条三坊四・五町、右京六条一坊五町、右京三条二坊十六町などがある（図1）。遺跡の残存の関係から、右京に片寄るが、それぞれの中枢施設を検討する。中枢施設には正殿《せいでん》、後殿《こうでん》、前殿《ぜんでん》、脇殿《わきでん》などがあり、正殿は東西棟（東西方向が長辺）、最大・最上の建物で、南面する。後殿は東西棟で、正殿の後方（北側）、前殿も東西棟で、正殿の前方（南側）。脇殿は南北棟（南北方向が長辺）で、正殿の東西前方に配置され、正殿と脇殿の方位は直交する。また、建物配置にはコ字型（カタカナのコ字を90°回転させる、または品字型）、二重コ字型（コ字型を南北に二つ連ねる）、並列型（二棟の建物が前後に平行に配置される）、L字型（二棟を鍵の手状に直角に配置する）などがある。なお、以下の事例には、王家の離宮や京外官衙の可能性が幾分かある。

平安京右京一条三坊九町は八世紀末から九世紀初頭まで。北半のやや西寄りに、正殿と後殿、正殿の東西と後殿の東西にそれぞれ脇殿二棟が南北に建つ（東脇殿二棟、西脇殿二棟）。正殿―東・西脇殿がコ字型、後殿―東・西脇殿もコ字型で、二重コ字型である。南端の鷹《たか》司《つかさ》小路に四脚門《しきやくもん》（二本の主柱の前後にそれぞれ二本、あわせて四本の副柱がある門）の南門が開き、南門が九町の正門である。九町は十数年で廃絶し放置されるので、伊予《いよ》親王が候補とされる。伊予親王は桓武天皇の第二親王で、政治的力量は神野親王（嵯峨天皇）に勝るとみられるが、八〇七年（大同二）謀反の疑いで幽閉《ゆうへい》され服毒死する。四脚門は大臣家・親王家の格式である（海人藻芥《あまのもくず》）。正殿と後殿の東脇殿は母屋《もや》（家屋の中心部分）だけであるが、それぞれの西脇殿は東庇《ひさし》があり（庇は母屋の外側の部分）、左右非対称である。二重コ字型は格式が高く、伊予親王はそれに相応しい。南門が正門で、脇殿は左右非対称である（図3）。

右京三条三坊五町は、南東部には東西棟の正殿と西側に南北棟の西脇殿があり、出土土器から弘仁年間（八一〇～二四年）後半から天長年間（八二四～三四年）初期に位置付けられる。現状はL字型であるが、西脇殿だけの事例は少数で、正殿の東側に東脇殿があり、コ

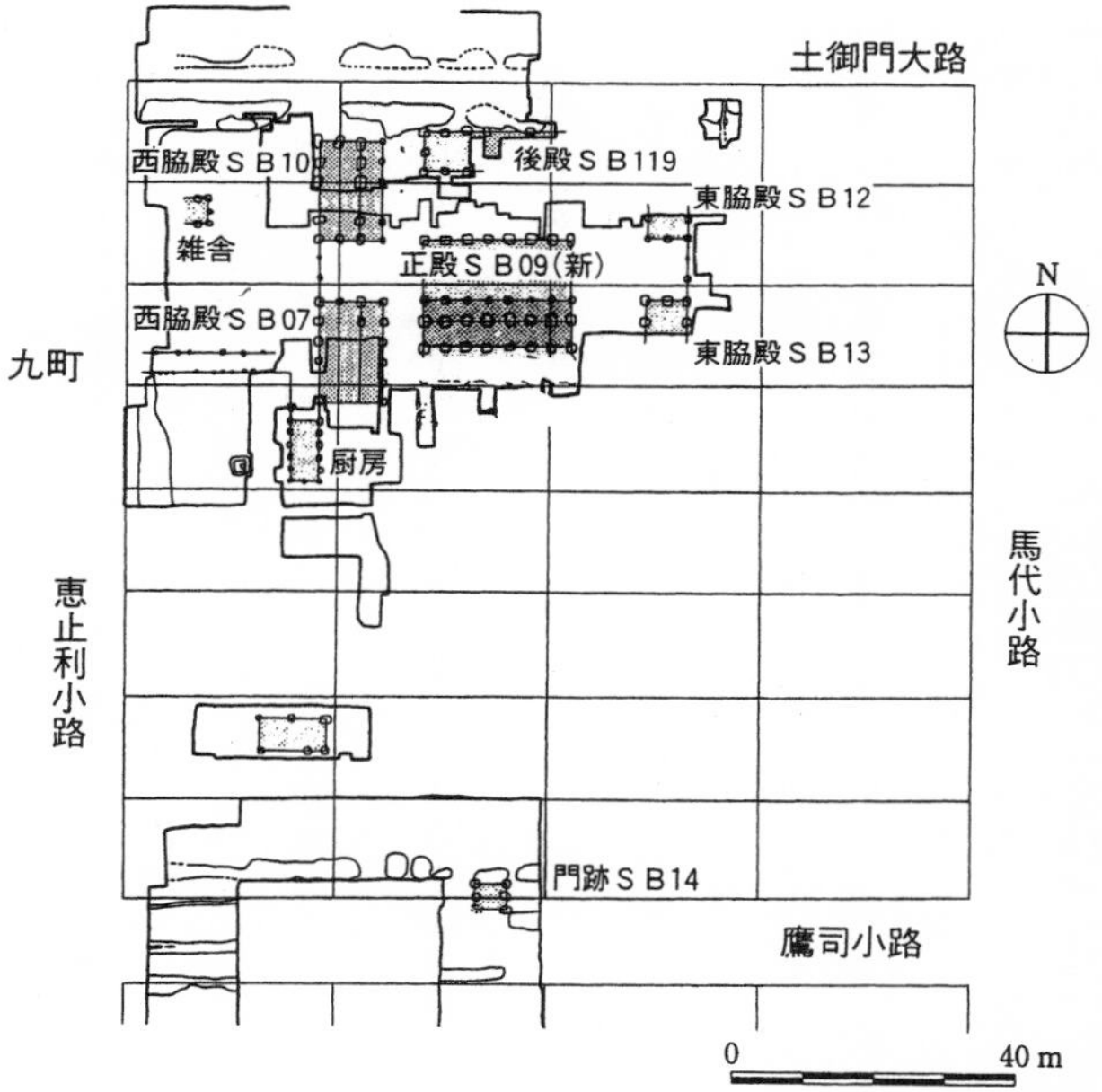

図３　平安京右京一条三坊九町
原図：シリーズ都市・建築・歴史２　鈴木博之ほか３名編『古代社会の崩壊』所収　藤田勝也「平安京の変容と寝殿造・町屋の成立」東京大学出版会、2005年

字型の可能性が充分にある。五町の北西部では、東西棟の正殿と北側に東西棟の後殿があり、並列型である。南東部と北西部の大型建物群は五町内部で溝や柵で各々区画されるとみられる。五町の東隣の四町では、東西棟の正殿と前方に南北棟の東・西脇殿が配置され、現状ではコ字型である。東脇殿と西脇殿では西脇殿が大きく、また正殿に近く、左右非対称である。建物群の位置は四町の北

西部に片寄り、四町と五町は関連する可能性があるが、四町でおさまるとされる。

五町では大型建物群が北西部と南東部などの区画に複数立地する。愛知県猿投窯《さなげよう》産の緑《りょく》釉《ゆう》陶器（緑色仕上げの国産最高級陶器）がまとまって出土するが、猿投窯の緑釉陶器生産は嵯峨天皇（七八六～八四二年）周辺に関連する。また、五町は「栖霞寺領《せいかじ》」と記録されるが（拾芥抄《しゅうがいしょう》・西京図）、栖（棲）霞寺の前身は嵯峨源氏・左大臣源融《みなもとのとおる》（八二二～九五年）の栖《せい》霞観《かかん》である。五町は嵯峨天皇周辺に収束し、その居住形態を示唆する。「斎」墨書土器が二点出土するが、伊勢斎宮・賀茂斎院との関連は不明である。

†九世紀後半の貴族邸宅

右京六条一坊五町は九世紀中頃、南北中央南寄りに東西柵列があり、南側は正殿域、北側は雑舎《ざっしゃ》域である。正殿は四面庇（母屋の東西南北の四面に庇がある）の東西棟で、西側の四面庇南北棟の西脇殿と廊で結ぶ。後殿は東西棟、後殿東側に南北棟の東北脇殿、東北脇殿の南側に南北棟の東南脇殿（四面庇）があり、この三棟は廊でつながる。一町規模とすると、東南脇殿と南端の南面築地の距離はわずかで、六条大路が間近である。正殿域では東西棟一棟（正殿）・南北棟二棟（西脇殿・東南脇殿）の四面庇建物があり、平安京では最古の事例である。四面庇の東西棟は寝殿造の寝殿《しんでん》（正殿）、南北棟は東・西対《たい》（東・西脇殿）の成立と関連する。正殿と西脇殿、後殿と東北脇殿・東南脇殿は廊《ろう》で連結する。主要建物を連絡する廊の最古の事例で、寝殿造の渡殿《わたどの》に酷似する。右京六条一坊五町は寝殿造に接近する側面が多々ある。正殿と西脇殿はL字型、後殿と東北脇殿・東南脇殿は変型L字型で、正殿と後殿にそれぞれ脇殿があり、二重コ字型に近似する。変型二重コ字型とみられ、格式は高いが、脇殿はまったく左右非対称である。正門の位置は不明である。

右京三条二坊十六町は一町規模の邸宅で、園池《えんち》を地勢に従い掘削する。九世紀後半に造営され、園池は十世紀後半まで存続する。園池から「斎宮《さいくう》」などの墨書土器が出土し、京中の伊勢《いせ》斎宮《さいくう》家とみられる。正殿と脇殿のコ字型配置とは異質で、北半では西寄りの園池を中心に比較的大型の建物群が配置され、園池と建物群が東西に展開する。東側の野寺小路沿いの東門は大規模な四脚門で、東門が正門と想定される。

平安京では、中枢施設の建物配置は二重コ字型（右京一条三坊九町）、変型二重コ字型（右京六条一坊五町）、コ字型（右京三条三坊四町、右京三条三坊五町・推定）、並列型（右京三条三坊五町）で、二重コ字型・コ字型・並列型に収束し、コ字型が多いが、右京三条二坊十六町はコ字型と異質である。東・西脇殿が判明する事例は左右非対称である（右京一条三坊九町、三条三坊四町、六条一坊五町）。右京六条一坊五町では四面庇の東西棟・南北棟や廊が成立し、正門は南門（右京一条三坊九町）から東門（右京三条二坊十六町）に展開する。

†平城京の貴族邸宅から寝殿造まで

都城・平安京の貴族邸宅を前後の平城京・長岡京や、寝殿造と比較・検討する。

すでに指摘されるように、平城京までは脇殿の片方または両方を多く省略し、長岡京・平安京では前殿がないが、しばしば後殿が配置される。さらに事例を追加し、中枢施設を分析する。長岡京左京二条二坊十町では、正殿・後殿と、正殿の東西北寄りに脇殿がある。脇殿は通例前方であり、北寄り（後方）であるため、正殿と東・西脇殿は変型コ字型とみられる。全体は〈後殿＋変型コ字型〉で、東脇殿と西脇殿は左右対称である。一町内部を築地で北域・南域に二分し、北域に中枢施設があり、築地《ついじ》に八脚門《はつきやくもん》（四本の主柱の前後にそれぞれ二本、あわせて八本の副柱がある門、四脚門以上に格式が高い）が開く。王家の離宮・山桃《やまもも》院《いん》説があり、格式は相当に高い。長岡京の諸例では、〈後殿＋変型コ字型〉、〈L字型＋正殿〉、並列型、〈後殿＋L字型〉である。後殿は多いが、前殿はない可能性がある。

現状では、長岡京以降、九世紀前後には、二重コ字型・変型二重コ字型・〈後殿＋変型コ字型〉・コ字型・〈L字型＋正殿〉・〈後殿＋L字型〉・並列型となり、基本はコ字型である。二重コ字型・変型二重コ字型・〈後殿＋変型コ字型〉・〈L字型＋正殿〉・〈後殿＋L字型〉・並列型では後殿が存在するが、前殿はない可能性がある。コ字型だけ後殿がなく、

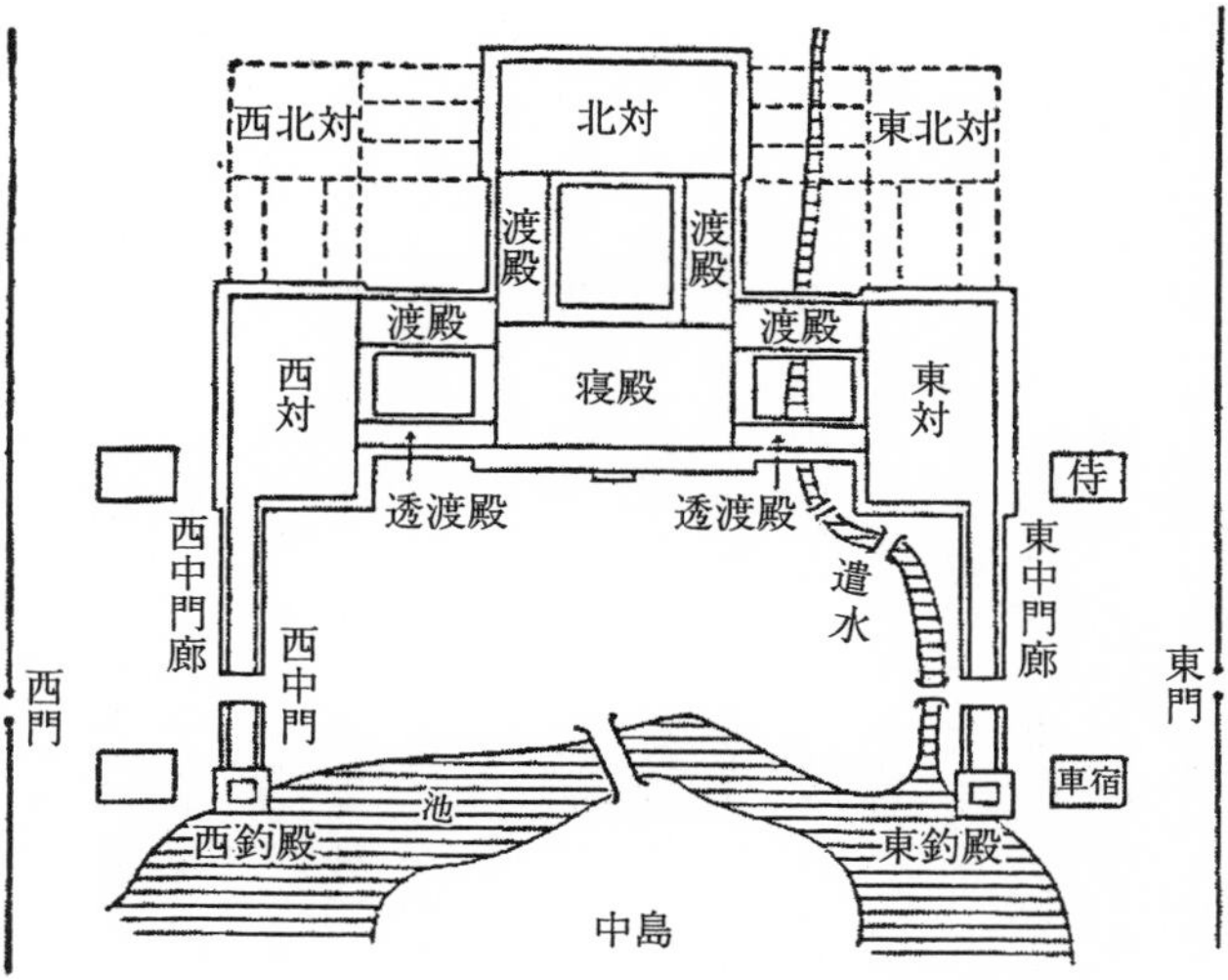

図４　高校日本史教科書の寝殿造（『詳説日本史』山川出版社 1960 年より）
原図　西山良平・藤田勝也編著『平安京と貴族の住まい』所収　藤田勝也『「寝殿造」とはなにか』京都大学学術出版会、2012 年

並列型だけ脇殿がない。中枢施設は、正殿・後殿と東・西脇殿から選択・構築される。

寝殿造は定型の構成・配置をもち、強い規範性がある。その配置構成は、第一に、東西棟の寝殿、南北棟の東・西対《たい》、東西棟の北対があり、寝殿と対は廊《ろう》・渡殿《わたどの》で結ばれる、第二に、中門廊・中門が南庭を囲繞し、正門は東または西に設けられる、などである。寝殿造の寝殿は正殿、東・西対は東・西脇殿、北対は後殿に相当する(図４)。

十世紀中期には、藤原師輔《もろすけ》の東《ひがし》一条《いちじょう》第に東・西対、寝殿北に北対、東・西御門、西中門とその南北廊が存在する。寝殿造の北対は地味であるが、東一条第の北対、藤原道長の土御門《つちみかど》第の北対、藤原実資《さねすけ》の小野宮第《おののみやだい》の北対など、広範に実在する。摂関期には、北対は「寝殿に劣らぬ大規模な殿舎」とされ、結局、寝殿造では〈北対（後殿）―寝殿（正殿）―東・西対（東・西脇殿）〉が標準とみられる。

一説では、寝殿造の基本型式は寝殿を建て、東・西・北に対を置くが、「中には北対の両側にも東北対・西北対を配置する例」があり、二重コ字型の典型とされる。しかし、六棟完備（里内裏一条院、一条院には北二対がある）は「極めて稀れ」とされるように、二重コ字型は寝殿造の基本ではない。九世紀前後では、二重コ字型と〈後殿＋変型コ字型〉が格式が高いが、〈後殿＋変型コ字型〉は寝殿造の建物配置とまったく合致する。また、二重コ字型では、後殿の東・西脇殿が脱落する。〈北対―寝殿―東・西対〉は、正殿・後殿と東・西脇殿の最も単純な組み合わせである。正殿・後殿・脇殿が各々自立し、それぞれの役割が固定するとみられる。長岡京左京二条二坊十町の〈後殿＋変型コ字型〉は、建物配置の側面では、寝殿造の先駆である。

また、通説では、寝殿造には「東西対・東西中門は如法《にょほう》（法式どおり）一町家の作りなり」「如法一町家は左右対《たい》・中門など相備うるなり」の記述があり（中右記）、左右対称性の言説とされる。しかし、この記述では、東・西（左・右）対や東・西（左・右）中門が実在するだけである。視点が寝殿内部のため、寝殿がなく、東西が左右と同値で、東が左なのは、視点が北方にあるためである。寝殿の前方東西が対や中門などに囲繞されるのである。寝殿造以前では、平安京右京一条三坊九町や右京六条一坊五町は二重コ字型で格式が高いが、左右非対称であり、右京三条三坊四町も非対称である。左右非対称は根強い。

平安京右京六条一坊五町では、正殿と西脇殿・東南脇殿が母屋に四面庇であるが、寝殿造では、寝殿は四面庇に北孫庇《まごびさし》など、対は梁行《はりゆき》（短辺）二間の母屋《もや》に四面庇・南広庇《ひろびさし》（庇の外側一段低い板張りの吹放しの部分）・寝殿と反対側の孫庇がある。右京六条一坊五町の四面庇と懸隔があり、飛躍と定型化が必要である。

以上、建物配置に終始し、建物個々の役割・機能や、「東西対・東西中門は如法一町家の作りなり」の中門も未検討である。今後の課題とする。

さらに詳しく知るための参考文献

西山良平・鈴木久男編『恒久の都　平安京』（古代の都3、吉川弘文館、二〇一〇）……平安京遷都以前の山城国、長岡京から平安京遷都とその変貌、院政期の京都まで総合的に検討する。

西山良平『都市平安京』（京都大学学術出版会、二〇〇四）……町家など〈家〉が都市住人の生存拠点であること、住人の社会集団「随近の人」が犯人を拘束などすること、さらに都市の排泄・トイレなどを考察する。

西山良平・藤田勝也編著『平安京の住まい』（京都大学学術出版会、二〇〇七）……貴族住宅（寝殿造など）と庶民住宅（町家など）をともに取り上げ、初期から近世までの町家の調査や、平安前期の貴族邸宅の事例や邸宅の伝領などを分析する。

藤田勝也『日本古代中世住宅史論』（中央公論美術出版、二〇〇二）……寝殿造の北対が大規模な殿舎であること、新たな中世的空間が邸内北方などに形成されることを検証する。

川本重雄『寝殿造の空間と儀式』（中央公論美術出版、二〇〇五）……寝殿造の成立を儀式を基軸に説明し、寝殿造の二重構造＝都市住宅の特色を考察する。

第12講

白河・鳥羽――古代宮都の変貌

土橋　誠

†天皇と上皇の居所

天皇が皇太子などの次代の天皇に位を譲って（譲位）、奉られる称号が「太上天皇《だいじょう》」で、上皇《じょうこう》はその省略形となる。歴史上で、最初にこの太上天皇（以下、上皇と記載する）の称号を用いたのは、持統《じとう》上皇である。持統上皇は、夫の天武天皇と皇太子であった草壁皇子《くさかべのみこ》が亡くなってから、自ら皇位に即《つ》いた女帝で、この女帝の時代に飛鳥浄御原令《あすかきよみはらりょう》や藤原京が完成し、古代国家の完成期となった。

この持統天皇が孫の文武《もんむ》天皇が十五歳の時に譲位して上皇となったのである。これまでにも譲位した天皇はいるにはいたが、「太上天皇」という称号を持った、これが歴史上、最初に出現した上皇である。その後、表1のように、奈良時代を通じて多くの上皇が誕生している。

代数	上皇名	上皇の期間	上皇の居所
1	持統	697 ～ 703	藤原宮
2	元明	715 ～ 721	平城宮
3	元正	724 ～ 748	平城宮
4	聖武	749 ～ 756	平城宮
5	孝謙	758 ～ 764	平城宮・法華寺
6	光仁	781	平城宮
7	平城	809 ～ 824	平城宮
8	嵯峨	824 ～ 842	冷然院・嵯峨院
9	淳和	833 ～ 840	冷然院・淳和院
10	清和	876 ～ 881	清和院
11	陽成	884 ～ 949	陽成院
12	宇多	897 ～ 931	亭子院

表１　8・9世紀の上皇の居所

位を譲ってから、上皇はどこに住んだのであろうか。持統上皇は、孫の文武天皇と並んで天下を治めたといわれているように、同じ藤原宮《ふじわらきゅう》に住んだとみて良かろう。表1にあるように、その後の八世紀の上皇たちは、一時期を除いて、基本的には天皇と居所を同じくしたのである。

しかし、九世紀になり、様相が一変する。九世紀に即位した平城《へいぜい》天皇は、病気を理由に皇太弟《こうたいてい》に譲位して、平城旧京へ居所を移してしまい、そこから命令を出したりしたので、「二所朝廷《にしょちょうてい》」と揶揄《やゆ》された。その後、薬《くす》子《こ》の変で平城上皇側近の藤原仲成《なかなり》や薬子は排除されて、実質的に平城宮《へいじょうきゅう》に幽閉同然で暮らすことになった。ここに、天皇と上皇が居を別々にする端緒が開かれることとなった。

その嵯峨《さが》天皇が八二三年（弘仁十四）に、突然平安宮から冷然院《れいぜいいん》に遷《うつ》り、そこで皇太弟《こうたいてい》に譲位したのである。その後、嵯峨上皇は平安宮に住むことはなく、最終的には嵯峨院に、皇太后《こうたいごう》となった橘嘉智《たちばなのかち》子《こ》（嵯峨皇后）とともに移り住んでいる。

これ以後、譲位後の上皇は、平安宮から退去し、別のところに居所を造営して移り住むという慣行ができる。この退去後の上皇の御所《ごしょ》を「後院《ごいん》」といい、江戸時代の仙洞《せんとう》御所の原形となる。このように、後院を造営して、退位後に上皇がそこに住むようになるという慣行は嵯峨上皇に始まるのである。

†後三条上皇と白河上皇

摂関《せっかん》政治期の上皇も同様で、退位後は引退同前で、後院で暮らすのが通例となっていた。しかし、藤原頼通《よりみち》の末期に摂関家とは血縁関係のない後三条《ごさんじょう》天皇が即位すると、政治的にかなり様相が変化してくる。後三条天皇は、在位中に荘園整理令《しょうえんせいりれい》などで、摂関家の力を押さえようとしていたが、摂関家の方でも実力のある頼通が引退し、その弟の教通《のりみち》も老齢、実力者の上東門院《じょうとうもんいん》も老齢となっていて、次第に力を失いつつあった。

後三条は、その期を逃さず、皇太子貞仁《さだひと》親王に譲位して、政治の実権を握ろうとしてその次の皇太弟まで立てた。しかし、後三条上皇は、退位後四年ほどで急死し、白河《しらかわ》天皇の親政が続くこととなった。

白河天皇は、摂関家のトップである藤原師実《もろざね》の養女であった賢子《けんし》を中宮に立て、こよなく寵愛したと言われ、摂関家とは対立よりも協調しつつ、若い師実を尻目に、次第に実権を王家の側にもたらしたと言われている。

そんな白河天皇であったが、在位中には父の後三条上皇の意向で、弟の実仁《さねひと》親王を皇太弟としてきたが、一〇八五年（応徳《おうとく》二）十一月に実仁親王が亡くなると、父の意向であった輔仁《すけひと》親王を立てずに、一〇八六年十一月に実子の当時八歳の善仁《たるひと》親王を皇太子とし、即日に譲位を敢行し、上皇として政治の実権をもった、いわゆる院政《いんせい》を行ったとされている。

これまでにも、譲位後の天皇は多く存在した。しかし、この白河上皇以後、院政という政治形態で、国家の最高権力まで意のままにすることができた上皇が出現するようになった。このような院政を行う上皇は、時の天皇の父親や祖父のように、直系のものでないとなれなかった。実際、上皇自体は二、三人いても、直系の父か祖父でないと、院政を行っていないのである。

この院政を行う上皇のことを「治天《ちてん》」とか「治天の君《きみ》」と歴史学では呼び、実質的な国王の役割をしていたのである。後の時代に「天皇は皇太子のようだ」と言われるようになったのも、院政という政治形態が出てきたからである。

†院の御所①――鳥羽殿

先に述べたように、天皇は退位後は新天皇とは別の御所（後院）に住む慣行が敷かれていた。しかし、白河天皇は皇太弟実仁親王の薨去《こうきょ》後から一年間は皇太子を立てないばかりか、その実仁親王薨去翌年の春頃から後院予定の鳥羽南殿《みなみどの》の建設を始めていた。したがって、すでに白河天皇は、実際の譲位よりも数カ月早く後院を建設しはじめ、計画的に実子への譲位と院政の準備を進めていたことがわかる。

そして、この鳥羽殿《とばどの》こそ白河院の後院であり、ここから国政を行おうとする意図を持った後院であった。そのためこれまでの後院とは異なり、かなりの大規模な造営工事となった。

もともと、この鳥羽殿は、『扶桑略記《ふそうりやつき》』によれば、藤原季綱《すえつな》が寄進した鳥羽山荘を含む土地で、当時の単位で「百余町」という広い場所で、近習《きんじゆ》や侍臣《じしん》、地下《じげ》雑任《ぞうにん》クラスの人々にも家地《やち》を賜るなど、都を遷すような工事だと述べている。

鳥羽南殿は、急ピッチで工事が進められ、翌年の一〇八七年（寛治《かんじ》元）二月には白河上皇が鳥羽南殿へ入り、ここで院政を始めている。約一年かけて鳥羽南殿は完成し、ここでの執務が始まったとみてよかろう。

†鳥羽北殿・馬場殿・泉殿

翌一〇八八年には、南殿の北側の地に鳥羽北殿《きたどの》を完成させ、三月には渡御《とぎょ》している。わずか一年で北殿を造り、南殿と合わせて鳥羽殿をかなり拡充させている。白河上皇の権力

事項	白河殿	鳥羽殿
献上	藤原師実（頼通以来累代の別業）	藤原季綱寄進の鳥羽山荘の拡充
造営	承保2（1075）年6月13日（『百錬抄』） 承暦元（1077）年8月27日（『法勝寺供養記』）	応徳3（1086）年春（『扶桑略記』）
開始殿舎	法勝寺の造営	鳥羽南殿（寛治元（1087）年2月渡御）
その他殿舎	白河南殿（泉殿）：永長元（1096）年頃 白河北殿：それより少し遅れるか 六勝寺の建立	鳥羽北殿，田中殿，馬場殿，鳥羽泉殿，鳥羽東殿などの御所 証金剛院，安楽寿院，成菩提院，金剛心院などの仏寺
備考	白河院の在位中から寺院が建立され，院の御所となるのは，それよりもかなり遅れる。 保元の乱で，白河北殿は焼亡。この地に六つの寺院と仏殿も建てられ，一体的に運営。	在位末期から造営を開始し，後院としての体裁を整える。後に多くの寺院を建てて，御所と一体的に運営。白河殿と同様の造営を辿る。

表2　上皇の居所

を見るように、その後次々と殿舎《でんしゃ》が建てられていく。

さらにその二年後の一〇九〇年には、鳥羽南殿の北東側に馬場殿《ばばどの》が造られて、四月十九日にはそこの馬場で競馬《くらべうま》や騎射《うまゆみ》が催されている。この鳥羽北殿・南殿は、鳥羽《とば》作道《つくりみち》という、ほぼ平安京の中軸線上にある道の東側に接して建てられ、平安京との交通の便が図られている。

また、さらに二年後の一〇九二年には、鳥羽南殿よりも東側で、鴨川に近いところに泉殿《いずみどの》が建てられた。鳥羽作道から約八百メートルも東になり、かなり大きく鳥羽殿が拡充されていることがわかる。そして、これが東殿《ひがしどの》へと拡充する。

そして、一〇九六年（永長《えいちょう》元）に白河上

皇は出家し、その十月には、閑院殿舎《かんいんでんしゃ》を鳥羽北殿へ移築し、拡充されている。

†鳥羽殿内寺院と仏堂

法皇《ほうおう》となって五年後の一一〇一年（康和《こうわ》三）三月になると、白河上皇は鳥羽南殿に証金《しょうこん》剛院《ごういん》という寺院を建立《こんりゅう》した。鳥羽殿の中にはこれまで寺院とか仏堂《ぶつどう》というものはなかったが、証金剛院内には丈六《じょうろく》阿弥陀如来像が安置されるなど、急速に鳥羽殿内に寺院建立の気運がみなぎる。

鳥羽殿自体は、次の鳥羽上皇の時代になっても造営が続けられ、やはり寺院や仏堂が造られている。白河上皇は塔三基、鳥羽上皇は阿弥陀堂、釈迦堂、塔二基、不動堂などを次々と建立していった。

一一〇八年（天仁《てんにん》元）には、三重塔建立のため、泉殿の場所に造営が決まり、翌年に供養されている。後に、一一二九年（大治《だいじ》四）七月七日に白河上皇の崩御《ほうぎょ》後、一旦、現在の京都市北区になる香隆寺に遺体が安置されたが、一一三一年（天承《てんしょう》元）七月九日に遺骨が三重塔下の石室に安置されたことが知られている。

†鳥羽上皇時代及びそれ以後の鳥羽殿造営

白河上皇が崩御すると、崇徳《すとく》天皇の父親の鳥羽《とば》上皇が直ちに院政を開始した。手始めに、一一三三年（長承《ちょうしょう》二）には鳥羽北殿の一部を三年かけて阿弥陀堂（勝光明院《しょうこうみょういん》阿弥陀堂）を建立し、まだ工事中の一一三四年には勝光明院経蔵《きょうぞう》建立を決定した。

さらに、鴨川右岸すぐ横の鳥羽東殿を充実させる目的で、安楽寿院《あんらくじゅいん》、成菩提院《じょうぼだいいん》を相次いで建立する。仏殿が建立され続けている鳥羽殿ではあるが、成菩提院北西に田中殿《たなかどの》という御所まで造っている。そして、鳥羽上皇時代の最後に一一五二年（仁平二）に寺院建立をはじめ、二年後に金剛心院《こんごうしんいん》としてできあがる。

鳥羽上皇は、安楽寿院の側に多宝塔《たほうとう》を建てて、寵妃《ちょうひ》の美福門院《びふくもんいん》の墓とするつもりであったが、美福門院自身は遺言でここには葬られず、高野山の不動院に埋葬されることになった。多宝塔自体は、鳥羽上皇の崩御後に完成している。

この塔には、結局、鳥羽上皇と美福門院の間に誕生した近衛《このえ》天皇が一一五五年（久寿《きゅうじゅ》二）に崩御後、ここに遺骨が納められた。

こうして、「水閣《すいかく》」とまで呼ばれて繁栄した鳥羽殿で、白河・鳥羽・近衛の三天皇陵を含む鳥羽殿であるが、十三世紀になると急速に寂れて、荒廃が進むことになった。盗賊が乱入したり、十三世紀半ばには勝光明院が焼亡、十三世紀末には安楽寿院法華堂《ほっけどう》も焼失している。加えて、鴨川の位置がそれまで鳥羽殿の東側を流れていたが、徐々に西へ移動しはじめ、園地も埋まり始めたため、遂には土中に埋まって姿が見えなくなってしまった。

†発掘調査による鳥羽殿の復原

この鳥羽殿のあったところは、幕末の鳥羽・伏見の戦いの古戦場でもあるが、一九六〇年代に名神高速道路が計画されるようになってから、発掘調査が進められた。鳥羽殿で、初めに遺構として確認されたのは、竹田田中殿町《たけだたなかでんちょう》での第三次調査で、これ以後、鳥羽南殿、証金剛院、南殿庭園など、白河上皇時代の殿舎や庭園が相次いで発見された。

引き続いて、名神高速道路南インターチェンジ周辺でも、鳥羽北殿、勝光明院、庭園とその阿弥陀堂は平等院鳳凰堂《ほうおうどう》に匹敵する規模であったことがわかった。また、現在の白河天皇陵周辺の調査も実施され、東殿や西池などの庭園などもみつかり、当時の様子が復原されるに至ったのである。

†御所・寺院の融合空間

このように、鳥羽殿では、鳥羽北殿・鳥羽南殿・鳥羽東殿・鳥羽田中殿といった、上皇が住まったり、執務を行う場所があるのは当然である。しかし、それ以外に、勝光明院、証金剛院といった寺院が点在し、御所と寺院が融合した空間として存在したことが文献、発掘調査によって確認された。

文献史料による限り、白河上皇が出家した一〇九六年（永長元）以後、五年後の一一〇一年（康和《こうわ》三）から仏堂が次々に造営され始めるのは、上皇の出家との関連が考えられる。加えて、この時期は堀河天皇が関白の藤原師通《もろみち》と協力して、親政《しんせい》を強めていく時期であったが、師通が一〇九九年（承徳《じょうとく》三）に急死して、二十二歳の忠実《ただざね》が摂関家を継いだばかりであった。その時期で、これから再び上皇の権力が増大することを見越しての鳥羽殿拡充とも考えられる。

その結果、御所と仏堂の融合した空間というのも、法体《ほったい》の白河上皇の執務との関係を考えても相応しい空間であったと考えてもあながち誤りではなかろう。

†院の御所②――白河殿

白河殿《しらかわどの》は、現在の京都市左京区の平安神宮の辺りにあたり、平安京からは鴨川を渡って東へ行けばそれほど遠くない場所に位置する。この場所は、摂関家の別荘があったところで、白河天皇の在位中に王家に藤原師実《もろざね》から寄進され、一〇七五年（承保《じょうほう》二）から寺院の造営が始まり、二年後の一〇七七年（承暦元《じょうりゃく》）に法勝寺《ほっしょうじ》供養が行われている。

このように、白河の地では、法勝寺建立から始まっており、この点は鳥羽殿が退位後の御所として始まったのと好対照である。表2にあるように、寺院としての造営は鳥羽殿より早いが、院庁《いんのちょう》としての御所の造営は鳥羽殿に遅れる。

†白河北殿・白河南殿

その後、一〇九六年（永長元）頃に白河泉殿《いずみどの》として造営が始まり、これが白河南殿《みなみどの》となる。ちょうど白河上皇が出家した頃に当たる。その後、白河南殿に接して白河北殿が造営され、あたかも鳥羽殿と同じように南北に殿舎が並び立つ。

加えて、白河南殿に隣接して蓮華蔵院《れんげぞういん》、北殿に隣接して宝荘厳院《ほうしょうごんいん》といった寺院が建てられ、御所と寺院が融合した形態を持っている。この点も鳥羽殿と共通する特徴である。

その後、鳥羽殿から白河南殿へ移った白河上皇は、ここで院政を行うようになる。また、白河北殿は、鳥羽上皇が院政を行った、いわゆる「院庁」となる。後に、崇徳《すとく》上皇がこの北殿に入り、保元《ほうげん》の乱（一一五六年）で炎上することになる。

寺院名	願主	落慶・供養年次	備考
法勝寺	白河天皇	承暦元年（1077）	六勝寺の最初の寺院。
尊勝寺	堀河天皇	康和４年（1102）	観音堂なども調査で見つかる。
最勝寺	鳥羽天皇	元永元年（1118）	
円勝寺	待賢門院璋子	大治３年（1128）	六勝寺中，唯一の女院御願寺。
成勝寺	崇徳天皇	保延５年（1139）	保元の乱後，崇徳上皇慰撫のために御八講実施。
延勝寺	近衛天皇	久安５年（1149）	

表３　六勝寺

六勝寺

ところで、この白河殿には鳥羽殿とは異なる点がある。鳥羽殿は、東側と南側に鴨川が流れており、風光明媚で交通の便は良いが、寺院を建てたりするような広大な土地があるわけではない。それに対して、白河殿は鴨川の東側の土地が空いており、平安京にも近く、寺院建立に適した場所であった。実際、表3にあるように、天皇や女院《にょいん》が願主《がんしゅ》となって、六つの寺院が軒を接して造られることになる。法勝寺のみが古いが、それ以外の五つの寺院については、十二世紀に入って五十年の間に建ち並ぶようになる。

十二世紀には白河殿を中心に巨大寺院も完成し、南都《なんと》三会《さんえ》（興福寺維摩会《ゆいまえ》・宮中御斎会《ごさいえ》・薬師寺最勝会《さいしょうえ》）に対して北京三会《ほっきょうさんえ》（円宗寺法華会《えんしゅうじほっけえ》・同最勝会・法勝寺大乗会《だいじょうえ》）と呼ばれる仏事も催されるほどであった。こういった点から、鳥羽殿とは異なり、新しい都が平安京の鴨川を挟んで東側に出来たといっても過言ではない状況になっている。まさに院政を行う「治天」の都なのであろう。

これらの六つの寺院には「勝」という文字が名付けられているので、総称して「六勝寺《りくしょうじ》」と呼び慣わされている。五十年の間にこれらの大寺院が建ち並び、並行して上皇の院庁である白河殿が建設されたので、多くの人々や資財が集中していたことは間違いあるまい。場所的には、二条大路の東の突き当たりに法勝寺があり、その西側に五つの寺院が建立され、現在の仁王門《におうもん》通り辺りまでが、御所と寺院を併せた白河地域に当たっている。ここが白河院政後半期の中心地になった。

しかし、この白河殿を中心とした六勝寺も、保元の乱を境に急速に衰えていく。まず、保元の乱では敗れた崇徳上皇方がこの白河北殿を根拠地としたため、ここが炎上した。その後の後白河院政時代は、白河殿よりも南側に「法住寺殿《ほうじゅうじどの》」を院庁としたため、政治的な機能が失われていった。六勝寺自体は国家的な北京三会があったので、鎌倉時代までは何とか保たれたものの、十三世紀に入ると寺院も衰え、南北朝時代を境に大半の寺院が廃絶するに至った。

†白河殿の発掘調査

一九六〇年に尊勝寺《そんしょうじ》の発掘調査が行われる頃から、六勝寺を中心とした白河殿の内実が徐々に解明されるようになってきた。最も最初に建立された法勝寺はまだ全貌がわかっていないが、京都市動物園内に塔基壇《きだん》が残っていたことから、寺院の規模がおおよそ推定されていた。

また、発掘調査は尊勝寺跡が最も進んでおり、金堂《こんどう》、東西両塔、阿弥陀堂、観音堂が発掘調査で見つかっており、特に観音堂の調査では六観音が安置されていたことが確定した。その他の四ヵ寺については、今後の調査にゆだねるほかはない状況であるが、徐々に様子がわかりつつある。

白河北殿の調査も実施されており、阿弥陀堂と推定される建物が見つかっているが、白河北殿の調査では東西棟の建物跡を確認したものの、周囲が削平されていて、建物の性格などを確定するには至っていない。

†白河殿と寺院

これまでの文献史料や発掘調査成果によって復原された白河殿地域の様子は、鳥羽殿と同じく、院庁とみられる上皇御所と仏堂が融合した状態であり、さらに近辺には六つの寺院がひしめき合うといった状況がわかってきた。院政期の前半期に建設された鳥羽殿と白河殿は、極めて類似の性格を持っていることが判明した。

この御所と仏寺の融合した空間は、院政を行った白河・鳥羽両上皇がいずれも院政を行ってから出家をしており、仏寺が必要となったことに起因するとみて間違いなかろう。政治と仏教行事の融合も見られ、院政の性格を考える上でも興味深い事象となっている。

†院の御所③——法住寺殿

保元の乱に勝利した後白河天皇は、平安宮の整備を進め、保元新制《ほうげんしんせい》といわれるほどの宮中の整備に努めたが、数年で実子の二条天皇に位を譲った。譲位に伴って、かつて藤原為《ため》光《みつ》の法住寺《ほうじゆうじ》があった地域に東山御所を造営し、譲位後三年後の一一六一年（永暦《えいりやく》二）に完成した。この間、平治《へいじ》の乱（一一六〇年）もあったが、無事にここに移御している。この東山御所が法住寺南殿になる。

場所的には、鴨川以東の白河殿から五条辺りまでは空閑地《こかんち》であるが、五条から六条にかけては平清盛《たいらのきよもり》の本拠の六波羅邸《ろくはらてい》があり、六条大路から七条を経て八条大路延長線上に法住寺殿が造営されている。また、七条河原には天台座主《てんだいざす》の最雲法親王《さいうんほっしんのう》の屋敷があって、法住寺殿造営中の一一六〇年にはここを七条河原御所としていた。

†法住寺南殿・法住寺北殿

法住寺殿には、鳥羽殿や白河殿に倣って、南殿と北殿が存在した。最初に造営されたのが南殿である。後に、七条御所や七条殿とかいった名称で呼ばれるようになったのが法住寺北殿である。法住寺南殿と北殿との間には七条大路の延長の大路ができており、南殿の西隣りには後白河上皇の持仏堂《じぶつどう》として蓮華王院《れんげおういん》も建立されている。

また、この蓮華王院の南側には最勝光院《さいしょうこういん》と新熊野社《いまくまのしゃ》が設けられた。法住寺南殿からこの最勝光院には池が続いており、法住寺殿には北殿・南殿・蓮華王院・最勝光院の四つの区画があったことが確認されている。規模から見たら、鳥羽殿や白河殿よりも小さくはなっているものの、御所と仏寺が一体となっている点など、共通の性格も見て取れる。また、発掘調査では持仏堂らしきものの遺構も見つかっている。

†法住寺殿のその後

すでに源平合戦期に突入していたこともあり、後白河上皇の治天としての権力は白河・鳥羽両上皇のそれと比較すると、それほど大きくはなかった。それでも、平氏と源氏、木曽義仲と頼朝、平氏滅亡後は義経や頼朝を互いに対立させて、巧みに政治的な主導権を握ろうとしたのであった。

その源平合戦の最中で、木曽義仲による法住寺殿焼き討ち事件が発生する。平氏を平安京から追い落とした義仲は、朝廷で皇位継承問題に介入したり、一一八三年（寿永《じゅえい》二）十月の宣旨《せんじ》で源頼朝に東国《とうごく》の支配権を容認したことに対する抗議を行うなど、後白河院政との対決姿勢を強めていった。

そして、義仲を押さえるべく、頼朝の上洛を促すなどしたため、後白河上皇との対立は決定的になった。頼朝は、義経軍を派遣し、軍事的衝突を行うようになると、義仲は法住寺殿を攻め、後白河上皇を捕らえて、五条東洞院《ひがしのとういん》に幽閉した。この時に、法住寺殿の大半は焼失したようで、残った建物も一一八五年（文治《ぶんじ》元）の地震で倒壊したが、頼朝の援助で修理がなされていた。

しかし、後白河上皇の崩御により、法住寺殿の地には法華堂が建設され、ここが後白河天皇陵と定められた。鎌倉時代の一二四九年（建長元）には蓮華王院が火災で焼失したが、本堂のみ一二六六年（文永《ぶんえい》三）に再建された。これが現在の三十三間堂《さんじゅうさんげんどう》になる。

†京都の拡充とその造営方法

このように、十一世紀後半から十三世紀前半の約二百年間にそれまでの平安京の領域から京都の領域が拡大した。それまでは平安京を離れたら極端な荒れ地や農地で、人の気配があまりしない感覚であった。しかし、白河院政が始まると、まず京都の東部に巨大寺院、南部に広大な御所が建設され、人の往来や居住が始まった。

さらに、白河上皇や鳥羽上皇の院政が本格化すると、東部は六勝寺、院の御所の白河殿によって、拡充されるようになる。また、南部の鳥羽殿でも御陵となる寺院や持仏堂の建立も進み、白河殿と大変似た地域となった。いずれも、平安京と接して、南と東に拡張した状況となったのである。

後白河院政期には、政権を担った平清盛の六波羅邸や後白河自身の院の御所の法住寺殿が鴨川以東に建設されるに及んで、平安京が東部と南部に拡大した。ただ、すでに十世紀に右京域には人が住まなくなった様子が『池亭記《ちていき》』などに記述されており、全体として院政期に京都の中心部が鴨川を越えて東部、南部に移動したと言ってもよいかもしれない。現在の京都市域が平安京よりも東や南に寄っている端緒となったといえよう。

それにしても、九世紀以来の財政難で、税制が人頭《じんとう》税から土地税に変化しただけでなく、荘園《しょうえん》・公領《こうりょう》体制の確立期でもあった院政期になぜこれだけの建築・造営が可能になったのであろうか。特に、国家財政が好転したわけでもなく、大変不思議な現象といえるのかもしれない。

これがいわゆる成功《じょうごう》方式である。十世紀以降、国司《こくし》となって赴任する者を受領《ずりょう》と呼ぶようになった。受領は倒れるところに土をつかめと言うほど、蓄財に余念がなく、国家が窮乏するのと反対に肥え太っていた。この受領層に目をつけて、造営させ、成功報酬として位を与えるという方式を定着させたのが院政期である。もともと奈良時代からあった畜銭《ちくせん》叙位《じょい》などと同様の売官《ばいかん》制度であるが、こういった方式に頼って、院政期の造営は行われたのである。もっとも、白河上皇も従来の律令時代以来の方式を是としていたことは史料上に見えるが、現実に押し寄せる工事などには最早対応していかず、こういった成功方式が採られるようになった。

こうして、中世の始まりとしての院政期には、平安京が東部と南部に拡充され、従来の平安京の枠組みからはみ出し、京都が変貌する端緒となったのである。加えて、成功方式が採られるなど、中世京都の始まりと位置づけられるのである。

さらに詳しく知るための参考文献

杉山信三「院の御所と御堂——院家建築の研究」(『奈良国立文化財研究所学報』第十一冊、奈良国立文化財研究所、一九六二)……主に院政期の治天の御所関係について、建築史の立場から論じたもの。

田村吉永「平安京の外京」(『大和文化研究』第十三巻十二号、一九六八)……平安京に外京があったかどうかを歴史地理学の立場から研究したもの。

朧谷寿「法住寺殿についての文献的考察」（『法住寺殿跡』古代學協會、一九七四）……法住寺跡の発掘調査に際し、歴史史料に見える法住寺殿について集成したもの。

岡田保良「平安時代鴨東白河の景観復原」（『京都大学校内遺跡調査研究年報』昭和五十四年度京都大学埋蔵文化財研究センター、一九八〇）……院政期に六勝寺や白河殿が造られる以前と以後とに分けて景観の変遷を復原した研究。

清水擴「六勝寺の伽藍とその性格」（『建築史学』第五号、一九八五）……六勝寺の伽藍配置について、総合的に研究したもの。

平岡定海「六勝寺の性格について――法親王と六勝寺」（『日本歴史』第三八三号、吉川弘文館、一九八〇）六勝寺について、法親王のあり方からその性格を推定したもの。

井上満郎「平安京の変質と拡大」（『講座考古地理学』第二巻、学生社、一九八三）……平安京の全般について、平安時代の後半に絞って変質過程を究明したもの。

杉山信三他『増補改編鳥羽離宮跡』（京都市埋蔵文化財研究所、一九八四）……鳥羽離宮跡の発掘調査報告。

清水擴「白河・鳥羽を中心とした院政期の寺院の性格と構成」（『建築史論叢』、中央公論美術出版、一九八八）……院政期の院御所と院政期に建立された寺院についての研究。清水論文二点は、いずれも同氏『平安時代仏教建築史の研究――浄土教建築を中心に』（中央公論美術出版、一九九二）に所収。

古代學協會・古代學研究所編『平安京提要』（角川書店、一九九四）……平安京全体の研究について、網羅的にまとめたもの。

鈴木久男『平安末期の広大な浄土世界　鳥羽離宮跡』（シリーズ「遺跡を学ぶ」）』（新泉社、二〇一八）……鳥羽離宮跡について、一般書としてこれまでの発掘調査成果をまとめたもの。

第13講

大宰府——対外交渉の拠点

杉原敏之

「天平二年正月一三日、萃于帥老宅、申宴会也、于時、初春令月、気淑風和、梅披鏡前之粉、蘭薫珮後之香…」（天平二年正月一三日に、帥《そち》の老の宅に萃《あつ》まりて、宴会を申くなり。時に、初春の令月にして、気淑しく風和らぎ、梅は鏡前の粉を披き、蘭は珮後の香を薫らす）（『万葉集』巻第五雑歌）。

天平二年（七三〇）正月に大宰帥大伴旅人《おおともたびと》宅にて開かれた梅花《ばいか》の宴《えん》では、大伴旅人、筑前守山上憶良《やまのうえのおくら》をはじめ、大宰府官人や管内国司が集《つど》い多くの万葉歌が詠まれた。この「筑紫歌壇《つくしかだん》」による華やかな文化的交流は、律令国家成立と共に令制大宰府が発足して三〇年目を迎えた時の記念碑的出来事であった。

†令制大宰府

『養老職員令《ようろうしきいんりょう》』大宰府条によれば、大宰府には主神《かんづかさ》、帥《そち》以下五〇名の官人が配されていたが、書生《しょしょう》、使部《しぶ》や仕丁《しちょう》などを含めれば、大宰府に関係する人びとは千人に達したとも言われる（竹内理三「大宰府政所考」『史淵』九州史学会）。また、四等官《しとうかん》の規模は、帥一人、大弐《だいに》一人、少弐《しように》二人、大監《だいげん》二人、少監《しようげん》二人、大典《だいてん》二人、少典《しようてん》二人の計一二名で中央官司の定員よりも多く、長官帥の相当位は従三位で八省の長官よりも上であった。この帥をはじめとする四等官の上位に主神を置く構成は、中央官制の神祇《じんぎ》官と太政官に相当するものとされ、専門職に従事する品官《ほんかん》を置く点も大宰府官制の特徴と言える。

大宰府の主な機能には、外交儀礼、軍事権、西海道を中心とする九国三島の統括があげられる。ただし、職員令に正式に規定された帥独自の職務は、「蕃客《ばんきやく》」、「帰化《きか》」、「饗讌《きようえん》」という外交儀礼に関わるものだけである。蕃客は使節の入国管理、帰化は定住外国人の受け入れ、饗讌は外国使節に対する饗宴である。

一方、軍事権や諸国島の支配権については、職務として明記されていない。帥の軍事権は、国守と同様の内容だが、辺境防備を目的として防人を統括する点は、固有の軍事機能と言える。また管内支配権については、国司・郡司など官人の詮議《せんぎ》（任命権）やその養成機関である府学校の存在、諸国からの調庸物が京進されずに一端大宰府に送られる徴税制などから、諸国島に対して実質的な権限があったことも確かである。「筑前国を帯す」としたのも、この現れであろう。いずれにしても、外交儀礼を除く二つの機能は、歴史的に付与されたものと考えられている。

†大宰府の原風景

天智天皇二年（六六三）の白村江の敗戦を契機として、筑紫には水城《みずき》、大野城《おおのじょう》、基肄城《きいじょう》などの防衛施設が短期間のうちに造営されていった。大宰府政庁を中心として、北に大野城、南に基肄城という朝鮮式山城を南北に配し、北西には平野を遮断する水城、さらに西側の尾根間を埋める上大利《かみおおり》・大土居《おおどい》・天神山《てんじんやま》等の小水城《しょうみずき》、南の平野には関屋・とうれぎ土塁などが築かれている。この筑紫の要塞化には、博多湾の那津《なのつ》から機能移転した「筑紫大宰《つくしだざい》」が深く関わっていたと考えられる。特に天武天皇元年（六七二）の壬申の乱の際、筑紫大宰栗隈王《くるくまおう》が「筑紫国は、もとより辺賊の難を戍るなり。それ城を峻《たか》くし隍《みぞ》を深くして、海に臨みて守るは、あに内賊のためならんや」（『日本書紀』）とした、近江朝の援軍要請拒否は筑紫大宰が西海の軍事権を掌握していたことを物語っている。

図１　大宰府政庁と大野城（九州歴史資料館）

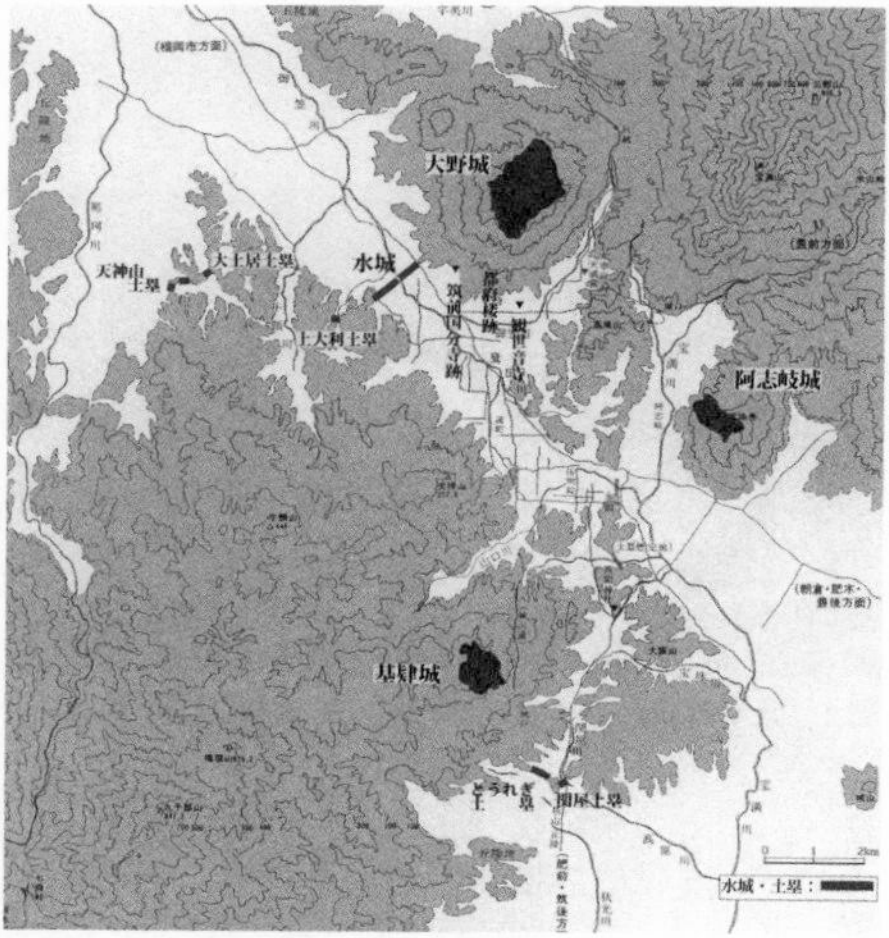

図２　大宰府都城（大野城市教育委員会）

このような山城と土塁線を繋ぎながら自然の要害を取り込む城郭構造は、百済最後の王都・泗沘《しひ》都城《とじょう》と幾つか共通点もみられる。泗沘都城では、北に扶蘇《プソ》山城《サンソン》を配し、北から西側には自然の要害である錦江《クムガン》を取り込み、東には羅城と呼ばれる土塁線を取り込んでいる。そして、この百済王都との歴史的関係性から〃大宰府都城〃とも呼ばれている（鏡山一九六八）。ただし、大宰府の場合、七世紀後半の軍事機能を主体とする山城造営から、律令制確立における政治機能整備と共に官衙《かんが》造営や都市形成が段階的に行われた成り立ちを持つと考えられている（小田富士雄「成立期大宰府都城調査の成果と検討」『大宰府の研究』高志書院）。また、近年の前畑土塁の発見を契機として、大宰府の外郭線や「羅城《らじょう》」に関する議論も盛んである。いずれにしても、外郭を構成する山城や土塁線は、律令国家成立後も大宰府の軍事機能を維持・表現する上でも重要な施設として機能したことは確かである。

水城は博多湾からの敵の侵入を防ぐため、平野を遮断する一・二kmの土塁と前面に幅六〇mの水を貯えた外濠から成る防衛施設である。しかし、律令期には大宰府内外を隔てる境界の地として機能し、土塁東西の門は大宰府郭内へ至る主門であった。このうち西門は、筑紫館《つくしのむろつみ》（後の鴻臚《こうろ》館《かん》）から大宰府へ続く官道（通称西門ルート）が通る重要な地点でもあった。発掘調査では、Ⅰ期掘立柱式（七世紀後半）は一間の門（柱間四・二二m）で切り通し両壁を積石で補強しているが、Ⅱ期礎石式（八世紀初め頃）は律令制成立によって、三間一戸の八脚門への整備が想定されている。

図３　大野城と水城（九州歴史資料館）

大宰府政庁背後に位置する大野城は、北側に深い谷を持つ独立的山塊の四王寺山（標高四一〇m）に約八kmの土塁や石塁からなる城壁を築いている。城内には計九箇所の門が知られているが、水の手石塁とつながる太宰府口城門、百間石垣とつながる宇美口城門が南北の主門である。このうち太宰府口城門では、創建期のⅠ期掘立柱式（七世紀後半：正面三間、中央柱間五・二五m）から、律令制成立によってⅡ期礎石式（八世紀前半：一×一間、正面柱間五・二五m）に整備され大宰府式鬼瓦も葺かれた。さらに城内には、七地区で七〇棟以上の礎石建物群がある。主城原《しゅじょうばる》、村上、八《や》ッ《つ》波《なみ》、猫坂《ねこさか》、尾花《おばな》の各地区には三×五間、三×四間の総柱建物の倉庫が八世紀から九世紀にかけて造営され、記録によれば倉庫には穀物や器仗（武器）等が貯蓄されていた。不《ふち》丁《よう》地区官衙出土木簡には、基肄城の備蓄米を筑前、筑後、肥（肥前・肥後）等の諸国に分け与えるように命じた記載がある。

†大宰府の中枢・大宰府政庁

大宰府の中枢施設、大宰府政庁の発掘調査では、大きく三時期の建物変遷が確認されている（九州歴史資料館編『大宰府政庁跡』二〇〇二）。最下層のⅠ期掘立柱建物（概ね七世紀後半）、Ⅱ期礎石建物（八世紀初め頃）、Ⅲ期礎石建物（一〇世紀後半）に分かれるが、特にⅢ期は天慶《てんぎょう》四年（九四一）の藤原純友の乱後の再建である。

これらのうち、律令成立直後に造営されたⅡ期大宰府政庁は西海道の官衙では最初の瓦葺殿舎である。都宮の朝堂院《ちょうどういん》形式を採用した南北二一五・四五m、東西一一九・二〇mの規模で、前庭部の東西に脇殿《わきでん》を、中央奥には宮の大極殿に相当する正殿《せいでん》を配した。創建瓦は鴻臚館式軒先瓦（223a-635A）であり、独自の鬼面文を持つ大宰府式鬼瓦Ⅰ式も葺かれたのである。

Ⅱ期大宰府政庁の平面配置は政庁中軸線を折り返した東西幅一一九・二〇ｍの四等分が二九・八〇ｍとなり、天平小尺（＝〇・二九八ｍ）の一〇〇尺に相当する（横田賢次郎「大宰府政庁の変遷について」『大宰府古文化論叢』吉川弘文館）。つまり、東西は四〇〇尺になる。ただし、南北長については、前面築地から回廊までが三〇・五ｍ、回廊部が一二〇・七五ｍ、回廊から後面築地までが六四・三五ｍであり、一〇〇尺（＝二九・八ｍ）の数値にはのらない。この小尺採用は和銅六年（七一三）の改定以後であり、大宰府政庁の造営は、この時期以降に本格化したとみられる。このように、Ⅱ期政庁の造営は施設様式や遺物などから

図４　大宰府式鬼瓦（九州国立博物館）

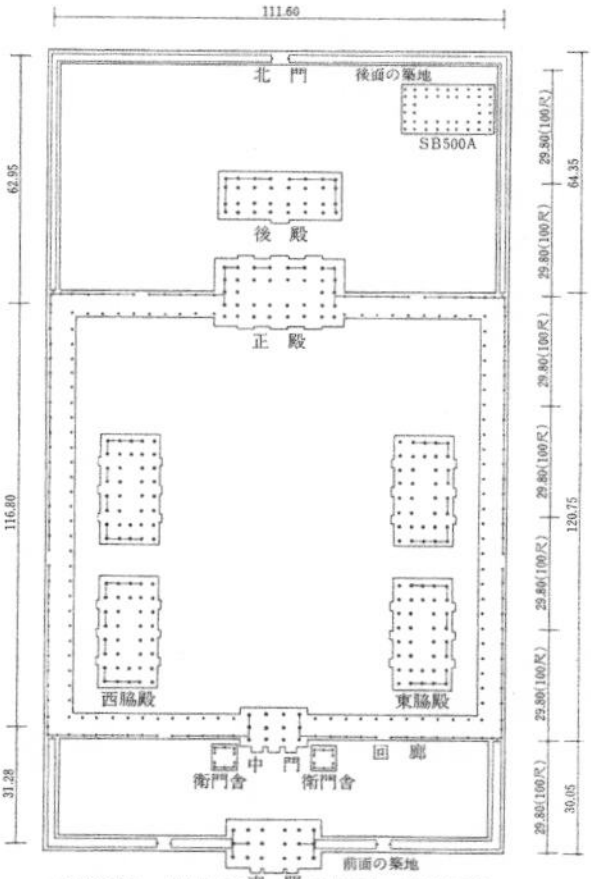

図５　Ⅱ期大宰府政庁平面復元図（九州歴史資料館）

図６　大宰府政庁復元模型（Ⅲ期）（福岡県立アジア文化交流センター）

みて、平城遷都と共に具体化したことは確かである。霊亀《れいき》元年（七一五）には造平城京司長官であった多治比真人池《たじひのまひといけ》守《もり》の赴任の記録があり、この霊亀・養老年間頃にⅡ期大宰府政庁が成立したと考えられている（狭川真一「大宰府の造営」『古文化談叢』九州古文化研究会）。

大宰府政庁諸施設のうち、現地表に礎石が残るⅢ期正殿は七×四間の四面廂《しめんびさし》建物で、不明なⅡ期も同規模と想定される。基壇規模は東西三四・七m、南北一九・七mの凝灰《ぎょうかい》岩切石《がんきりいし》の壇上積基壇《だんじょうづみきだん》で前後面に三箇所の階段が取り付く。正面が吹き抜けで側面後方には壁、背後には扉と壁が付く構造で裳階《もこし》による重層の建物に復元される。

大宰府政庁内で行われた儀式に関する具体的記録はないが、平城宮や国府の例から政庁においても元日朝賀《がんじつちょうが》の儀式、告朔《こうさく》、官人交替の儀、正月吉祥悔過会《きっしょうけかえ》、あるいは外国使節を接応する儀礼空間などに使用されたと考えられている（八木充「筑紫における大宰府の成立」『大宰府政庁跡』）。ただし、政庁東北隅部に置かれた四面廂掘立柱建物SB五〇〇北側の不整形土坑《どこう》SK五一四からは、文字資料である木簡が八八七点出土している。多くは削屑《けずりくず》だが、下級職員の「使部《しぶ》」、軍団に関わる「御笠団《みかさだん》」や「□百長」等が、また解文の事書である「謹解申〜事」や、「家」、「為」などの習書木簡も数多く、他に官名の「貳」、「掾《じょう》」、人名の「鴨牧麻《かまのまきま》」、「麻（万）呂」、「益人」などの人名がある。多岐に亘る内容から周辺に総務的官司が想定されている。

†大宰府の官衙

記録によれば、大宰府には一九の司所《ししょ》（官司）が存在したことがわかっている（竹内前掲）。政所《まんどころ》、税司《ぜいし》、公文所《くもんじょ》、大帳所《だいちょうしょ》、蔵司《くらつかさ》、防人司《さきもりのつかさ》、警固所《けごしょ》、大野城司《おおのじょうし》、蕃客所《ばんきゃくしょ》、主厨《しゅちゅう》司《し》、主船司《しゅせんし》、匠司《たくみのつかさ》、修理器仗所《しゅうりきじょうしょ》、薬司《やくし》、貢上染物所《こうじょうそめものしょ》、作紙所《さくししょ》、兵馬所《へいばしょ》、貢物所《こうもつしょ》、学校院などがあり、職掌上、一部を除き大宰府政庁の周辺に置かれたと考えられる。

大宰府政庁を中心とする官衙群は、大宰府庁域《だざいふちょういき》と呼ばれている（鏡山一九六八）。かつて鏡山猛《かがみやまたけし》は、この府庁域を、方四町（一町＝一〇九m）に復元し、政庁中軸線から東西各二町分、政庁前面の県道から北二町分をその範囲としている。しかし、その後の政庁周辺の発掘調査成果によって、府庁域は政庁を中心に東西八町（約八七〇m）、南北四町（約四三〇m）とその南に東西約四〇〇mの張り出しを持つ範囲が想定されている（石松好雄「大宰府

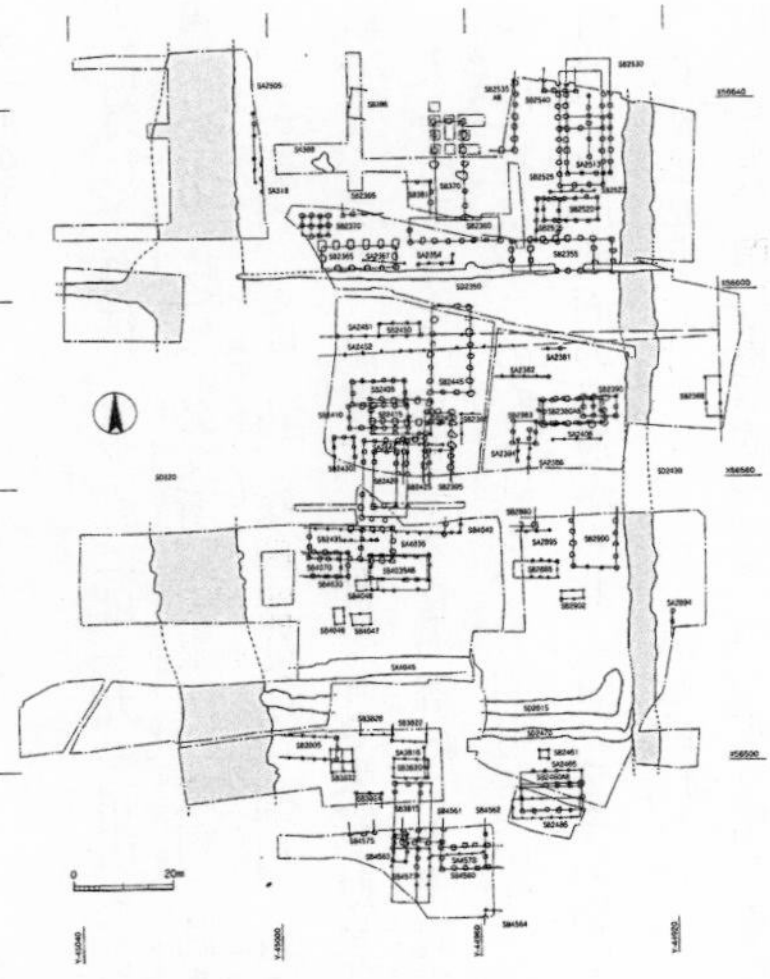

図７　不丁地区官衙（九州歴史資料館）

府庁域考」『大宰府古文化論叢』上巻、吉川弘文館）。さらに、近年では、小田富士雄が大宰府条坊の調査成果によって導き出された約九〇m区画の南北七町、東西六町（左右各三町）の範囲となる方形の府庁域を復元している（小田前掲）。

　発掘調査では大宰府政庁をとり囲むように、区画施設や地形、建物を中心とする施設のまとまりによって官衙が把握されている（九州歴史資料館編『大宰府政庁周辺官衙跡Ｉ』）。丘陵の東側には「月山《つきやま》地区」、「学校院《がっこういん》地区」、西側には「蔵司《くらづかさ》地区」、「来木《らいき》地区」、北側には「政庁後背地区」、前面には「政庁正面広場地区」、「日吉《ひよし》地区」、「不丁《ふちょう》地区」、「大楠《おおくす》地区」などの地区がある。

　大宰府政庁正面に位置する政庁正面広場地区はⅡ期政庁に併せて大規模な造成が行われている。広場ＳＨ二五〇〇内には一〇×四間の南北棟の四面廂建物ＳＢ二三〇〇が一棟のみで、政庁での儀式に備えて官人が集まった「朝集殿《ちょうしゅうでん》」と考えられている。そして、この空間の東西には日吉地区と不丁地区官衙ある。

不丁地区官衙は二つの南北溝ＳＤ二三四〇とＳＤ三二〇（心々幅約八七ｍ）によって区画されている。七世紀末から一一世紀まで、大きく五時期にわたって施設が変遷するが、最盛期はⅡ期（八世紀前半〜中頃）、Ⅲ期（八世紀後半〜九世紀中頃）である。特にⅢ期にはＳＤ二三四〇を廃絶して、東西の溝や築地によって南北三区画に分かれて各地区で大型の南北棟や四面廂建物を中心に建物群がまとまりを持ち、南北棟の礎石建物ＳＢ三七〇〇も出現する（九州歴史資料館編『大宰府政庁周辺官衙跡Ｖ』）。また、東の境界溝（ＳＤ二三四〇）では、一五〇〇点近くの文《もん》書《じょ》・付札《つけふだ》木簡等が出土しており、「天平六年（七三四）」銘木簡をはじめ、「糟屋《かすや》郡《ぐん》紫草《むらさきくさ》廿根」、「岡郡紫草」、「肥前國松浦郡神戸調薄鰒《ちょうのうすあわび》」、「薩麻国枯根」、「山《やま》鹿《が》」、「合志《ごうし》郡」などがある。調庸に関するものや西海道諸国の地名が見られるが、染物原料の「紫草」に関

図８　蔵司地区礎石建物ＳＢ 5000（九州歴史資料館）

する付札木簡の多さから司所の一つ「貢上染物所」の有力な比定地でもある。

政庁西側の蔵司地区官衙は、字名「蔵司《くらつかさ》」が示す通り、西海道からの物品などの税を集約・管理する府庫を担った蔵司に比定される。丘陵部前面では、Ⅱ期政庁造営と並行して施設整備が開始され、区画施設である築地塀（SA一四〇〇）内には掘立柱建物や礎石建物が造営されていった。これに対して、丘陵上の平坦地の最高所には九間×三間（桁行《けたゆき》三六・九m×梁行《はりゆき》一三・〇m）の東西棟の礎石建物SB五〇〇〇があり、近年の調査では、高床《たかゆか》式《しき》の倉庫ではなく、円形柱座を備えた礎石や建築構造から講堂風の建物と理解されている。また、その一段下位の平坦地には儀礼空間を取り囲むように倉庫とみられる礎石建物が確認されているが様式も多様である。さらに、初期の丘陵造成の痕跡や下層に掘立柱建物も確認されており、蔵司地区全体における施設の状況が明らかになりつつある。

†古代都市大宰府

かつて、鏡山猛は『観世音寺文書《かんぜおんじもんじょ》』の長徳《ちょうとく》二年（九九六）の土地施入《とちせにゅう》記事に「条」、「坊」、「町」等の単位が見られることや条里制や地割の痕跡の検討から、方一町（約一〇九m）を単位とする、南北二二条、東西左右郭《かく》一二坊の大宰府条坊を推定復元した（鏡山前掲）。そして、大宰府政庁を中心とする府庁域を方四町、観世音寺方三町、学校院方二町、筑前国

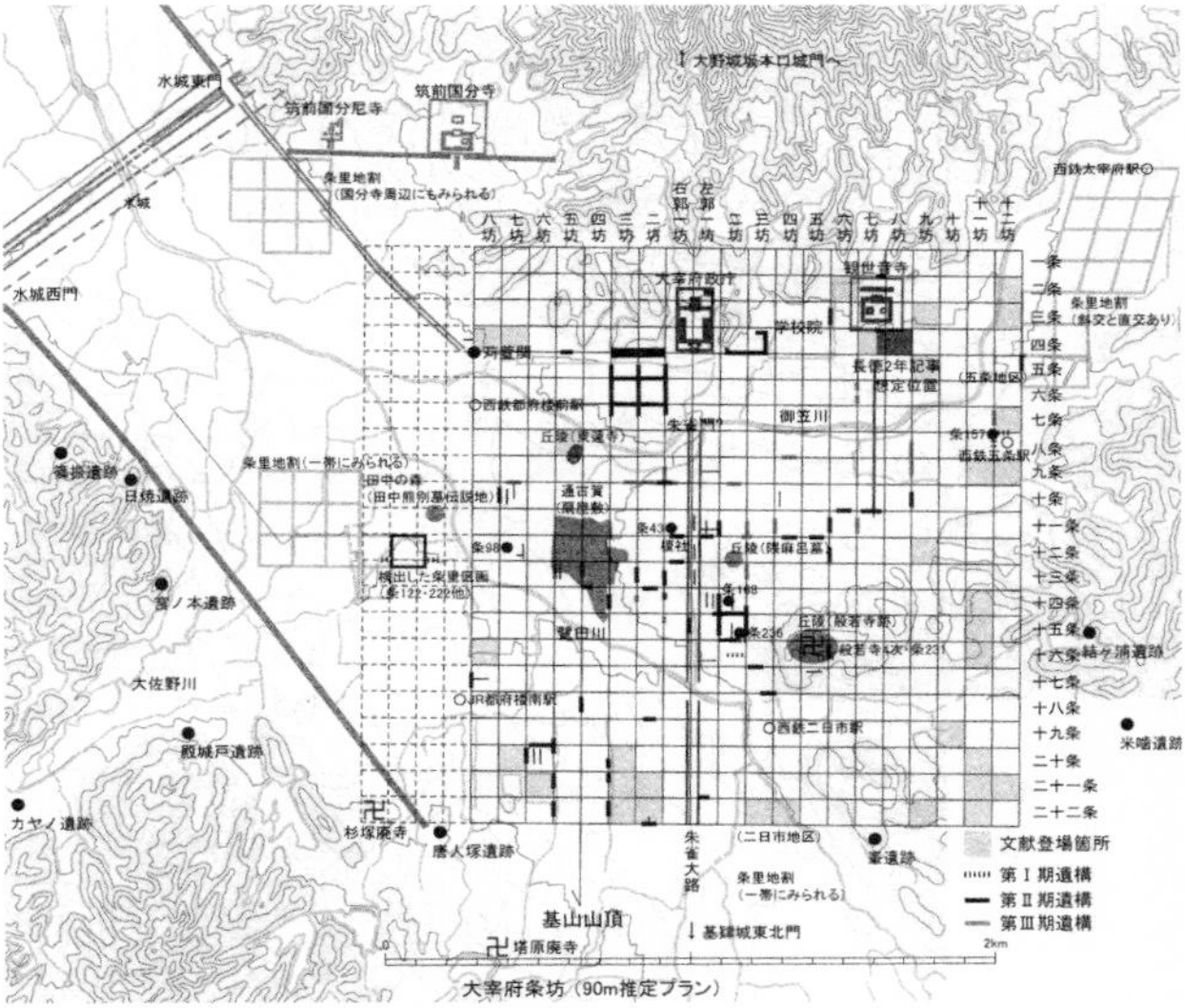

図９　近年の大宰府条坊復元案（太宰府市教育委員会）

分寺方二町とした。

しかし、研究の現状では、Ⅱ期政庁造営以前に条坊区画の成立をみる考えが優勢である（井上信正「大宰府条坊論」『大宰府の研究』大宰府史跡発掘五〇周年記念論文集刊行会）。大宰府条坊右郭の調査資料を基にして、道路や溝の痕跡をたどりながら、一辺約九〇ｍの区画が復元されている。大宝大尺《だいしゃく》（一尺＝〇・三五ｍ前後）による大尺二五〇尺とし、和銅六年（七一三）条を受けたⅡ期政庁の小尺《しょうしゃく》（一尺＝〇・二九六ｍ前後）とは異なる、藤原京との尺度の共通性も指摘されている。さらに大宰府政庁や観世音寺など、政庁Ⅱ期以降の主要施設がいずれも小尺使用で政庁中軸線延長となる朱雀大路（道路幅三六m：小尺＝一二〇尺）と条坊区画（一辺九〇m）との「ズレ」から、政庁Ⅱ期成立以前の七世紀末〜八世紀初頭に政庁Ⅰ期街区（大宰府条坊）が大尺で施工され、この条坊が政庁Ⅱ期からⅢ期に機能したとみられている。このように、遅くとも奈良時代の大宰府には都に倣った条坊制が成立し、碁盤目状に区画された都市的景観があったことは確かであろう。

大宰府条坊内の道路は、東西方向を条路、南北方向を坊路と呼ぶ。調査で確認できる道路幅は、通常三m前後で必ずしも大きくはない。時には路面にそって直線に延びる数条の溝を確認することができ、牛車の引かれた痕跡と考えられている。大宰府政庁に近い、朱雀大路に面した左郭《さかく》九条一坊では二間×五間の大型の東西棟建物が単体でみられ高級官人の居宅が想定されており、この地区周辺では大型建物が継続する。これに対して、条坊西側の右郭九条六坊付近では、奈良時代（八世紀代）には小型掘立柱建物がわずかに確認される程度だが、平安時代（九世紀代）に建物が増加する。これは区画の道路敷設後、次第に「宅地化」が進んだ結果とみられている。

大宰府条坊中央地域となる左郭二坊一五条を中心とする調査（条坊五七・二六七次）では、朱雀大路に沿って南北に二棟が並ぶ奈良時代後半頃に造られた大型建物群が検出されている。北側建物は、桁行一六間×梁行五間で西側二間が廂となり、南北約三〇mある。これに対して南側建物は、桁行一一間×梁行五間で、南北二四mである。また周辺出土の遺物類には、朝鮮半島から請来《しょうらい》の佐波理《さはり》製品、漆器、新羅土器、奈良三彩の火舎、越州窯《えつしゅうよう》系青《せい》磁《じ》香炉《こうろ》などの優品がある。条坊域において朱雀大路を意識した長大な南北二棟の建物が並列する配置は公的性格が強く、大宰府の外交機能に関わる客館とみられている。

さらに条坊右郭西側の筑前国分寺周辺の国分《こくぶ》松本《まつもと》遺跡の調査（一三次）では、旧河川13（SX〇〇一）より大宝令成立以前となる、飛鳥浄御原令《あすかきよみはらりょう》下の「戸籍」「計帳」に関わる内容や「竺志前国嶋評《つくしのみちのくちのくにしまのこおり》」銘木簡が出土している。筑紫大宰《つくしのだざい》、初期筑前国に関わる可能性も指摘されており、大宰府機構の成立を考える上でも重要である。

†府の大寺・観世音寺と宗教文化

西海道を統括した大宰府を護る観世音寺は、〝府の大寺〟と呼ばれた。朝倉橘広庭宮《あさくらたちばなひろにわのみや》で亡くなった母斉明天皇《さいめいてんのう》追善のため、天智天皇によって発願された。朱鳥《しゅちょう》元年（六八六）の封戸施入の記録から、この時期までには造営が開始されたとみられる。しかし、和銅二年（七〇九）には観世音寺造営の催促がみられるなど時間を要し、発願から数十年あまりの歳月を経た天平一八年（七四六）に最終的な完成をみた。そして天平宝字五年（七六一）

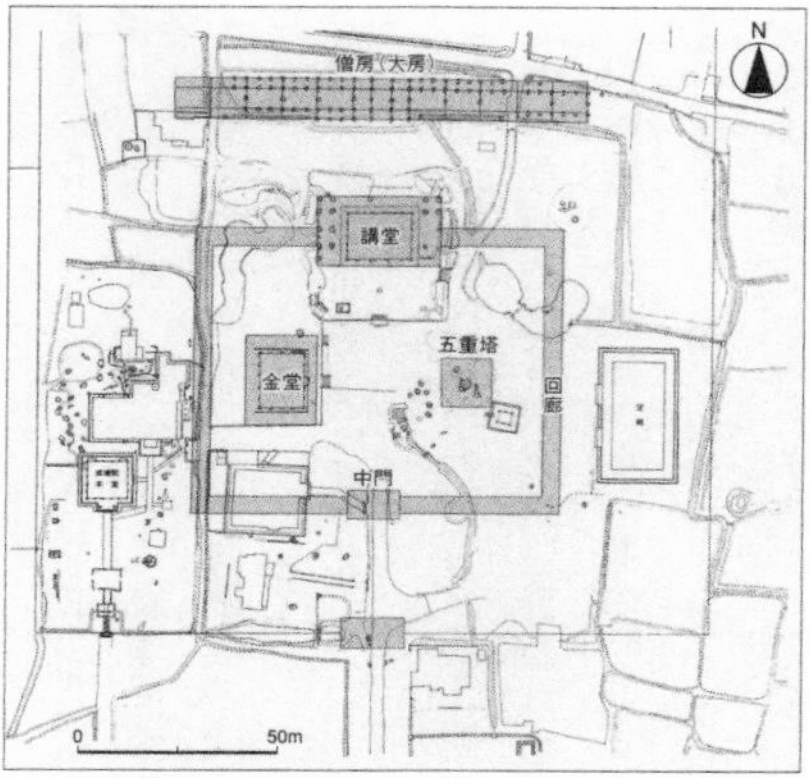

図10　観世音寺伽藍中心部（九州歴史資料館）

には、僧尼受戒《じゅかい》のための戒壇院《かいだんいん》が設置され、名実ともに西海随一の寺となったのである。

観世音寺と大宰府政庁の両中軸線間の距離は、天平小尺（〇・二九六m前後）で二〇〇〇尺（五九四・七四m）であり、両者の間に位置する学校院と併せて政庁Ⅱ期以降に計画的な配置と施工が行われたとみられる。観世音寺式と呼ばれる伽藍は、東に五重塔、西に東面する金堂、北の講堂に中門から延びる回廊が取り付き、その背後には大規模な僧房（大房）が配されている（九州歴史資料館編『観世音寺』吉川弘文館）。回廊は南北約七八m、東西約九二・六m、四方で寺域は方三町に復元される。発掘調査成果によれば、金堂や講堂の基壇は八世紀以降の造営で幾度か建替えの痕跡がみられるが、金堂については平安時代・康治二年（一一四三）の火災の痕が確認されている。

寺には現在も丈六像をはじめ古仏が伝えられているが、創建当初の仏像については既に失われている。ただし、一二二二年（貞応元《じょうおう》）に復興された現存の不空羂索観音像《ふくうけんさくかんのんぞう》の体内には、創建期に溯る塑像不空羂索観音像の断片が納入されていた。また、海外から請来された唐三彩《とうさんさい》をはじめ、越州窯系青磁、刑窯《けいよう》系白磁等、初期貿易陶磁が多量に出土している。

このように大宰府には、諸国を統括する観世音寺をはじめ、郭内や周辺には多くの寺院が建立された。官寺には、七七四年（宝亀五）に新羅からの呪縛を打ち払うために大野城に創建された四王寺《しおうじ》、大宰府鎮護のために宝満山《ほうまんざん》に置かれた竈門山寺《かまどさんじ》、諸国にみられる筑前国分寺や同尼寺がある。それらは政治機能だけでは表現できない、大宰府の信仰施策や宗教観、文化的側面を担っていたと考えられる。

†大宰府の都市景観

「この府は人物殷繁《いんぱん》にして天下の一都会なり」（『続日本紀』）と称されたように、大宰府は、都や難波を除けば地方最大の都市でもあった。また、「この府は九国二島の輻湊《ふくそう》する所にして、夷民、往来し、盗賊も時なく、追補拷掠《ついぶごうりやく》、その備えあるべきなり。」（『類聚三代格《るいじゆうさんだいきやく》』）とあるように、西海道各地から人びとが集い、朝鮮半島の人びとも往来する場所であり、大宰府が西海の古代都市であったことが窺える。

往時、大宰府を福岡平野から望むと水城と大野城が一体となって城壁を構成する巨大な要塞のように映ったであろうが、大宰府条坊内からみると別の表情を持っていた。おそらく、朱雀大路から北を望んだ時、正面に大宰府政庁、西の丘陵上に蔵司の建物群、東に観世音寺の五重塔、さらに後背には大野城が聳える、大宰府独自の都市景観があったはずである。当時、この政治、経済、宗教、軍事に関わる諸施設など、官司・大宰府の機能を視覚的に認識することができたのである。特に巨大な大野城を背負う大宰府政庁の姿は、語らずともその歴史や本来の役割を強く意識させたと思われる。

さらに詳しく知るための参考文献

鏡山猛『大宰府都城の研究』(風間書房、一九六八)……大宰府研究の歩みと視点がわかる学史的名著で、基本的文献としても重要。

九州歴史資料館編『九州歴史資料館開館十周年記念大宰府古文化論叢』上下巻(吉川弘文館、一九八三)……大宰府研究に関する体系的論文集で考古学、文献史学、建築等の研究成果がわかる。

倉住靖彦『古代の大宰府』(吉川弘文館、一九八五)……大宰府の歴史を体系的に知ることができる今日でも学術的価値の高い名著。

大宰府史跡発掘五〇周年記念論文集刊行会編『大宰府の研究』(高志書院、二〇一八)……大宰府史跡発掘調査五十年を記念した論文集で、大宰府に関する最新の研究動向がわかる。

＊以下は、大宰府を体系的に学ぶうえでもわかりやすい概説書。

藤井功・亀井明徳『西都大宰府』(NHKブックス、一九七七)

石松好雄『日本の美術5　No. 216　大宰府跡』(至文堂、一九八四)

杉原敏之『遠の朝廷　大宰府(シリーズ「遺跡を学ぶ」)』(新泉社、二〇一一)

第14講

多賀城――城柵国府と街並み

古川一明

†城柵国府の成立

七世紀後半、中央集権を目指す畿内政権は、地方豪族（国造《こくぞう》）の支配領域を基盤として全国を国《くに》、郡《こおり》（評）という新たな単位に区分し、それぞれの役所である国府、郡《ぐう》（評《ひょう》）家《け》を設置して地方の支配体制の足場を固めようとした。しかし、東北地方北部では地方豪族（国造）の支配体制は未成熟で、国や郡を設置することができなかった。このため、郡を設置できない境界の領域を含む東北地方一円を「陸奥《むつ》」「出羽《でわ》」という国名で一括し（図1）、北部の住民を「蝦夷《えみし》」と呼び、彼の地に支配を及ぼすために二つの政策を展開した。一つは移民と建郡《けんぐん》により境界領域の内地化を進めること、もう一つは抵抗する蝦夷を軍事的に制圧することであった。このように陸奥・出羽の国府と郡家の多くは、通常の任務に先立ち、蝦夷政策の拠点となる「城柵《じょうさく》」の責務を担って創建されたのである。

七世紀後半から八世紀初頭の陸奥国府の機能は、仙台平野のほぼ中央に位置する仙台市郡山遺跡《こおりやまいせき》（Ⅱ期官衙《にきかんが》）が担っていた（図1）。注目されるのは、郡山遺跡《こおりやまいせき》Ⅱ期官衙《かんが》が同時代の宮都であった藤原宮《ふじわらきゅう》をモデルとし、その二分の一の規模で造営されたことである。これは陸奥国府が僻遠の地の小宮都として造営されたことを示している。一方で、郡山遺跡Ⅱ期官衙中枢部には蝦夷の服属儀礼に関わる方形石組池《ほうけいいしぐみいけ》が配備され、外郭《がいかく》には堅固な櫓状《やぐらじょう》建物を付設した材木塀《ざいもくべい》が廻らされていた。このように、郡山遺跡Ⅱ期官衙は宮都としての姿と、蝦夷政策の拠点となる城柵の姿を兼ね備えていた。

郡山遺跡Ⅱ期官衙が陸奥の城柵国府の役割を担っていた七二〇年（養老《ようろう》四）、陸奥・出羽支配の要職にあった按察使《あぜち》が蝦夷により殺害されるという一大事件が発生した。この事態を受け、中央政府は蝦夷政策の見直しを図り、郡山遺跡の国府機能を多賀城《たがじょう》に移すことにした。多賀城碑《たがじょうひ》には、七二四年（神亀《じんき》元）、平城宮で聖武天皇《しょうむてんのう》が即位したその年、陸奥経営の重責を託された大野東人《おおののあづまひと》が多賀城造営の指揮を執ったことが記されている。国府移転先の多賀城は敷地面積が郡山遺跡のおよそ四倍で、移転とほぼ同時に創設された鎮兵制《ちんぺいせい》とあいまって国府の軍事的機能は飛躍的に増強された。新たな陸奥国府多賀城は、およそ一キロメートル四方の外周に、高さ四メートル超の築地塀《ついじべい》と材木塀を廻らせた（図2）。この外周を区画する施設こそが他の国府にはみられない城柵国府特有の施設であった。

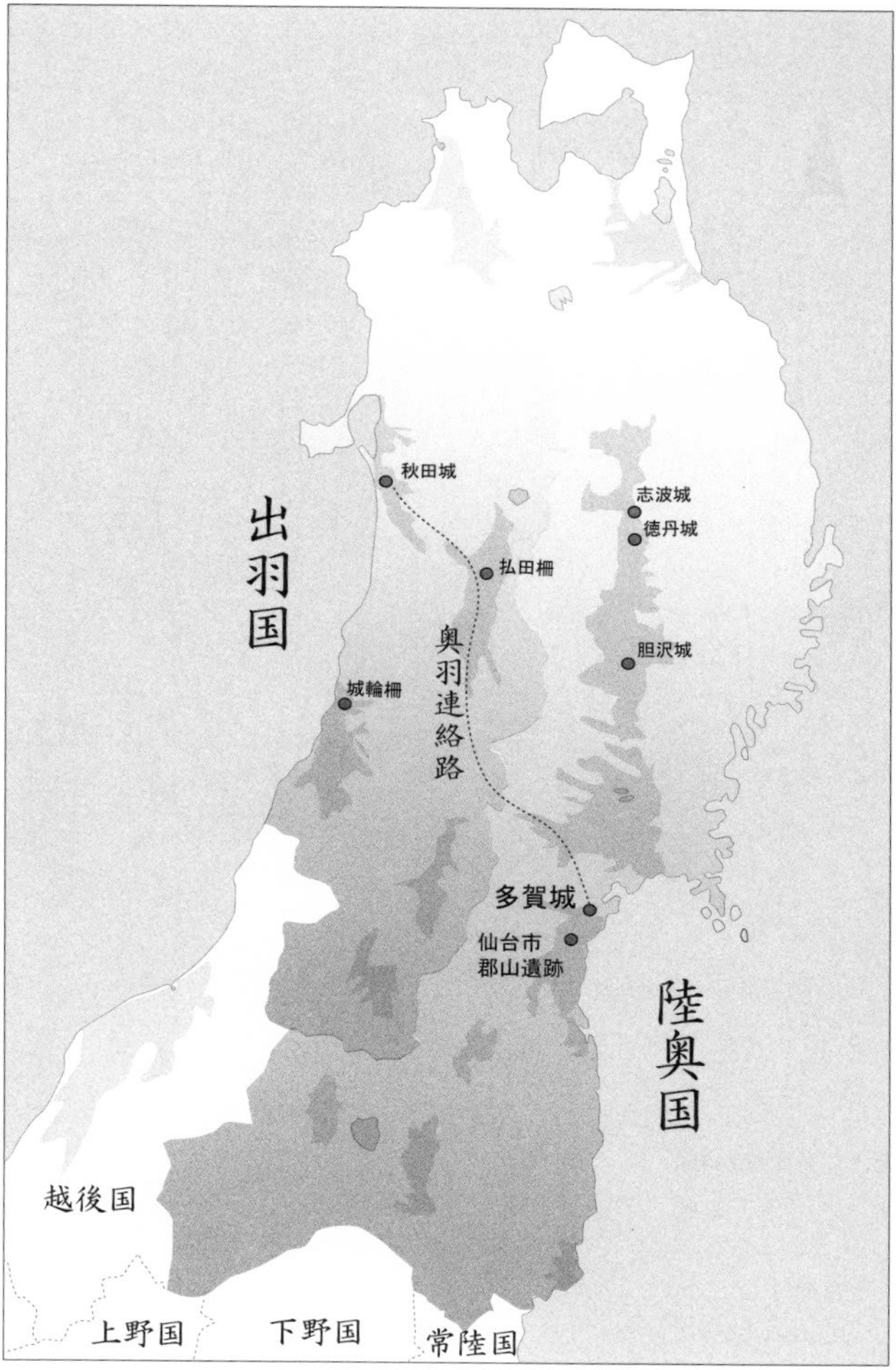
秋田城
志波城
徳丹城
出羽国
払田柵
胆沢城
城輪柵
奥羽連絡路
多賀城
仙台市
郡山遺跡
陸奥国
越後国
上野国
下野国
常陸国

図1　多賀城の位置

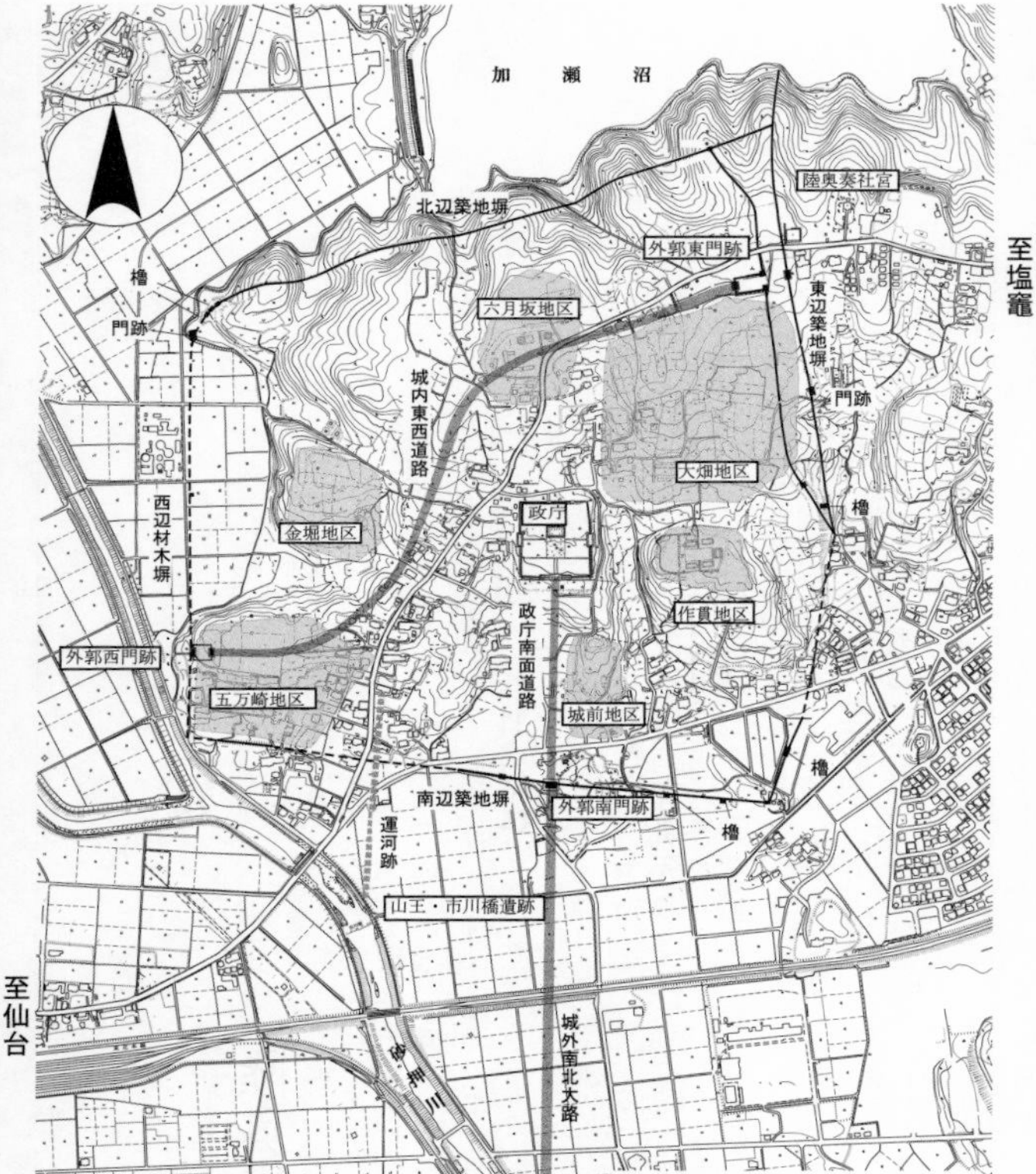
加瀬沼
北辺築地塀
陸奥総社宮
外郭東門跡
至塩竈
櫓
門跡
六月坂地区
城内東西道路
東辺築地塀
門跡
大畑地区
櫓
西辺材木塀
政庁
金堀地区
作貫地区
政庁南面道路
外郭西門跡
五万崎地区
城前地区
櫓
南辺築地塀
外郭南門跡
櫓
運河跡
山王・市川橋遺跡
至仙台
城外南北大路
0m 100m 200m 300m 400m 500m

図２　多賀城全体図

ところで、「多賀城」の名が国史に初めて現れるのは、『続日本紀《しょくにほんぎ》』七八〇年（宝亀《ほうき》十一）であるが、七六二年（天平宝字《てんぴょうほうじ》六）の紀年のある『多賀城碑』にはすでに「多賀城」の名が記されている。それ以前は、『続日本紀』七三七年（天平《てんぴょう》九）に「多賀柵《たがのき》」の記事があり、さらにそれ以前は『続日本紀』七二二年（養老六）から七二四年（神亀《じんき》元）に登場する「（陸奥）鎮所《ちんしょ》」が陸奥国府もしくは国府が統括する城柵群の総称とみられている。こうした国史等に記された陸奥国府の名称は、いずれも対蝦夷政策の文脈の中で記されたもので、あくまでも中央政府の視点からみた軍事拠点としての城柵の機能が強調された名称であった。

このため第二次世界大戦前の歴史観では、多賀城は蝦夷征伐の軍事拠点として厳めしい姿で描写されてきた。しかし戦後の調査研究により、多賀城政庁は周囲に瓦葺きの築地《ついじ》をめぐらす荘厳な行政府の姿であったことが明らかにされ、戦前に強調された軍事要素は誇大な虚飾として再検討された。さらに近年の調査研究の進展により、城下の街並みが発見されるなど、古代都市としての陸奥国府、行政・軍事両側面を併せ持つ城柵国府の多賀城の実像が解明されつつある。

†多賀城の姿

多賀城跡は、宮城県多賀城市に所在し、日本三景松島で知られる松島丘陵の南東端に位置している。多賀城跡とその付属寺院跡は、一九六六年（昭和四十一）「多賀城跡《たがじょうあと》附《つけたり》寺跡《てらあと》」として国特別史跡に指定され、指定地内は宮城県多賀城跡調査研究所《たがじょうあとちょうさけんきゅうしょ》が継続的な発掘調査と史跡整備事業を進めている。また、周辺の古代遺跡については、高速道建設や宅地造成、圃場《ほじょう》整備事業等に関わる宮城県教育委員会と多賀城市教育委員会による調査が積み重ねられ、多賀城を支えた城下の様相が解明されつつある。これら一連の調査で明らかになった陸奥国府多賀城の姿は、広大な丘陵上を築地塀と材木塀で囲い、中央に政庁、周辺に実務官庁を配した整然とした構成で、その南側の城下には方格地割《ほうかくちわり》に基づく街並みが展開する都市的景観を呈していたのである。

まず、多賀城の中枢である政庁《せいちょう》をみてみよう。政庁は城域のほぼ中央に位置する東西百三メートル、南北百十六メートルの築地塀を廻らせた空間で、その中央に正殿《せいでん》と東西脇殿《わきでん》で囲まれた広場（中庭）を設けていた。この広場は、重要文書決裁などの事務作業のほかに、蝦夷饗応《きょうおう》・国家的儀式など城柵国府にとって最重要な催事の舞台でもあった。他の国府の政庁と比較すると、中央の広場の奥行きが狭く東西幅が広い点が特徴である。このような政庁の形態は多賀城を初源とし、以後、秋田城《あきたじょう》、胆沢城《いさわじょう》をはじめとする他の城柵にも採用されたことから城柵型政庁とも呼ばれている。政庁から南方をみると仙台平野の海岸線越しに太平洋を一望することができる。まさに「天子南面《てんしなんめん》」を体現した立地であった。

次に、政庁を取り囲む外郭部についてみてみよう。現在までの調査により、政庁南東の城前《じょうまえ》地区、東の作貫《さっかん》地区、北東の大畑《おおはた》地区、北の六月坂《ろくがつざか》地区、西の金堀《かなほり》地区、南西の五《ご》万崎《まんざき》地区の計六地区で、掘立《ほったて》式建物、井戸、倉庫、竪穴建物などで構成された施設が発見され（図2）周辺から木簡《もっかん》・漆紙文書《うるしがみもんじょ》、陶磁器、金属製武器武具などが出土している。これらは国府の実務を担当する曹司《そうし》と呼ばれた施設で、職掌ごとに地区を分けて配置されていた。このうち、政庁のすぐ南側に位置する城前地区の官衙施設は出土した木簡などから奈良時代の鎮守府《ちんじゅふ》に関わる施設で、政庁とともに城柵国府の中枢部を構成していたとみられる。とくに奈良時代後半から平安時代初め頃にはこの城前地区をはじめとする曹司の建物の数が急増するが、これは、桓武《かんむ》天皇《てんのう》の命により度重なる征夷事業が計画され、多賀城内の事務量が増加して各地区の曹司の施設が拡充・整備されたためと考えられている。

これら政庁と曹司や外郭の門は城内道路によって結ばれていた。政庁と外郭南門《がいかくなんもん》を結ぶ政庁南面道路《せいちょうなんめんどうろ》は、南方の城下からの景観を意識し、階段に踏石を設け路肩に石垣を積むなど、主に政庁の威厳を高める空間として整備された。これに対し、外郭東門と西門を結ぶ城内東西道路は、尾根伝いに曲線を描きながら大畑地区、六月坂地区、金堀地区、五万崎地区の曹司群を連絡する路幅十メートル前後の基幹道路として機能したとみられる。

なお、多賀城跡の南東約五百メートルに位置する多賀城廃寺《はいじ》跡《あと》は、仙台市郡山遺跡の付属寺院であった郡山廃寺の後継として多賀城の地に創建された国府付属寺院とみられている。多賀城廃寺跡の伽藍配置《がらんはいち》は、築地で囲まれた塔・金堂院を中心に南辺築地上に中門、北辺築地上に講堂を配している。中心の塔・金堂院は東に塔、西に東向きの金堂が位置する九州大宰府《だざいふ》の観世音寺《かんぜおんじ》と同じ伽藍配置である。塔は礎石《そせき》の配置から三重塔と推定されている。講堂跡からは塑像《そぞう》破片（菩薩像《ぼさつぞう》の台座《だいざ》蓮弁《れんべん》、吉祥天《きっしょうてん》もしくは弁才天《べんざいてん》頭部、邪鬼《じゃき》の爪など）、泥《でい》塔《とう》（二千個以上）などが出土している。寺名については、近隣の山王遺跡町裏《まちうら》地区から出土した土器の中に「観音寺」と墨書された土器が含まれていたことから大宰府の付属寺院と同じく「観音寺」もしくは「観世音寺」であったとする見解が有力である。

†多賀城の変遷

奈良、平安時代の国府多賀城では、その景観を大きく変える三つの歴史的事件があった。奈良時代中頃の大規模改修、奈良時代末の戦火、平安時代中頃の震災である。これら三つの事件を画期として、政庁の変遷は第Ⅰ期から第Ⅳ期に分けられている（図3）。政庁以外の曹司や外郭の門、城下の街並みの変遷も政庁の時期区分にほぼ連動している。

政庁第Ⅰ期は、七二四年（神亀元）陸奥《むつ》按察使《あぜち》大野東人《おおののあずまひと》による多賀城の創建から七六二年（天平宝字六）藤原朝臣恵《ふじわらのあそんえ》美《み》朝獦《あさかり》による多賀城の大規模改修までの三十七年間である。創

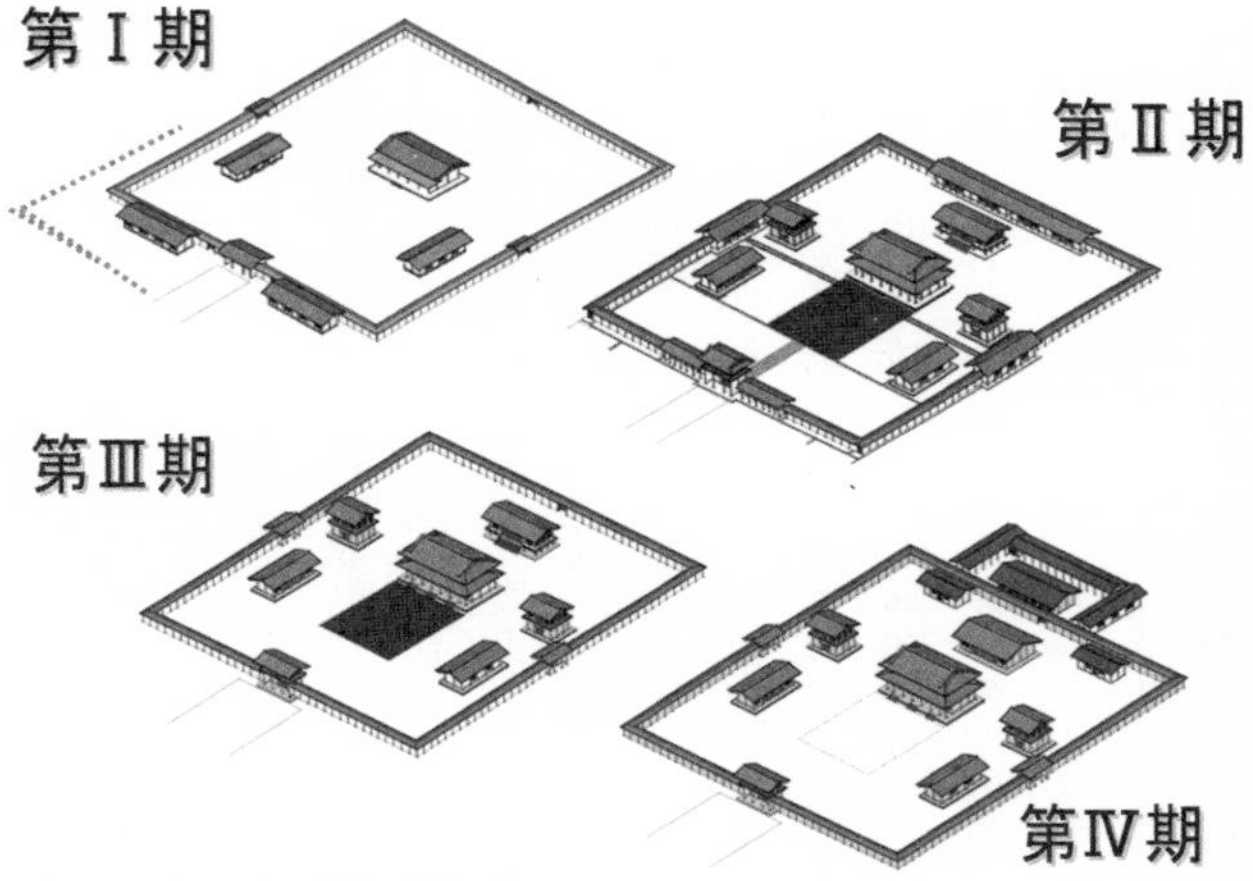

図３　多賀城政庁の変遷（多賀城跡調査研究所提供）

建当初の政庁は正殿と東西脇殿で囲まれた広場からなる簡素な構成で、主要建物は掘《ほっ》立式《たてしき》であった。郡山遺跡からの移転ということもあり装飾性の抑えられた外観だったとみられる。第Ⅰ期中頃の七三七年（天平九）、陸奥国府多賀城と出羽柵《でわのさく》秋田城を結ぶ奥羽連絡路《おううれんらくろ》（図１）の開削事業が実施された。この事業は、当時の中央政権を主導した藤原四兄弟の一人藤原麻呂《ふじわらのまろ》が直接多賀柵に赴き、大野東人が宮城県北部の城柵群を統括しながら指揮を執ったもので、陸奥国府の重要性が遺憾なく発揮された出来事であった。

　政庁第Ⅱ期は、七六二年（天平宝字六）の藤原朝獦《ふじわらのあさかり》の多賀城の改修事業から七八〇年（宝亀十一）伊治公呰麻呂《これはりのきみあざまろ》の乱による多賀城炎上までの十八年間である。朝獦は時の権力者藤原仲麻呂《ふじわらのなかまろ》の子で、政庁の建物を礎石式に建て替え、正殿両脇に東西楼、北に後殿を新設し、築地に北殿、政庁南門に翼廊《よくろう》を付し、中央広場は石敷きに整備するなど、政庁の外観を唐風に一新した。これに先立つ七五九年（天平宝字三）には雄勝《おがち》・桃生《ものう》両城を造営し、蝦夷政策を次々と断行した。一方で、これらの積極策は蝦夷の不満を増幅し、七七四年（宝亀五）の桃生城炎上を契機として「三十八《さんじゆうはち》年戦争《ねんせんそう》」と呼ばれる陸奥国騒乱の時代に突入し、七八〇年（宝亀十一）には伊治公呰麻呂の戦乱により国府多賀城は炎上した。多賀城の発掘調査では政庁をはじめ城内各地でこの時の火災の痕跡が確認されている。

政庁第Ⅲ期は、七八〇年（宝亀十一）の伊治公呰麻呂の戦乱により焼失した政庁の復興から八六九年（貞観《じようがん》十一）の陸奥国大地震（貞観《じようがん》地震）までの八十九年間である。この時期の政庁の建物は第Ⅱ期の建物規模と配置を踏襲する形で復興されたが、第Ⅱ期に新設された築地の北殿、政庁南門の翼廊は省略され、やや簡素化された外観となった。第Ⅲ期の復興で特筆されるのは、政庁以外の城内道路や外郭東西門や曹司が拡充され、城下南方の方格地割が施行されるなど、周辺施設の整備に重点が置かれたことである。政庁南面道路は、路幅がそれまでの約十二メートルから二倍の二十三メートルに拡幅され、城下南方には度重なる軍事行動を支えるための人員や物資の集積地として方格地割に基づく街並みが形成されはじめた。また、陸奥総社宮《そうしやのみや》や千賀《ちか》の浦塩竈《うらしおがま》の国府津《こうづ》の玄関口であり、多賀城の実質的な正面である外郭東門の前面には楼閣風《ろうかくふう》建物が付設され荘厳な外観となった。これらの変化は、八〇二年（延暦《えんりやく》二十一）に創建された胆沢城に鎮守府が移されたことや、八一一年（弘仁《こうにん》二年）に三十八年戦争の終結が告げられたことも相まって、城柵国府としての多賀城から古代都市多賀城へと変貌する一連の過程として読み取ることができる。

政庁第Ⅳ期は、八六九年（貞観十一）に発生した陸奥国大地震（貞観地震）後、平安時代末までのおよそ三百年の長きにわたる。そして、十二世紀前半頃には政庁南面道路が削り崩され、政庁はその役割を終えたとみられる。貞観震災後の第Ⅳ期政庁は第Ⅲ期の建物規模と配置を踏襲する形で復興されたが、築地北西に区画が付加され、北東・北西隅に小規模な掘立式建物群が新設されるなど、それまで維持されてきた政庁の建物配置の東西対称性が徐々に崩れていった。また、政庁の儀式に使われた第Ⅳ期の土器が築地周辺に多量に廃棄された。こうした建物の対称性の喪失や政庁内の土器の廃棄行為は、聖域として扱われてきた政庁に対する意識の変化の表れとみられる。

†城外の街並み

多賀城南方の平野部には多賀城を支えた古代の街並みが広がっていた。多賀城下の山《さん》王《のう》・市川橋遺跡《いちかわばしいせき》の一連の発掘調査により、この地に古墳時代以来大規模な集落が形成されていたことが明らかにされた。中でも注目されるのは、八世紀後半に、大溝と材木塀で周囲を囲い込んだ区画が形成されたことである。区画の広がりの全貌は未だ明確でないが、周辺から漆工や鍛冶《かじ》に関わる竪穴建物が発見されていることから、この時期にこの地が防御施設を備えた手工業生産域として国府の領域に組み込まれたとみられる。

その後伊治公呰麻呂の戦乱を経て、多賀城が蝦夷対策の拠点として再整備された八世紀末から九世紀中頃には、多賀城城下の山王・市川橋遺跡に街並みが形成された。この街並みは、多賀城の外郭南門から延びる南北大路と、東山道《とうさんどう》から分岐した東西大路を基軸とした方格地割で構成され、街区の広がりは東西千五百メートル、南北八百メートルに及ぶ（図4）。街区東端の高崎遺跡井戸尻《いどじり》地区や西端の山王遺跡西町浦《にしまちうら》地区では国府域の平安を祈る万灯会《まんとうえ》に使われた土器が出土し、国府域の境界が明確に意識されていたとみられる。街並みの外側には水田や畑地などの耕作地が広がっていたことも明らかになってきている。

まず、方格地割の基準となる大路についてみてみよう。東西大路は路幅十二メートル前後の直線道路で、道路の方向は地形に制約され、西で約十度北に傾いている。一方、南北大路は路幅が政庁第Ⅱ期には十八メートル、第Ⅲ期以降は二十三〜二十五メートルに拡幅された直線道路である。道路の方向は北で約四度東に傾いている。これら二条の大路は多賀城の外郭南門から南に五百四十メートル（五町）の位置で交差している。両大路の成立時期は政庁第Ⅱ期の八世紀半ばまで遡る可能性があるが、沿道に小路や街区が形成され始めたのは南北大路が拡幅された政庁第Ⅲ期の八世紀末以降と推定されている。

城下の道路網は、南北大路の西側に八世紀末以降に形成されたもので、南北大路に並行する小路が九条、東西大路に並行する小路が五条以上確認されている。小路の路幅は六メートル前後で、道路両側に幅一メートル前後、深さ五十センチメートル前後の側溝が設けられていた。調査の所見では、洪水などの影響で側溝が土砂で埋まるたびに頻繁に掘り直しが行われたことが知られている。周囲の河川の氾濫が頻繁に城下に洪水被害をもたらしたことを物語ると同時に、道路面が周囲の家敷地より低くなっている場所が多いことから、道路網自体が街区全体の排水施設としても機能していたとみられる。

次に地割の区画内の様子についてみてみよう。南北大路西側の東西大路沿いや南北大路東側の独立丘陵上では国司《こくし》の館《たち》とみられる区画が発見されている。大路沿いの国司の館は一斉に整備されたわけではなく、時期によって場所を移しながら整備が進められたとみられるので、時代順にその様相をみてみよう。

山王遺跡多賀前《たがまえ》地区では東西大路を挟んで、その南北両側で国司の館とみられる区画が発見されている。南側の区画は南北大路から西に約二百メートル（二町）に位置し、九世

至国府津
外郭東門跡
多賀城跡
政庁
外郭西門跡
外郭南門跡
南北大路
館前遺跡
多賀城廃寺跡
区
高平地区
市川橋遺跡
多賀前地区
水入地区
井戸尻
高崎遺跡
東1
4
西3
西2
西1
跡
0m
500m

図4　多賀城下の方格地割

紀中頃の廂付《ひさしつき》建物跡の主屋《おもや》と数棟の副屋《そえや》、格式の高い刳貫《くりぬき》井戸や、鑓水《やりみず》庭園の一部とみられる蛇行する溝が発見された。周辺から高級陶磁器が出土し、国守《くにのかみ》を指す「守《かみ》」と墨書された土器も出土したことから、この区画は国守の館跡とみられている。北側の区画は南北大路から西に約三百メートル（三町）に位置する。区画内はさらに材木塀で南北に三分割され、このうち大路に面する南の区画では九世紀中頃の三面廂付《さんめんひさしつき》建物跡の主屋と二棟の副屋とこれを囲むように配置された倉庫八棟が発見された。中央の区画でも主屋・副屋とみられる建物群と倉庫群・刳貫井戸が発見された。これらの区画は、高級陶磁器などは出土しているが区画が分割されていることから、国司の中でも下級官吏の館と考えられている。

これらに対し、館前《たてまえ》遺跡で発見された施設は南北大路東側の独立丘陵上に所在する。丘陵上を整地した約五十メートル四方の平坦地に、九世紀後半から十世紀前半頃の四面廂付《しめんひさしつき》建物跡の主屋、前屋・後屋と三棟の副屋が配置されていて、地割から独立した区画であることと、建物の規模の大きさからみて、ここも国司の館跡と考えられている。

山王遺跡千刈田《せんがった》地区で発見された国司の館は東西大路の北側に面し、南北大路から西に約七百メートル（七町）に位置する。国司の館跡としては時期的に最も新しい十世紀初頭頃の四面廂付掘立式の主屋と数棟の副屋、刳貫井戸が発見され、中国産の高級陶磁器や金泥《こんでい》が付着した硯《すずり》が出土している。井戸からは、右大臣《うだいじん》に馬を贈った際の領収文書を巻き付けた題箋軸木簡《だいせんじくもっかん》が出土している。この区画も国守の館跡と考えられている。

以上のように国司の館が発見されている東西大路沿いの区画や独立丘陵上の館前遺跡はいずれも水はけのよい好立地にあるが、東西大路から離れた南北の区画は低湿地に近く軟弱地盤の土地であった。こうした悪条件の敷地、すなわち東西大路から離れた区画では、細かく分割された小区画の中に小規模な掘立式建物、竪穴建物、井戸跡が発見され、周辺から漆製品、金属製品、木製品、骨角製品等が出土している。これらの区画には陸奥国府管内諸郡の出張所や下級役人の住まい、各種工房などが配置されていたと推定されている。

その一例として、山王遺跡伏石《ふせいし》地区では、井戸跡から陸奥国南部の会津《あいづ》郡の名が記された題箋軸木簡が出土し、この区画に会津郡に関わる施設が配置されていたと推定されている。他にも、伏石地区周辺からは「信夫《しのぶ》」「宇多《うだ》」「亘理《わたり》」「名取《なとり》」「賀美《かみ》」等、陸奥国南部の郡名が記された墨書土器が出土しているので、これら諸郡に関わる施設が周辺に配置されていたとみられる。伏石地区と同様に東西大路から離れた区画の調査例として、山王遺跡八幡《はちまん》地区、市川橋遺跡水入《みずいり》地区、高平《たかひら》地区などがあるが、これらの地区は下級役人の住まいや各種工房跡とみられている。

さらに、東西南北大路の交差点周辺では、馬具や絵馬《えま》、製塩土器《せいえんどき》など、馬に関わる品々が多く出土している。とくに、南北大路沿いの東西両側の区画で発見された南北に細長い建物跡は厩舎《きゅうしゃ》の可能性も指摘され、交差点周辺には馬の管理に関わる施設群が配備されていたようである。厩舎の可能性のある建物を含むこれらの施設は政庁第Ⅲ期にあたる八世紀末から九世紀中頃に整備された。同時に、荷札《にふだ》木簡や「厨《くりや》」・「政所《まんどころ》」などの墨書土器も出土していることから、周辺には物資の集積施設や饗宴施設なども併設されていたとみられる。まさに東山道の終着駅として賑わいをみせていたことであろう。

†城柵国府多賀城の終末

多賀城下の街並みの大半の敷地は十世紀後半頃には使用されなくなっている。ただし、大路交差点周辺や一部の小路はその後も維持され、国府多賀城を支える城下の街並みは縮小しながら存続したことも確認されている。十一世紀後半、陸奥国を舞台に前九年《ぜんくねん》・後三年《ごさんねん》合戦が勃発すると、源頼義《みなもとのよりよし》・義家《よしいえ》らは国府多賀城を拠点として安倍・清原氏と対峙した。貿易陶磁器やかわらけなど宴会用の土器の出土状況からみて、当時の多賀城内は、職掌を世襲化した在庁官人《ざいちょうかんじん》と呼ばれる官吏たちが官庁を私邸化し、政庁でおこなわれる公的儀式とは別に城内各所で儀式や饗宴をおこなっていたとみられる。十二世紀に平泉藤原《ひらいずみふじわら》氏《し》が支配権を確立するまで、多賀城の陸奥国府としての求心力は維持されたのである。

さらに詳しく知るための参考文献

青木和夫・岡田茂弘編『古代を考える　多賀城と古代東北』（吉川弘文館、二〇〇六）……東北地方の縄文時代から平泉藤原氏の滅亡にいたる歴史と多賀城の調査成果について、古代史、考古学の研究者十名が分担執筆。多賀城を中心に据えた東北史という視点を提示。

高倉敏明『日本の遺跡30　多賀城跡』（同成社、二〇〇八）……多賀城跡とその周辺の古代遺跡の発掘調査に直接携わった著者が、多賀城跡と周辺の遺跡の調査成果を詳しく解説した、多賀城を理解するための入門書。

鈴木拓也『戦争の日本史3　蝦夷と東北戦争』（吉川弘文館、二〇〇八）……八世紀から九世紀にかけて繰り返し実施された征夷戦争の経過を、時間軸に沿って解説。一連の征夷戦争の過程で、多賀城がどのような役割を担ったかを知るうえで必携の書。

進藤秋輝『古代東北統治の拠点　多賀城（シリーズ「遺跡を学ぶ」）』（新泉社、二〇一〇）……古代城柵の調査研究を主導した著者が、多賀城跡とその城下の街並みの調査成果を集大成し、図や写真を示しながら分かりやすく説明。最新の知見に裏打ちされた調査成果が簡潔にまとめられている。

熊谷公男編『古代東北の地域像と城柵』（高志書院、二〇一九）……東北古代史の課題について最新の研究成果を古代史研究者十二名が執筆。専門書ではあるが、中央の視点から多賀城を取り巻く東北古代史を客観的に見据えることができる

第15講　平泉——奥州藤原氏の首都

佐藤嘉広

「平泉」のイメージ

平泉《ひらいずみ》の教科書的記述は、以下のように要約されるだろう。

「平安時代末期（院政期）に平安京及びその周辺に展開した貴族文化が浄土教とともに地方に波及した結果、中尊寺金色堂《ちゅうそんじこんじきどう》に代表されるような百年間の繁栄が築かれたこと。その繁栄は、産金《さんきん》と北方交易によってもたらされたものであること。また、平泉は奥州《おうしゅう》藤原氏の統治の拠点であったが、一一八九年、鎌倉幕府によって滅されるにいたったこと。」

実際、奥州藤原氏滅亡後の平泉が衰退の一途であったことは、記録のみならず考古学的にも明らかである。十二世紀の平泉の繁栄を物語る質・量ともに豊富な遺構や遺物を見るにつけ、十三世紀以降の貧弱さに目を覆いたくなる。しかし、このことが、記録されなかった平泉の繁栄を、良好な考古学資料として今日に残しえた最大の要因である。これは圧倒的な量の文字記録を残している白河《しらかわ》・鳥羽《とば》や鎌倉にはない平泉の持つ史料的価値である。

さて、後世の人々は十二世紀の平泉の繁栄を誇張的に復元しようとさまざまに試みている。十六〜十七世紀ごろに描かれた「平泉諸寺参詣曼陀羅図《さんけいまんだらず》」（中尊寺蔵）には、各寺院への参詣の様子が想像たくましく描写されている。寺院中心の平泉である。一方、その多くが十八世紀以降の描画と見られている「平泉古図」においては、館《たち》を中心とする平泉の繁栄が近世城下町風に仕上げられている。

そして、芭蕉は、わずか二百字のなかに四百年前の栄華と眼前の寒村とを対照させた。

†残された三代の「平泉」

後世の開発を逃れたとはいえ、十二世紀当時の平泉がそのまま残されているわけではない。当時の建造物のうち、現存しているものは中尊寺金色堂のみである。

十一世紀末ごろ奥州藤原氏初代清衡《きよひら》は江刺《えさし》郡から平泉に宿館《しゅくかん》を移し、以後、この地を拠点とした。ここに奥州藤原氏四代百年余の繁栄が築かれるが、四代泰衡《やすひら》の統治はわずか二年程度であり、しかも鎌倉幕府との対立が先鋭化した時期にあたっていて、事績が明らかではない。清衡から二代、三代へと受け継がれる中で、主に『吾妻鏡《あずまかがみ》』一一八九年（文治《ぶんじ》五）九月十七日条「寺塔《じとう》已下注文《いかちゅうもん》」（中尊寺などの僧侶が源頼朝の求めにより平泉の寺院等について報告したもの。以下、「注文」）を参照し、何が残されているかを見よう。

清衡は、平泉に居館《きよかん》を移した後ほどなく、陸奥国《むつのくに》の南北を分かっていた関山《かんざん》丘陵上への寺院造営を開始した。関山中尊寺である。最初院《さいしょいん》多宝寺《たほうじ》は一一〇五年（長治《ちょうじ》二）に完成したと伝えられる（「中尊寺文書」）。その後、釈迦堂、両界堂《りょうがいどう》、二階《に かい》大堂《だいどう》などが建立され、一一二二年（保安三）に経蔵が、一一二四年（天治元）に金色堂が、一一二六年（大治《たいじ》元）には「鎮護《ちんご》国家《こっか》大伽藍《だいがらん》一区《いっく》」が完成する。一三三七年に関山丘陵全体に及ぶ大火災があり（「中尊寺梵鐘銘」）、金色堂と経蔵の一部を残して焼亡した。

二代基衡《もとひら》は、毛越寺《もうつうじ》を造営した。金堂円隆寺《こんりゅうじ》は「我朝無双《わがちょうむそう》」の規模と言われた。一方、「毛越寺」として、今日の毛越寺境内の東に隣接する観自在王院《かんじざいおういん》をはじめ、吉祥堂《きっしょうどう》や千手堂《せんじゅどう》などが説明されている。また、円隆寺の西に位置する大伽藍嘉勝寺《かしょうじ》については、三代秀衡《ひでひら》によって完成されたことが記されている。現在、十二世紀の堂舎についてはすべて遺跡化し、典型的浄土庭園として知られる大泉池《おおいずみ》が当時の様相を伝えている。

三代秀衡は、宇治平等院阿弥陀堂を模して無量光院《むりょうこういん》を造営した。阿弥陀堂のほか、三重宝塔が建立されていた。「新御堂《しんみどう》」と称された無量光院は小規模な寺院であったためか、「注文」の際にも僧侶が列席していたか不明である。無量光院の活動は、「関東下知状《かんとうげちじょう》」に見える一二八八年（正応《しょうおう》元）の記録（「中尊寺文書」）を最後にその後の状況が不明である。

初代及び二代の手による平泉の開発が今日に大きく伝えられるのに対し、意外にも、三代秀衡による事績が小規模であることに気づかされる。これは、動産仏教美術においても同様で、確実に秀衡が関わったとされる作品は、紺紙《こんし》金字一切経《きんじいっさいきょう》や金色堂秀衡壇及び壇上仏の一部などを挙げうるのみである。鎮守府将軍《ちんじゅふしょうぐん》を経て陸奥守《むつのかみ》に任じられ、奥州藤原氏による平泉の最盛期を築いたとされている秀衡であるが、「名実ともに」と言いうるか、今後の検証が欠かせない。

秀衡は、頼朝から東大寺大仏滅金《めっき》料を求められた際、「砂金が商人たちによって掘りつくされている」(『玉葉《ぎょくよう》』一一八七)ことを求めに応じられないことの理由としたが、実態に近いものではなかったか。鎌倉幕府からの圧力の有無にかかわらず、平泉の終焉は近づいていたのかもしれない。

†「館」の構造

一九八八年以来三十年に及ぶ大規模発掘調査によって、柳之御所《やなぎのごしょ》遺跡の範囲に「注文」に記載される「平泉館《ひらいずみのたち》」(以下、「館」)を含むことが確実となった。考古学が平泉研究にもたらした最大の成果のひとつである。しかし、広い柳之御所遺跡のどの部分が「館」であったかについての確定は難しい。ここでは、『柳之御所遺跡堀内部地区《ほりないぶちく》内容確認調査報告書』(岩手県教育委員会、二〇一八、二〇一九)にしたがって、堀で囲まれた約七ヘクタールの範囲(以下、堀内部地区)を「館」としておきたい。

堀内部地区は、発掘調査開始当初の一九九〇年代には、十二世紀後半の遺跡、すなわち三代秀衡の館と考えられていた。「注文」の「館の事」に「秀衡」と注記されていることから、多くの文献史研究者が「館」=秀衡と考えていたことによるものである。考古学研究者もこの見解に引き寄せられ、明らかに十二世紀前半代の遺物が確認されていたにも関わらず、それを補強するために多くの論文が生み出されていた。しかし、二〇〇〇年以降のさらなる発掘調査や出土資料の再検討を経て、堀内部地区が「三代の旧跡」であり、「累跡《るいせき》の郭内」であることが広く共通認識されるようになった。

奥州藤原氏の居館であり政庁である「館」の注目すべき点をいくつか記しておきたい。

まず、館の中心的役割を担ったと考えられる建物(中心建物)であるが、これらはすべて掘立柱《ほったてばしら》建物であり、約百年間で三期程度の変遷をたどる(図1)。

【I期】当初の中心建物(52SB5, 6)は堀内部地区の北西域で確認されている。この建物位置は、堀内部地区から中尊寺金色堂に向かって延びる道路遺構と関連する。「注文」には、「館」と金色堂との関係が記されていて、金色堂が、正面を真東から少し南に振り、「館」に向けて建立されたことをうかがわせている。

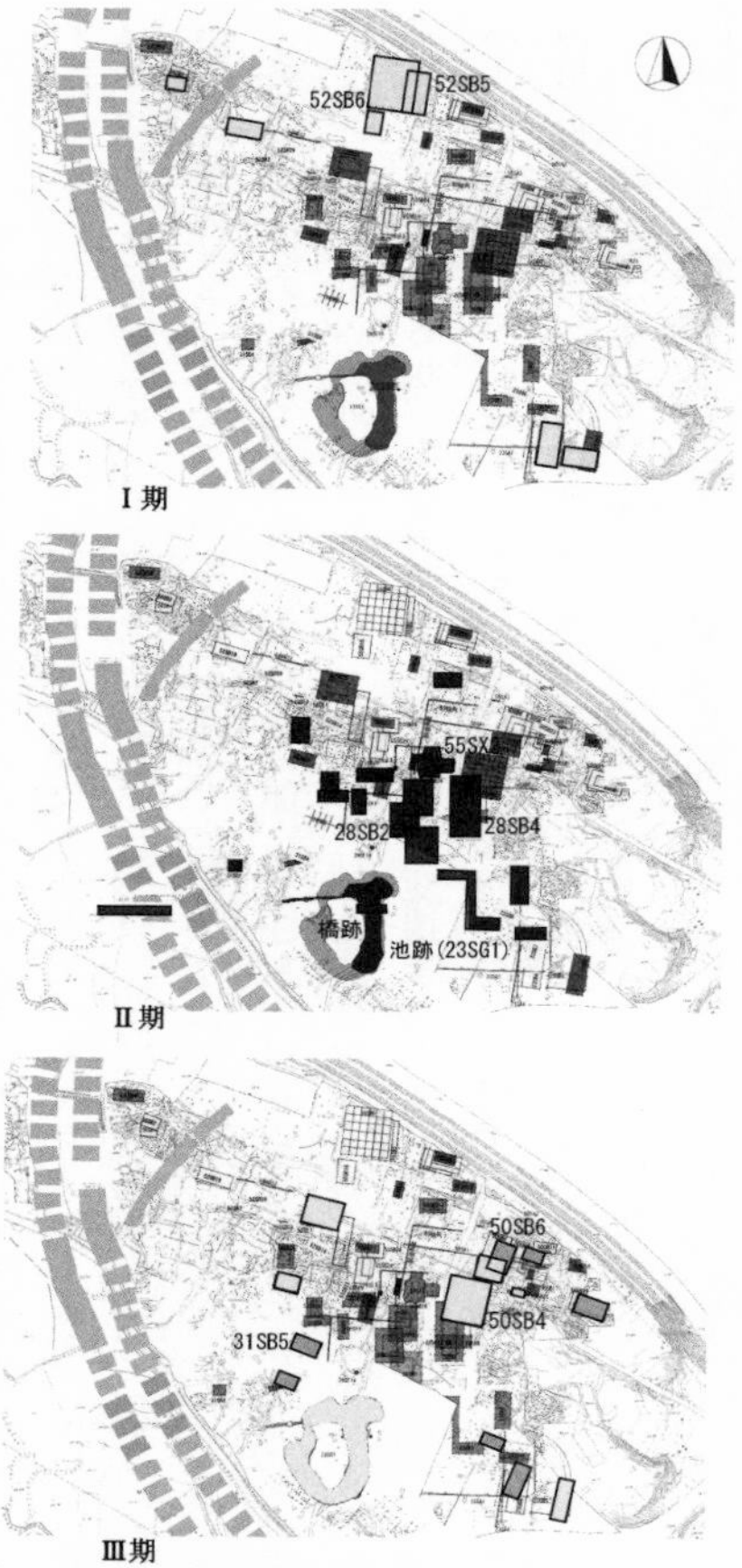

図1　柳之御所遺跡堀内部地区中心建物跡の変遷(矩形太枠)

【Ⅱ期】次に堀内部地区のほぼ中央、金鶏山《きんけいさん》の真東にあたる位置に四面庇《しめんひさし》を持つ建物群(28SB2, 4)が建てられ、その西南に素掘りの池が造営される。池の東側、建物の南側には広場状の空閑地があったとも見られる。池には東西方向の橋が架けられ、その西側延長はまさに金鶏山頂に向かっている。このころ、山頂には経塚《きょうづか》が造営され始めた。中心建物の変遷において、この時期の建物の柱列がもっとも整然としている。南北を長軸とすることから、真西の金鶏山が意識されていたのかもしれない。

【Ⅲ期】その後、中心建物は堀内部地区の北東域に移ったとみられるが、軸が大きく北東—南西に傾いた設計となっている（50SB4,6など）。また、同じ軸方向を持つ倉庫と見られる建物が検出されている（31SB5）。『吾妻鏡』は鎌倉幕府軍が焼亡《じょうもう》した「館」に到着した際に西南隅に「倉廩《そうりん》」が一棟焼け残っていたことを記しているが（一一八九年〔文治五〕八月二十二日）、この建物にあたると見られる。このころには、池の護岸に玉石《たまいし》が貼られ景石《けいせき》が配されるなど、庭園の装飾効果が高められている。

以上の変遷が、初代～三（四）代の変遷に対応していると見るのは早計で、現時点の研究成果に基づけば、建物軸が大きく傾いていくのは秀衡期の後半と見るべきであろう。「注文」では、秀衡と泰衡の常居所《つねのきよしょ》として「加羅御所《からのごしょ》」が記載されるが、無量光院の東門に造営された「加羅御所」がⅡ期「館」の大幅な再編を引き起こしたのかもしれない。なお、清衡期と目されるⅠ期の中心建物柱跡から出土した多くの焼土を、一一二八年の「清衡二子合戦」の際に生じたものと解するなら、Ⅱ期「館」の上限が設定される。

†「館」内の行為

堀内部地区では、「館」が行政機能を担っていたことを示す遺物が出土する。硯《すずり》、印章、漢字などの文字資料などである。広義にはかわらけや折敷《おしき》などの宴儀式関連資料を含むこともできる。

池の周辺において行われた行為を出土遺物から復元してみたい。

遺物の中で、これまでも注目されてきたのが「膨大な量」と言われてきた素焼きの土器であるかわらけである。主に堀跡と井戸跡から出土し、総重量は二十トン近くにも及ぶと見られる。しかし、単純に百年で割り返すと、一年あたり二百キロになる。

平泉で出土するかわらけには大皿と小皿の二種があり、それぞれ一皿あたりの重量は百五十グラムと六十グラム前後である。大小同数量を使用するものと仮定した場合、一年あたり各一千個未満の消費量となる。実際には、清衡期のかわらけは少なく基衡期や秀衡期のかわらけが量的に目立つことから、単純な平均値とはならないと思われるが、一般的なイメージより少なめであるかもしれない。また、Ⅱ期中心建物の北側に隣接する竪穴《たてあな》遺構(55SX2)から、置き去られた大小のかわらけが約五百五十キロ出土しているが、秀衡期のある段階においては、各二千五百個程度が「館」内に備蓄されていたと見ることも可能である。

かわらけを用いた宴儀式においては、さまざまな余興が繰り広げられていた。この周辺の井戸跡には、使い捨て食器のかわらけのみならず折敷などに墨書された資料も廃棄されている。「人々給絹日記《ひとびとにきぬをたまうにつき》」と呼ばれている二百字余りの漢字とカタカナによる文字資料や、寝殿造《しんでんづくり》状の建物が墨画された折敷が出土したのも、池周辺の井戸跡である。また、複数の井戸跡から、ひらがなとカタカナのみで書かれた折敷やかわらけが出土している。すなわち、池周辺では、各文字種が混在して使用されていた。

墨書文字資料は、漢字についてはほぼ判読可能である。解釈が分かれる「人々給絹日記」についても、文字そのものについてはおおむね共通理解となっている。カタカナも同様に判読可能である。しかし、大部分は意味がとれない。一方、ひらがなは文字そのものの判読が極めて困難である。一部には和歌様の配列・音列が意図されているような資料も出土している。なお、近くの土坑《どこう》(28SK17)から出土したかわらけ小皿の外面に書かれたひらがながほぼ判読できた(図2)。「うへ　くれ　な

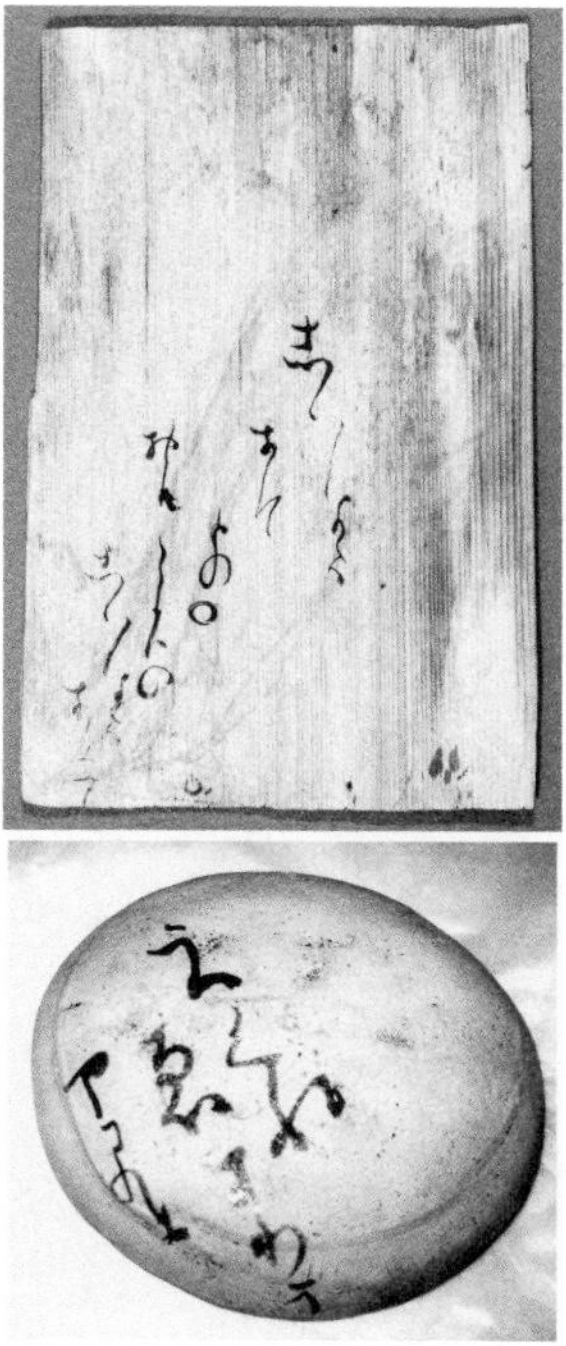

図2　「館」の池跡周辺から出土した墨書文字資料写真
上:折敷、下:かわらけ

か　すわう　やまふき（上　紅、中　蘇芳　山吹）」（『平泉文化研究年報』十三、二〇一三）。これを、装束の襲色目《かさねのいろめ》と見るか、『梁塵秘抄《りょうじんひしょう》』に謡われる武者の好む色と見るか、今後の課題である。

判読可能な漢字が「館」の池周辺において文書行政が行われていたことを示すものであると考えられるのに対し、ひらがなの使用場面は大きく異なっている。ほぼ同一の空間を使用して、行政実務のみならず文字の音や形に興じていた行政儀式の光景が浮かばれる。

もうひとつ注目したいものに、池跡周辺から出土した御簾《みす》錘《すい》や物差《ものさし》、糸枠、布巻具《ぬのまきぐ》などの木製紡織具《ぼうしょくぐ》がある。紡織具は、特に、池北側の井戸跡から多く出土した。この井戸は、「人々給絹日記」を出土した井戸で、一二六〇年ごろに廃棄されたものと見ている。

内蔵寮《くらりょう》や院庁《いんちょう》などには、裁縫が行われた「御服所《ごふくどころ》」が置かれていたことが知られるが、「絹」「糸」「御簾《みす》」の製作に関わる場が池周辺にあったと考えるのが自然である（前川佳代「12世紀平泉のくらし」『平泉文化研究年報』十五、二〇一五）。このように整理した場合、「人々給絹日記」折敷の反対面に墨書されている「中上」、「中」、「下」に区分された布の幅と長さは、やはり、表面に描かれている「狩衣《かりぎぬ》」、「袴《はかま》」等の素材であった可能性を考えてもよいのではないだろうか。

さらに、焼け残った「倉廩《そうりん》」もこの周辺である。『吾妻鏡』は、その中に「不縫帷《ぬわざるかたびら》」

や「錦綾繡羅《きんりようしゆうら》」が納められていたと伝えていることから、「館」内の、しかも池周辺において最後まで積極的な縫製等の作業が行われていたとも考えられる。

計画された「都市」

発掘調査が進むにつれ、平泉が鎌倉と並ぶ日本における中世都市の先駆けであるとする議論が起こってきた。特に、平泉から出土する貿易陶磁は、京都や博多を越えて宋に及ぶ広範な流通を示すものとして意義づけられ、それらを含めて、さまざまな威信財《いしんざい》が集積する場が、都市的な性格を示すものとして認識された。

「都市」の議論は、道路遺構の発見によってさらに深められた。現在の毛越寺から平泉駅の南側にかけて二本の溝跡が約三十メートル幅で平行して東西方向に確認されていて、これが「注文」に見える「観自在王院南大門の南北路」に対応する道路跡と見られている。この大路と交差する中小規模の道路跡もいくつか確認されている。それらには、大路とほぼ直交しているもの（A）と、十五度前後北東―南西方向に傾いて交差するもの（B）とがある。これらの道路遺構が一定間隔に整然と区画されて配置された様相が認められることから、平泉には条坊制《じようぼうせい》に類する都市計画があったのではないかとする議論も行われたことがあった。

Aの軸方向が毛越寺や観自在王院跡と一致し、Bの軸方向が無量光院跡と対応すると見られていたことなどから、両者は時間差と考えられてきた。しかし、それらが「都市」の西側と東側に区分されて確認されていることや、出土遺物に顕著な時間差が認められないことなどから、当初から異なる地割があったことが否定できない。近年、三代秀衡の後半に造営されたと考えられている無量光院跡の下層から、無量光院跡と異なる軸方向を持つ寺院遺構が確認されつつある（平泉町教育委員会『特別史跡無量光院跡発掘調査報告書（13）』、二〇一七）。これらの遺構は十二世紀前半から中ごろのものと見られているが、Aの軸方向とは異なっていて、Bにより近い。

いずれにせよ、平泉の開発が無秩序に進んでいったのではなく、一定の計画のもとに都市的様相を強めていったことは疑いない。その基軸となったのは、当初においては中尊寺金色堂と「館」との関係であったが、ある段階以降は金鶏山との位置関係による寺院配置であった（図3）。加えて、寺院に付設された浄土庭園への給水と、そこからの排水計画も重要ではなかったか。平泉における浄土庭園は、釈迦如来を本尊とする「鎮護国家大伽藍一区」（中尊寺大池《おおいけ》伽藍跡か）に始まり、以後は金鶏山頂を参照しながら薬師如来を本尊とする毛越寺（円隆寺及び嘉勝寺）、阿弥陀如来を本尊とする観自在王院及び無量光院がそれぞれ絶妙な位置に配置され、さまざまな「仏国土《ぶっこくど》（浄土）」が目に見える現実として表現され

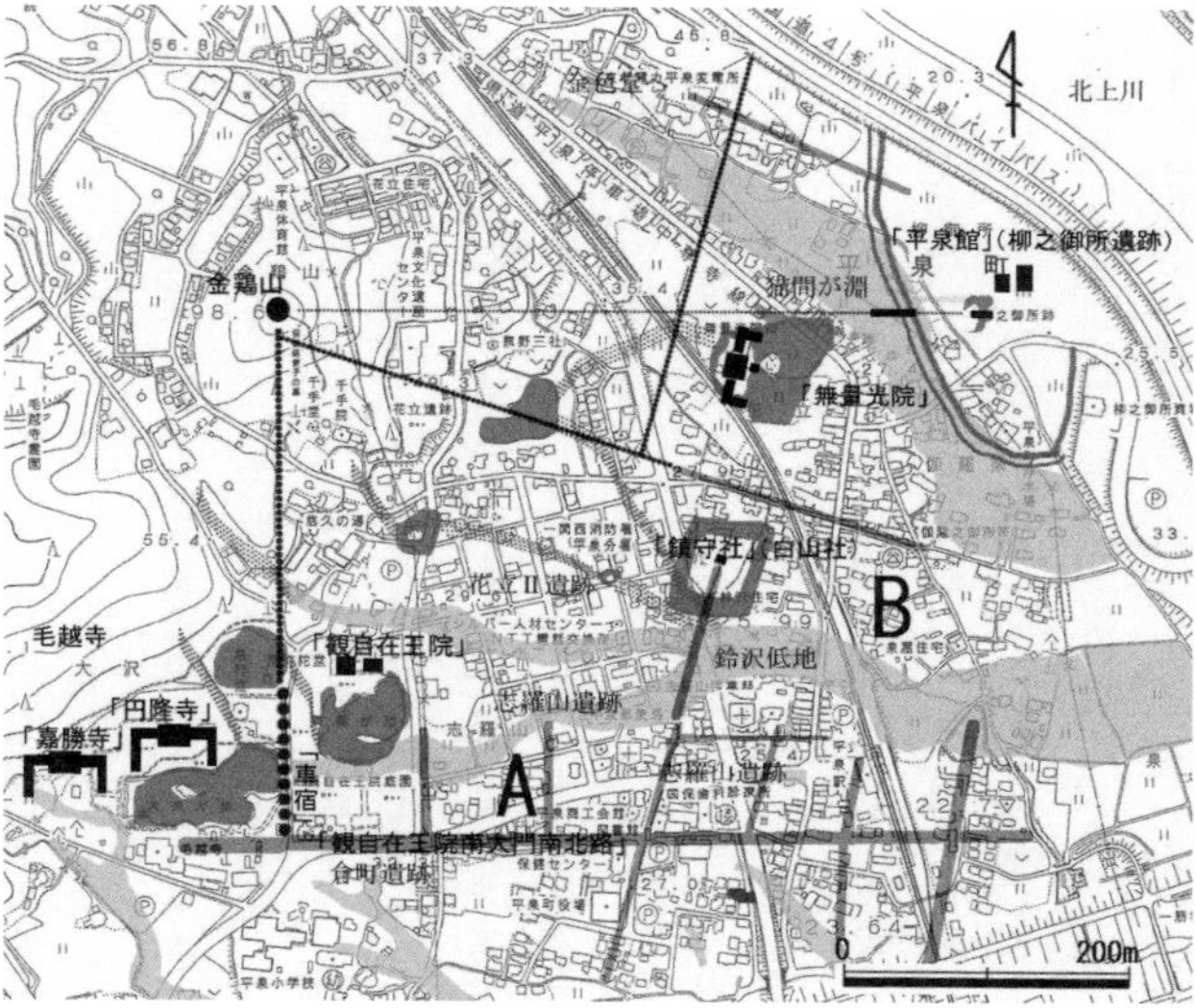

図3　仏教を基軸とする平泉の「都市」計画

ていった。これらの寺院群を配置するにあたり、西側の丘陵地帯からそれぞれの苑池《えんち》へ給水し、さらに東側を流れる北上川までの排水が考慮されたのは当然であったのだろう（藪《やぶ》敏裕《としひろ》編『平泉文化の国際性と地域性』、汲古書院、二〇一三）。

†寺院境内の卓越

「都市」平泉を考えるうえで、平泉滅亡時の様相を伝える基礎資料である「注文」に気になる記載がある。「注文」は全部で八項目により構成されているが、二大寺院である中尊寺と毛越寺に関する記述が特に詳細である。「注文」の意図が寺領の安《あん》堵《ど》にあることから当然ともいえるが、無量光院についての記載が全く簡略であるのと対照的である。

両寺院の規模に関する記載を見よう。中尊寺については、「寺塔《じとう》三十、禅坊《ぜんぼう》三百」とされている。三十ほどの主要な伽藍が立ち並び、三百の僧房が所在していたと解されている。十四世紀の大火を経て、今日の中尊寺には、二十六ほどの伽藍があり、十七の支院によって構成され、境内には百二十人余が常住している。十二世紀以来、関山丘陵約百三十七ヘクタールの範囲が寺院境内としてほぼそのまま持続していると考えてよいだろう。

一方、毛越寺については、「堂塔《どうとう》四十、禅房五百」とされている。中尊寺よりも大規模な寺院であったことがうかがえる。しかし、今日十二世紀の毛越寺境内として史跡指定されている範囲は二十三ヘクタール程度である。現在の毛越寺を構成する十七の支院は、そのほとんどが、十九世紀に現境内から谷を挟んで南西約一キロに位置する毛越《けごし》地区に集約されたもので、十二世紀の境内とは別物である。

この毛越地区への支院集約は、十八世紀に顕在化していた僧侶の寺院地と個人農地との境界に関する争論に起因し、仙台藩の仲裁によって換地を行って解決しようとした結果である。「中尊寺は山域全体が寺院境内であり、このような事態が生じることがないのに対して、毛越寺は農地との入会《いりあい》になっているため」（大矢《おおや》邦宣《くにのり》ほか「毛越寺」『岩手県の地名』平凡社、一九九〇）の問題と認識されている。

また、十九世紀初めに描かれたと見られる絵図には、換地前後の毛越寺の支院範囲が示されたと見られるものがある（毛越寺大乗院蔵）。現在、志羅山《しらやま》遺跡・花立《はなだて》遺跡などと呼ばれ、十二世紀「都市」の中心と目されている範囲の一部が「衆徒中《しゅとちゅう》」として描かれている（図4）。

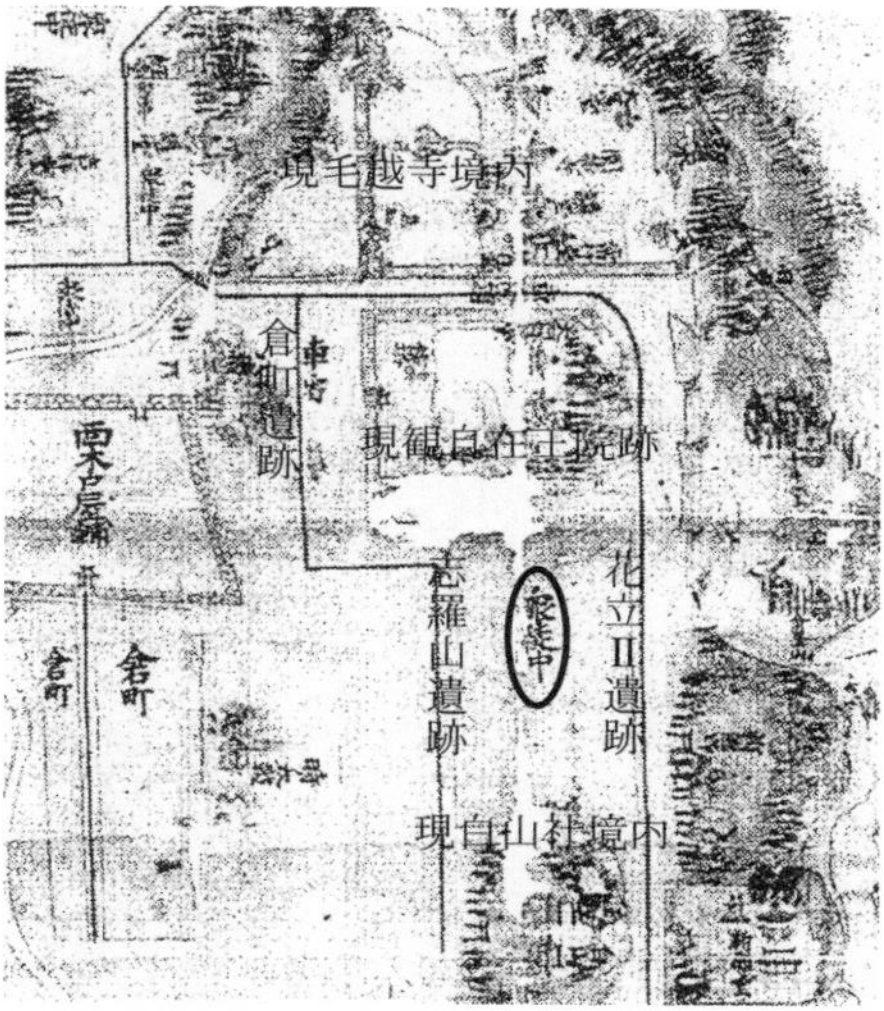

図4　12世紀毛越寺境内の手がかり（毛越寺蔵「平泉古図」より作成）

倉町《くらまち》遺跡を含め、これらの遺跡の発掘調査が進められた結果、「衆徒中」として示された範囲の十二世紀の場の様相が明らかとなってきている。誤解を恐れずに要約すると、以下の特徴が浮かび上がる。

・観自在王院に対向して東西大路に面した倉が立ち並ぶ場（倉町遺跡）

・主に銅製・鉄製の仏具等の製作・加工が頻繁に行われた場

（志羅山遺跡第三十三次、三十七次、八十次調査など）
・僧侶の積極的関与が想定される文字資料が残された場（志羅山遺跡第八十次、八十八次調査など〔図5〕）
・三筋文壺《さんきんもんこ》が一定量存在した場（志羅山遺跡第十七次、五十二次調査など）
・瓦葺《かわらぶき》建物が一定数存在した場（志羅山遺跡第三十五次、五十二次調査など）
・中小規模の苑池を伴う場（志羅山遺跡第七十七次調査など）

このような考古学的成果から想定しておくべきは、この範囲を中心に仏教的行為が頻繁に行われていたのではないかということである。その輪郭は、政庁としての場の性格が特

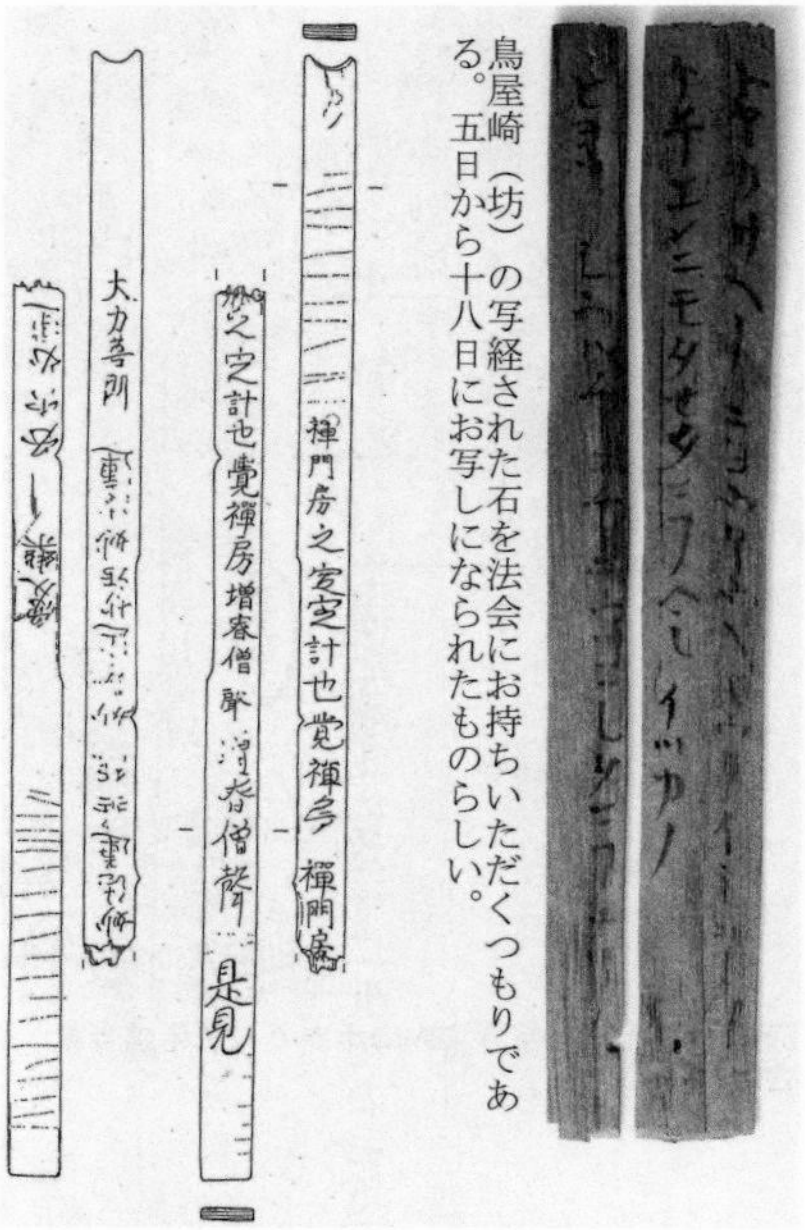

鳥屋崎（坊）の写経された石を法会にお持ちいただくつもりである。五日から十八日にお写しになられたものらしい。

図5　志羅山遺跡から出土した墨書資料（左：平泉町教育委員会『平泉遺跡群』2002より）

定されている柳之御所遺跡堀内部地区と対比させると、さらに明瞭になってくる。柳之御所遺跡においては、

・鍛冶加工が行われているが、鉄が主体であり、仏具は製品としてのみ認められる。
・百点を超える文字資料に仏教的色彩は断片的であり、行政的内容や儀式等に伴う宴の際に書きつけられたと見られるものが多数を占めている。
・一トンを超える陶器片が出土しているが、三筋文壺の破片は数片にすぎない。
・瓦葺建物については、持仏堂《じぶつどう》と結び付けて解されることがある。
・苑池は仏教的性格よりも、邸宅に伴う寝殿造系の庭園と理解されている。

以上、十二世紀の東西大路を含み、今日の観自在王院跡の東側から白山社《はくさんしゃ》境内にいたる鈴沢《すずさわ》低地に沿って、西から東に緩傾斜する範囲に広く堂舎や僧房群が点在していたと推定し、「堂塔四十、禅房五百」と記載された十二世紀の毛越寺境内の広がりを解釈した。このように考えると観自在王院西側の「車宿《くるまやどり》」と源忠已講《げんちゆういこう》など平泉で活動した高僧との関係も理解しやすい（誉田《ほんだ》慶信「日本中世仏教のなかの平泉」『平泉文化研究年報』十三、二〇一三）。「都市」平泉は、これまで以上に宗教的色彩が強かったと見る必要があるのではないか。

†百年の意味

「館」の造営に端を発し、代々の領主が主要な寺院を建立して百年間の繁栄が築かれた北の都は、強い仏教色を帯びて発展した。これまでも、十二世紀平泉への人と物の集中が論じられ「都市」がイメージされてきたところであるが、それは、主に国産陶器や輸入陶磁器の流通・消費という物質的側面が強調されてきたように思われる。また、「注文」の記述に加え、三代秀衡が陸奥守に補任されたことや、同時期に年代が比定される出土遺物の量が多いことから、「都市」平泉の全盛期は秀衡期の平泉イメージとほぼ同義であった。しかし、これまで見てきたように、初代清衡による草創から四代泰衡における滅亡に至るまでの百年間にはさまざまな段階があり、一律に論じることはできない。

改めて百年を振り返ると、平泉は、他の古代〜中世にかけての日本列島の政治的諸都市と著しく異なって展開しているように見える。それは、他の宮都においては、イメージされた理想形が次第に現実へと変容していく過程をとるのに対し、平泉は、政治・行政の現実からスタートし、仏教的理想郷の完成へと向かっていく過程をとっている。その過程は次のように要約される。

①統治領域の中心を計って政庁（居館）が設置され（「注文」）、

②関山中尊寺をはじめとする代々の寺院が政庁（居館）との仏教的関係をもって配置される計画性を基軸とし、③経塚《きょうづか》が造営された聖なる山（金鶏山）を介在させてそれらの寺院群を空間的に連結し、④寺院と政庁（居館）及び金鶏山に囲まれた範囲において、次第に仏教色が強い都市的様相を示すようになり、⑤特に、最後に造営された阿弥陀堂寺院である無量光院は、低地（猫間ヶ淵《ねこまがふち》）を挟んで政庁（居館）と並置され、両者が彼岸と此岸の関係ともいうべき空間構成として現出した。

東・北アジアにおける都城あるいはそれを移入して宮都が展開した日本列島において、それらとは異なった独特の都市的政治拠点が、当時の国家的領域の北端に形成された。その端緒が、平安京の外延に形成された都市的政治拠点である白河や鳥羽などにあることは疑いないが、奥州藤原氏の首都平泉は、中世京都や鎌倉とは別の、仏教色豊かな政治都市として新たな展開を示す可能性があったという点において、画期的な意義を持ちえたのかもしれない。

さらに詳しく知るための参考文献

平泉文化研究会編『奥州藤原氏と柳之御所跡』（吉川弘文館、一九九二）……柳之御所遺跡の保存運動に

伴い、平泉の研究が飛躍的に活性化していた時期に行われたシンポジウムの記録。二十世紀末までのさまざまな学問分野からの平泉研究が本書に集約され、平泉研究の基礎資料としての性格を持つ。続編『日本史の中の柳之御所跡』(吉川弘文館、一九九三)も重要。

藤島亥治郎編著『平泉建築文化研究』(吉川弘文館、一九九五)……氏が直接関係した中尊寺や毛越寺をはじめ、平泉の発掘調査の成果が集約されている。今日的には首肯しがたい論も展開されているが、建築史的視点から進められてきた平泉研究の足跡をたどることができる。

大石直正『奥州藤原氏の時代』(吉川弘文館、二〇〇一)……「中世の黎明」(『中世奥羽の世界』東京大学出版会、一九七八)以降の氏の平泉研究が集大成されている。柳之御所遺跡などの瞠目すべき考古学的成果を、伝統的な文献史学からのアプローチに十分に取り入れて論じている。

三浦謙一「平泉遺跡群発掘調査の記録――発掘調査報告書から」(『岩手大学平泉文化研究センター年報』第三号、二〇一五)……平泉の発掘調査成果が網羅されている貴重な論考。発掘調査成果の「部分」を切り取ることなく、先入観なしに全体が俯瞰されている。氏と岩手県などとの共同研究『日本都市史のなかの平泉　資料集』(岩手県教育委員会ほか、二〇一四)や『アジア都市史における平泉　資料集』(岩手県教育委員会ほか、二〇一五)の成果の一環。

岩手県教育委員会ほか『平泉文化研究年報』(二〇〇一〜二〇一九)……岩手県教育委員会が全国各地の平泉研究者と共同研究を行った成果を毎年度公開しているもの。考古学や文献史学にとどまらず、文学、建築史、民俗学、分析化学など多岐にわたり、東・北アジアからの広い視点による最新の「平泉文化」研究の成果を収録している。掲載論文等は岩手県のウェブサイト「古都平泉の文化遺産」(http://www2.pref.iwate.jp/~hp0909/)からダウンロードできる。

おわりに

佐藤　信

本書は、先に刊行されたちくま新書の『古代史講義――邪馬台国から平安時代まで』と『古代史講義【戦乱篇】』に続く姉妹編である。前の二書は、古代史の代表的テーマや戦乱に焦点をあて、最新の研究成果を読みやすく提示しながら、列島の古代史を通観できるようにめざした内容であった。幸い、ご好評を得て多くの読者に受け入れていただいた。

本書では、古代において王権や政府の拠点であり、様々な出来事の舞台となった宮都に焦点をあてた。飛鳥の宮々から藤原京、平城京、長岡京、平安京、そして遷都先となった宮都や、地方都市である大宰府・多賀城、さらに平泉までについて、古代都市としての実像や歴史的背景を明らかにし、それぞれの時代像を描こうとしたものである。

古代宮都については、発掘調査によってそれぞれの具体像が次々と明らかになりつつあるし、それと同時に歴史的展開についての研究も、格段に展開しつつある。そうした最近の調査・研究状況をふまえて、宮都の実像と歴史的位置づけについて、堅実かつ簡明に紹介して、古代史像を総合的に見通すことをめざした。

幸い、適任な各執筆者の協力のもとに、ここに古代宮都に関する今日の調査・研究成果をまとめて提示することができた。どこからでも読み進めていただき、古代宮都の歴史像を理解していただければ、ありがたい。なお、執筆者の間で用語や歴史像をあえて統一することはしなかった。各論考の間でもし若干の見解の違いがあるとしたら、そうした今日の調査・研究段階をむしろ楽しんでいただければと思う。

各論考では、発掘調査成果や史料を積極的に取り扱うとともに、参考文献も掲げているので、本書を入り口として、さらに詳しくそれぞれの宮都の検証に踏み入っていただけるだろう。そうした歴史を学び考える楽しさにもふれていただければ、なお幸いである。

二〇二〇年二月

編・執筆者紹介

佐藤 信（さとう・まこと）【はじめに／第6講／おわりに】
一九五二年生まれ。東京大学名誉教授、人間文化研究機構理事。東京大学大学院人文科学研究科博士課程中退。博士（文学）。専門は日本古代史。著書『日本古代の宮都と木簡』『列島の古代』（以上、吉川弘文館）、『出土史料の古代史』（東京大学出版会）、編著『大学の日本史①古代』（山川出版社）、『古代史講義』（ちくま新書）など。

＊

鶴見泰寿（つるみ・やすとし）【第1講】
一九六九年生まれ。奈良県立橿原考古学研究所附属博物館指導学芸員。名古屋大学大学院文学研究科博士課程前期課程修了。専門は日本古代史。著書『古代国家形成の舞台　飛鳥宮』（新泉社）、『飛鳥宮跡出土木簡』（吉川弘文館）、『大仏開眼――東大寺の考古学』（奈良県立橿原考古学研究所附属博物館）など。

磐下 徹（いわした・とおる）【第2講】
一九八〇年生まれ。大阪市立大学文学研究院准教授。東京大学大学院人文社会系研究科博士課程修了。専門は日本古代史。著書『日本古代の郡司と天皇』（吉川弘文館）、共著『藤原道長事典』（思文閣出版）など。

古市 晃（ふるいち・あきら）【第3講】
一九七〇年生まれ。神戸大学大学院人文学研究科教授。大阪市立大学大学院文学研究科後期博士課程退学。博士（文学）。専門は日本古代史。著書『日本古代王権の支配論理』『国家形成期の王宮と地域社会――記紀・風土記の再解釈』（以上、塙書房）など。

市 大樹（いち・ひろき）【第4講】
一九七一年生まれ。大阪大学大学院文学研究科准教授。大阪大学大学院文学研究科博士後期課程単位取得退学。博士（文学）。専門は日本古代史。著書『飛鳥藤原木簡の研究』『日本古代都鄙間交通の研究』（以上、塙書房）、『すべての

道は平城京へ』（吉川弘文館）、『飛鳥の木簡』（中公新書）など。

山本祥隆（やまもと・よしたか）【第5講】
一九八三年生まれ。国立文化財機構奈良文化財研究所研究員。東京大学大学院人文社会系研究科博士課程中途退学。専門は日本古代史。著書『〈歴史の証人〉木簡を究める』（共著、クバプロ）、『律令制と古代国家』（共著、吉川弘文館）など。

増渕 徹（ますぶち・とおる）【第7講】
一九五八年生まれ。京都橘大学文学部教授。東京大学文学部国史学科卒業。専門は日本古代史。著書『史跡で読む日本の歴史5 平安の都市と文化』（編著、吉川弘文館）、『医療の社会史――生・老・病・死』『京都の女性史』（共著、思文閣出版）など。

北村安裕（きたむら・やすひろ）【第8講】
一九七九年生まれ。岐阜聖徳学園大学准教授。東京大学大学院人文社会系研究科博士課程修了。博士（文学）。専門は日本古代史。著書『日本古代の大土地経営と社会』（同成社）など。

國下多美樹（くにした・たみき）【第9講】
一九五八年生まれ。龍谷大学文学部歴史学科文化遺産学専攻教授。龍谷大学大学院文学研究科修了。博士（文学）。専門は歴史考古学。著書『長岡京の歴史考古学研究』（吉川弘文館）、共著『都城』（青木書店）、『難波宮と都城制』『史跡で読む日本の歴史5 平安の都市と文化』（以上、吉川弘文館）、『古代の都城と交通』（竹林舎）など。

北 康宏（きた・やすひろ）【第10講】
一九六八年生まれ。同志社大学文学部教授。同志社大学大学院文学研究科博士課程後期満期退学。博士（文化史学）。専門は日本古代史。著書『日本古代君主制成立史の研究』（塙書房）、共編著『新版 史料で読む日本法史』（法律文化社）など。

西山良平（にしやま・りょうへい）【第11講】
一九五一年生まれ。京都大学名誉教授。京都大学大学院文学研究科博士課程単位取得退学。専門は日本古代・中世社会史・文化史。著書『都市平安京』（京都大学学術出版会）、編著『古代の都3　恒久の都　平安京』（吉川弘文館）、『平安京の住まい』、『平安京と貴族の住まい』、『平安京の地域形成』（以上、京都大学学術出版会）など。

土橋　誠（どばし・まこと）【第12講】
一九五六年生まれ。（公財）京都府埋蔵文化財調査研究センター副主査。大阪市立大学大学院文学研究科修士課程修了。専門は日本古代史。著書『日本古代の王権と社会』（共著、塙書房）、『平城京の落日（古代の人物3）』（共著、清文堂出版）など。

杉原敏之（すぎはら・としゆき）【第13講】
一九六八年生まれ。福岡県教育庁文化財保護課参事補佐兼企画・埋蔵文化財係長。明治大学文学部卒業。専門は日本考古学。著書『遠の朝廷・大宰府（シリーズ「遺跡を学ぶ」）』（新泉社）、『古代官衙　考古調査ハンドブック11』（共著、ニューサイエンス社）。論文「大宰府管内における官衙の成立」『大宰府の研究』（高志書院）など。

古川一明（ふるかわ・かずあき）【第14講】
一九五八年生まれ。宮城県教育庁文化財課技術主査。新潟大学法文学部史学科修士課程修了。専門は日本考古学。論文「古代城柵官衙遺跡の「陥馬杭」についての試論」（『東北歴史博物館研究紀要』一八）、「十一～十二世紀の陸奥国府と府中」（『都市のかたち』山川出版社）など。

佐藤嘉広（さとう・よしひろ）【第15講】
一九六一年生まれ。岩手県文化スポーツ部世界遺産課長。山形大学人文学専攻科修了。専門は日本考古学。論文「平泉の「都市」計画と園池造営」（『平泉文化の国際性と地域性』汲古書院）、「奥州に夢見た理想郷と庭園群」（『東アジアにおける理想郷と庭園』奈良文化財研究所）など。

ちくま新書
1480

古《こ》代史《だいし》講義《こうぎ》【宮都篇《きゅうとへん》】

二〇二〇年三月一〇日 第一刷発行

編　者　佐藤 信（さとう・まこと）
発行者　喜入冬子
発行所　株式会社 筑摩書房
東京都台東区蔵前二-五-三 郵便番号一一一-八七五五
電話番号〇三-五六八七-二六〇一（代表）
装幀者　間村俊一
印刷・製本　株式会社 精興社

ISBN978-4-480-07300-6 C0221

ちくま新書

1300
古代史講義
――邪馬台国から平安時代まで
佐藤信編
古代史研究の最新成果と動向を一般読者にわかりやすく伝えるべく15人の専門家の知を結集。列島史の全体像が1冊でつかめる最良の入門書。参考文献ガイドも充実。

1391
古代史講義【戦乱篇】
佐藤信編
日本の古代を大きく動かした15の戦い・政争を最新研究に基づき正確に叙述。通時的に歴史展開を見通すとともに、時代背景となる古代社会のあり方を明らかにする。

1406
考古学講義
北條芳隆編
科学的手法の進展により新発見の続く考古学。その最先端をわかりやすく伝えるとともに、通説をそのままなぞるような水準にとどまらない挑戦的な研究を紹介する。

1378
中世史講義
――院政期から戦国時代まで
高橋典幸編
五味文彦編
日本史の先端研究者の知を結集。政治・経済・外交・社会・文化など十五の重要ポイントを押さえるかたちで中世史を俯瞰する。最新の論点が理解できる、待望の通史。

1469
近世史講義
――女性の力を問いなおす
高埜利彦編
第一線の実証史学研究者が最新研究に基づき江戸時代の実像に迫る。特に女性が持った力と果たした役割を多角的に検証。通史としても読める全く新しい形の入門書。

1192
神話で読みとく古代日本
――古事記・日本書紀・風土記
松本直樹
古事記、日本書紀、風土記という〈神話〉を丁寧に読みとくと、古代日本の国家の実像が見えてくる。精神史上の「日本」誕生を解明する、知的興奮に満ちた一冊。

1207
古墳の古代史
――東アジアのなかの日本
森下章司
社会変化の「渦」の中から支配者が出現した、古墳時代の中国・朝鮮・倭。一体何が起こったのか。日本と他地域の共通点と、明白な違いとは。最新考古学から考える。